Ferdinand von Raesfeld

Aus jungen Tagen

Erinnerungen an Heimat und Jugend

Ferdinand von Raesfeld

Aus jungen Tagen

Erinnerungen an Heimat und Jugend

KOSMOS

Mit drei Schwarzweißfotos nach historischen Postkarten aus dem Archiv des Orts- und Heimatvereins Dorsten

Das verkleinerte Faksimile auf Seite 10 zeigt die erste Seite des Originalmanuskripts von Ferdinand von Raesfeld, das im Stadtarchiv der Stadt Dorsten aufbewahrt ist.

Umschlaggestaltung von F. Steinen-Broo, eStudio Calamar

Das Umschlagfoto von Burkhard Winsmann-Steins zeigt Ferdinand von Raesfeld auf einem Gemälde von Ernst-Hugo Freiherr von Stenglin. Das Gemälde befindet sich im Besitz des Paul Parey Zeitschriftenverlags, Singhofen.

Die Deutsche Bibliothek – CIP-Einheitsaufnahme

Ein Titelsatz für diese Publikation ist bei Der Deutschen Bibliothek erhältlich

Neuausgabe auf Grundlage der Ausgabe von 1920 (Verlag J. Neumann, Neudamm).

Produktion: Markus Schärtlein, Heiderose Stetter
Satz: TypoDesign, Radebeul
Printed in Czech Republic / Imprimé en République tchèque
Druck und buchbinderische Verarbeitung: Těšínská tiskárna, Český Těšín

Inhalt

Geleitwort

Gern habe ich dem Wunsch entsprochen, der vorliegenden Neuausgabe von Ferdinand von Raesfelds „Aus jungen Tagen" ein Geleitwort zu widmen. Ich tue dies mit besonderer Freude, weil es in unserem Lande – ganz gleich ob in den „neuen" oder „alten" Bundesländern – wie auch im gesamten deutschsprachigen Raum wohl kaum einen Forstmann und Jäger gibt, der während seiner Ausbildung und seiner beruflichen wie auch jagdlichen Tätigkeit mit den klassischen Werken der Jagdliteratur aus der Feder von Raesfelds nicht in Berührung gekommen ist.

Der außerordentlich große Bekanntheitsgrad und die grundsätzlich auch bis heute anerkannten Inhalte seiner klassischen Werke – die im Beitrag von Dr. Michael Petrak (Seite 251) eine Würdigung erfahren – haben darüber hinaus zu einer besonderen Verehrung des „Altmeisters" geführt. Diese hat aktuell und zeitnah ihren besonderen Niederschlag gefunden in dem „Arbeitskreis Ferdinand Freiherr von Raesfeld" in Dorsten (Nordrhein-Westfalen) sowie dem „Freundeskreis Borner Forst- und Jagdmuseum Ferdinand von Raesfeld" in Born auf dem Darß (Mecklenburg-Vorpommern). Der „Borner Freundeskreis" widmete dem vortrefflichen Forstmann und Jäger am Ort seiner beruflichen Tätigkeit ein Jagdmuseum – von Raesfeld war zwischen 1891 und 1913 als Königlich Preußischer Forstmeister Leiter des Forstamtes Born auf dem Darß, wo er nach eigenem Vermächtnis seine letzte Ruhestätte gefunden hat. Auch der „Dorstener Freundeskreis" pflegt mit freundlicher Unterstützung von Rat und Verwaltung die Erinnerung an den „großen Sohn" der Stadt Dorsten, der dort am 29. September 1855 geboren wurde: Mit viel Engagement und Idealismus ist hier nicht nur eine fast vollständige Sammlung der wertvollen Erstausgaben der Raesfeldschen Werke zusammengetragen worden, sondern die „öffentliche Erinnerung" wurde durch einen Gedenkstein im „Barloer Busch" nahe Dorsten manifestiert, dessen Enthüllung – ein großer „Findling" aus den eiszeitlichen Sanden des dortigen Urstromtals – ich seinerzeit für die Jägerschaft begleiten durfte.

Die vorliegende Ausgabe stellt nicht nur eine besonders wertvolle Ergänzung der bekannten Raesfeldschen Werke dar, sondern sie ist auch eine Besonderheit: Während die jagdlichen Monographien, zum Beispiel „Das Rehwild" und „Das Rotwild", auf der Grundlage biologischer Erkenntnisse bei den neubearbeiteten Auflagen eine jeweils zeitgemäße Anpassung in wissenschaftlichen Fachfragen erfahren haben, erklingt in den Erinnerungen „Aus jungen Tagen" gleichsam die originale Stimme des Verfassers.

Diese Erinnerungen wurden etwa 1918 niedergeschrieben, eine besondere Reverenz des Verfassers an seine westfälische Heimat, wo er eine sorgenfreie und glückliche Jugend erlebt hatte, die aber zu dieser Zeit – zumal am Rande des Ruhrgebiets gelegen – ganz erheblich von den Folgen eines verlorenen Weltkrieges betroffen war. Raesfeld bemerkt hierzu an anderer Stelle: „Mag der Frieden letzten Endes aussehen wie er will – eins ist sicher: wir werden auf viele Jahrzehnte hinaus mehr zu arbeiten und viel, viel weniger zu genießen haben, als wir es vor dem Kriege gewohnt waren."

Raesfelds Erinnerungen „Aus jungen Tagen" enthalten neben den atmosphärisch dichten Schilderungen seiner Schul- und Jugendzeit auch bemerkenswerte Beschreibungen seiner jagdlichen Anfänge. So beschreibt er die Beobachtung von Vögeln im Freien: „Die Beobachtung war eine Art weidmännischer Betätigung, die zwar nicht in der Besitzergreifung des Sängers gipfelte, aber doch nicht eher ruhte, bis der zu der jeweiligen Gesangsstrophe gehörige Vogel genau erkannt war. Franz" – gemeint ist Franz von Oltgrave, das Alter Ego von Ferdinand von Raesfeld – „ergriff nicht Besitz von dem Sänger selbst, wohl aber von der Kenntnis seiner Persönlichkeit. Es war aber auch eine vorzügliche Schule für den künftigen Weidmann. Sie schärfte die Sinne, stählte die Ausdauer, lehrte Schleichen und Pürschen, wie es die Jagd erfordert."

Ich freue mich sehr, daß von Raesfelds Erinnerungen „Aus jungen Tagen“ nunmehr nicht nur für die Raesfeld-Verehrer, sondern für breite Kreise der Öffentlichkeit zur Verfügung stehen, und ich bin sicher, daß dieses schöne Buch sowohl in den Einzugsgebieten der Standorte Dorsten und Born, als auch bei interessierten Bürgerinnen und Bürgern Verbreitung und Anerkennung findet. Dem Kosmos-Verlag danke ich, daß er das Werk in ansprechender Aufmachung aufgelegt hat. Ich wünsche der Neuausgabe eine schnelle, angemessene Verbreitung. Den „Raesfeld-Freundeskreisen“ in Dorsten und Born danke ich für die uneigennützigen und erfolgreichen Bemühungen, die unübersehbaren Fährten des „Altmeisters“ dauerhaft zu pflegen und sein unsterbliches Gedenken für zukünftige Generationen zu bewahren.

Surenburg, Hubertustag 2000

Constantin Freiherr Heereman
Präsident des Landesjagdverbandes Nordrhein-Westfalen und des Deutschen Jagdschutz-Verbandes

Ferdinand von Raesfeld

Aus jungen Tagen

I

Auf ein Haar wäre die folgende schöne Geschichte niemals geschrieben worden. Und das kam so: Das kleine Landstädtchen an der Lippe, in das der Leser geführt wird, hatte einen schweren Verlust erlitten: der würdige, altbeliebte Pastor, der Herr Pastor, wie er ~~[illegible]~~ von Kindern und Erwachsenen genannt wurde, war gestorben. Für den Nachfolger wurde die Dienstwohnung, das Pastorat, in Stand gesetzt. Das war schwer für die Hühner der ~~umliegenden Häuser!~~ Nachbarschaft! ~~Das~~ Der Hof mit schönem Garten, ~~[illegible] [illegible]~~ von einer hohen Mauer umgeben, ~~[illegible] [illegible]~~ [illegible] ein Gitterzaun, dessen Eingang ~~der [illegible]~~ verschlossen war im schönen Gärtchen. Handwerker gingen aus und ein. Gesellen und Lehrlinge, die besten Stücke der nachbarlichen Hühner ~~[illegible]~~ [illegible], und so waren diesen den Eintritt ~~[illegible]~~ [illegible], und so durchschlüpften sie das vom Hämmerschlägen durchhallte, nach Farbe und Kleister riechende Haus, wie der Deckel einer ~~[illegible]~~ leeren Dose dicht schließt.

I.

Auf ein Haar wäre die folgende schöne Geschichte niemals geschrieben worden. Und das kam so:

Das stille Ackerstädtchen an der Lippe, in das der Leser geführt wird, hatte einen herben Verlust erlitten. Der würdige, allbeliebte Pastor, der Herr Pastohr, wie er von Kindern und Erwachsenen genannt wurde, war gestorben. Für den Nachfolger wurde die Dienstwohnung, das Pastorat, instand gesetzt. Das war etwas für die Jugend der Umgebung! Das sonst mit frommer Scheu betrachtete, von einer hohen Mauer umgebene Haus, dessen Eingang in gewöhnlichen Zeiten ein eisernes Gittertor verschloß, war in profanen Händen. Handwerker gingen aus und ein. Gesellen und Lehrlinge, die besten Freunde der neugierigen Kinder, wehrten ihnen den Eintritt nicht; und so durchstreiften diese das von Hammerschlägen durchhallte, nach Farbe und Kleister riechende Haus, wie der Teckel einen leeren Bau durchschlieft.

Aber nicht nur das. Im Vorgarten stand auf einem großen Rasenbeet ein alter Walnußbaum; es war ein goldiger Herbsttag, und die Nüsse waren reif. Und aus den Fenstern im hohen Giebel des angrenzenden Hauses der Großeltern hatten die vier Vettern, die Brüder Franz und Heinrich von Oltgrave, Wilhelm und Johannes Roggenkamp, mit Hilfe einer unter schwerer Mühe heimlich heraufgeschafften langen Bohnenstange die Zweige bearbeitet. Mit vielem Geklapper waren die Nüsse herunter, auf, zwischen und hinter einen dort niedergelegten Stapel alter Fußbodendielen gefallen.

Wie der Blitz war das vierblätterige Kleeblatt die Treppen herunter durch das weite großelterliche Haus und in den Vorgarten des Pastorats gesaust, damit nicht unbefugte Hände das unrechte Gut vor ihm auflasen. Es war gelungen. Die Taschen waren voll, die Hände herrlich braun vom Auspellen aus den grünen Schalen ... Da wurde einer der Kapläne gesichtet, der sich nach dem Fortschreiten der Erneuerungsbauten im Pastorat umsehen mochte. Harmlos, als seien sie eben vom Himmel gefallen, setzten sich Wilhelm und der kurz Jans genannte Johannes auf den Bretterstapel und guckten so eifrig in die Luft, daß auch die beste aller guten Seelen das schlechte Gewissen gewittert hätte. Heinrich schwang sich über die Mauer und verschwand dahinter, während Franz sich der Länge nach darauf hinlegte, auf dem Rücken, die Augen in den blauen Himmel bohrend.

Der gute, bei schmalem Einkommen graugewordene Kaplan Höllers war zwar nicht so blind, wie die Knaben meinten; aber er hatte ein Herz für die Jugend und mochte beim Anblick der strotzend vollen Taschen der eigenen Kindheit gedenken. Er wollte den Raub am Kirchengut nicht bemerken, gönnte Wilhelm und Jans, die ihm wie üblich aufstehend die braunen Hände reichten, einige freundliche Worte und verschwand in dem hallenden Hause.

Jungens, was habt ihr für Glück gehabt, daß statt des guten Herrn Höllers nicht der andere geistliche Helfer des Pastohrs vorbeikam, der Velhage hieß und so furchtbar streng war! Ja, das war ein gefürchteter Mann! Aber die Jugend rächte sich an ihm und nannte ihn niemals, wie es sich gehört hätte, den Herrn Kaplan, sondern völlig respektlos einfach den Klapphahn!

„Is he wech?“ fragte Heinrich hinter der Mauer her. Als er keine Antwort bekam, wiederholte er die Frage eindringlicher und gab dabei dem oben darauf liegenden Franz einen Puff. Der wollte dem entgehen, bedachte nicht, daß er auf einer schmalen Mauer lag, wälzte sich um ... und ... plaatsch! knallte er auf die untenliegenden Bretter herunter.

„Nu kiek es – deï Junges!” zeterte es gleichzeitig aus einem der Fenster im Hause der Großeltern heraus. Das war die Flickschneiderin Anneken Strübbers, die stets ein aufmerksames Auge auf das genannte Vierblatt hatte, mit dem sie in ewiger Fehde lebte. Sie war über fünfzig Jahre alt, von dürftigem Körper, mit grauem, wirrem Haar, und kam aus der Familie der Großeltern und was dazu gehörte, eigentlich das ganze Jahr über nicht heraus. Die Knaben sagten ihr nach, daß sie Taschen aus Blech habe, in die sie alle Speisen, die sie nicht sofort bewältigen konnte, verstohlen hineingleiten ließ.

Mit der Arbeit hatte sie es nicht sehr eilig; und so benutzte sie jeden Anlaß zu anderer Beschäftigung für das Wohl des Hauses. In dieser nützlichen Gesinnung war sie bei Franzens Fall die Treppen heruntergefegt und stand nun vor den verdutzten Knaben wie ein rächender Engel:

„Wat heß du op de Mur te dauhn?! Ik ssallt din Mamma sseggen. – Un kiek es: deï chanssen Taschen vull Nötte! Un hier van *den* Bom?! Det is Pristerchut, Kirchenchut. Dauh se mi es her – un nu noh Hus!“

Die Nüsse bekam sie freilich nicht; aber sie führte Franz und Heinrich in das nahebei gelegene Elternhaus und erzählte dort der Mutter mit vielen Worten die schreckliche Begebenheit.

„Un wann 'k d'r nich op pass, Frau Dokterin, dann breckt deï Junges an'n hellen Dach den Hals!“

Die Mutter nahm die Sache viel friedfertiger auf als die aufgeregte Flickschneiderin. Beinah wäre alles gutgegangen – da setzte diese nach:

„Un in'n rostigen Nagel is hei chefallen – sso lang,“ – sie zeigte eine Hand lang – „un wann hei nich so'nen chroten Schutzengel här, dann was hei nu dodt!“

Da gab es zur Erleichterung des mütterlichen Herzens eine Tracht Prügel mit der immer dazu auf dem Pfeifenbrett des Vaters bereitstehenden Reitpeitsche, die der Delinquent selbst holen mußte.

Nach vollendeter Exekution zog Anneken Strübbers wie das grollende Gewitter ab:

„Et is wat – met deï Junges!“

Tatsache bleibt aber, daß der rostige Nagel aus dem Brett hervorsah, daß Franz mit dem Kopf hart daneben fiel, und daß er vermutlich den Tod gefunden hätte, wäre er einen viertel Fuß weiter seitwärts gefallen. Und dann hätte er diese Geschichte nicht schreiben können.

* * *

Das Haus, in dem Franz von Oltgrave geboren wurde, liegt hart an der „Chroßen“ Kirche. Es war nicht das Eigentum des Arztes Doktor August von Oltgrave. Dieser hatte es vielmehr von seinem Schwiegervater, dem Fabrikherrn Albert Roggenkamp, gemietet. Mit einer Seite stieß es an den Kirchhof. Der diente aber seit Menschengedenken nicht mehr zur Bestattung der Toten, sondern es war ein freier Platz, ein Hof um die Kirche. Die andere Seite des Hauses lag an der „Blinden“ Straße.

Gegenüber ragte wuchtig die Wohnung der Großeltern, das Roggenkampsche Haus. Das war in alten Zeiten, als das Städtchen noch unter der Herrschaft des Erzbischofs von Köln stand, die Amtswohnung des Kurkölnischen Hauptmanns gewesen und als solche mit gediegener Pracht erbaut worden.

Schon von außen sah man dem drei Stockwerk hohen, weitläufigen Bau an, daß er etwas Besonderes darstellen sollte; denn er trat von der Straße zurück. Ein erhöhter, breiter Estrich aus mächtigen Steinfliesen trennte ihn von ihr; schwere Eisenketten, in schönen Bogen an Steinpfeilern hängend, umgaben ihn.

Den Eingang verschloß ein schweres, großes Tor von Eichenholz mit kunstvoll geschmiedetem Eisengitter und bunter Verglasung. Eine kleine Tür in einem der Torflügel diente dem gewöhnlichen Tagesverkehr. Es war eigentlich eine Einfahrt und wurde auch als solche viel benutzt; denn der Großvater hielt ein eigenes Kutschgespann. Zur Rechten des eingetretenen Besuchers führte eine sechs Stufen hohe, breite Treppe in das Haus, das hier wiederum durch eine schwere Gittertür von Eichenholz mit gleichfalls bunter Verglasung verschlossen war. Geradeaus führte ein zweites Tor auf den Hof, auf den die Stallungen und Wagenschuppen mündeten.

Öffnete sich die eisenvergitterte Flügeltür, so stand der Besucher in einer durch alle drei Stockwerke gehenden großen Halle. Sie war mit Platten von weißem und dunklem Marmor in einem gefälligen Sternmuster belegt. Ein vielarmiger Kronleuchter hing von der hohen Decke an starker Kette herab. Die breite Treppe, die vom Flur in die oberen Stockwerke führte, zeigte auf dem Treppenpfosten das Kurkölnische Wappen, von einem Löwen gehalten. In jedem

Stockwerk lief eine hölzerne Galerie rings um die Halle, auf die die Türen von den Zimmern und Kammern mündeten.

Trat der Besucher im Erdgeschoß in die zur rechten Hand sich öffnende Tür, so stand er in einem großen Saal, der ganz in Weiß und Gold gehalten war. Geradeaus führte die Tür in das mit braunroter Sammettapete bekleidete Wohnzimmer, in dem außer dem Sofa, Tisch, Stühlen und Sesseln ein Flügel stand, von einer schweren Decke überhangen. Trotz der gediegenen Pracht und der dunklen Farben konnte die Behaglichkeit dieses Zimmers kaum übertroffen werden. Neben dem Wohnzimmer lag das einfache und kleine Eßzimmer, klein im Verhältnis zum gesamten Ausmaß des Hauses – in einer bescheideneren Wohnung hätte es noch als Saal gelten können.

Von hier gelangte man in die geräumige Küche und an dieser vorbei in die Geschäftsräume. Da lag das große „Comptoir“ und einige Zimmer für die unverheirateten Gehilfen.

Der erste Stock enthielt die Schlaf- und Besuchszimmer. Der zweite wurde von einem verwitweten Sohn bewohnt, dessen zwei Kinder, Wilhelm und Johannes, die zweite Hälfte des bereits erwähnten vierblätterigen Kleeblattes bildeten. Deren Vater befand sich meistens auf Geschäftsreisen im Ausland. Die Wirtschaft führte eine ältere Magd namens Jenny, deren sanfte Art den Knaben wenig Respekt einzuflößen verstand.

So war das großelterliche Haus der Haupttummelplatz der vier Vettern. Mit seinen vielen Bodenkammern und gewölbten Kellern, den angrenzenden Stallungen, Wagenschuppen und einem „das Höffken“ genannten Garten bot es Spielgelegenheiten und Verstecke in Hülle und Fülle.

Deshalb hat das Haus hier auch eine nähere Beschreibung gefunden, die der elterlichen Wohnung nicht gewidmet zu werden braucht. Denn hier sorgte die feste Hand des Vaters und die erzieherische Sorgfalt der Mutter für die Aufrechterhaltung der Ordnung; und dem ging man gern aus dem Weg.

Neben der „Chroßen“ Kirche besaß das Städtchen noch eine „Paterskirche“ und eine „Nonnenkirche“ als Zubehör zu einem Paters- und einem Nonnenkloster. Für das religiöse Bedürfnis der kleinen evangelischen Gemeinde sorgte ein bescheidenes Gotteshaus. Die Weite der Landschaft beherrschte einzig und allein der Turm der „Chroßen“ Kirche – nicht nur für das Auge. Denn das Äppel-Päppel der anderen Glockentürme verschwand völlig vor dem weihevollen, harmonisch abgestimmten Geläute der ersteren. Vollends an Sonn- und Feiertagen, wenn die ehernen Töne die Bauernschaften weit und breit zum Dienst des Herrn riefen. Dann standen unten im Turm die Männer aus der Bruderschaft an der großen Glocke zu sechsen, an den kleinen zu dreien oder zweien – und zogen an den Strängen der Glockenseile mit den Armen und Fäusten der Enakssöhne von der roten Erde. In warmer Jahreszeit troff ihnen der Schweiß von den geröteten Gesichtern, wenn sie jetzt bis zur Erde gebückt das Seil mit kräftigem Schwung niederzogen, jetzt sich aufrichtend es nach oben freigaben. Das war Ehrendienst; und die Jugend stand neidvoll dabei. Sie konnte die Zeit nicht erwarten, bis sie selbst an die Reihe kommen würde.

Es sollte noch eine Weile dauern; denn vorerst war man noch nicht einmal in der Volksschule. Man drückte noch die kleine Bank bei Mutter Röder, man saß traurig und bedrückt in der Bewahranstalt für kleine Kinder. Und das hatte seinen guten Grund.

An jedem Sonn- und Festtag versammelte sich die ganze ältere Generation der Familie bei den Großeltern Roggenkamp zum Kaffee in dem vorbeschriebenen rotbraunen Wohnzimmer. Das war der sogenannte Familienkaffee. Hier hatte ein jeder und eine jede seinen und ihren festen Platz; unter anderen der wegen seines fröhlichen Wesens und seines herzhaften Lachens bei Alt und Jung beliebte Onkel Christian vor einem kleinen Tisch an einem Fenster, das auf den schon erwähnten Kirchhof hinaussah.

An einem schönen Sonntagnachmittag im Sommer saß dieser Onkel auf seinem angestammten Platz, schlürfte seinen Mokka und blies dazu behaglich den Rauch einer guten Zigarre in die Luft. Halb mit dem Ohr bei der Unterhaltung, halb mit dem Blick nach draußen, sah er unter dem uralten Kastanienbaum auf dem Kirchhof lang auf dem Rücken hingestreckt einen Knaben liegen. Der schlief in der warmen Sonne und hatte den Mund weit offen.

Plötzlich wurden die Augen des Onkels groß, groß wie zwei Vollmonde; seine Züge erstarrten, als hätten sie das Haupt der Medusa erblickt. Dann aber brach er in ein schallendes, so unbezwingliches Gelächter aus, daß sich aller Augen auf ihn richteten. Die Neugier, den Grund zu dieser elementaren Fröhlichkeit zu erfahren, spannte alle Gesichter.

Was hatte der lustige Onkel gesehen? Seine beiden Neffen Franz und Heinrich waren auf der Bildfläche erschienen, und – die Feder sträubt sich es zu erzählen, und doch muß es heraus – der Franz, der fünfjährige Knirps, hatte sich, ein lebendes Abbild der weltbekannten Brüsseler Brunnenfigur, als „Manneken Pis“ über den Schlafenden gestellt. Der hatte zwar schleunigst den Mund geschlossen – allein, es war zu spät. Mit furchtbarem Gebrüll quittierte er das schändliche Attentat.

Aus seinem friedlichen Nachmittagsschlummer aufgestört, kam hemdärmelig und ohne Mütze der Vater des Geschändeten, der Schlächtermeister Tellenbach, aus seinem nahegelegenen Hause gelaufen. Aber er konnte nur die Klage seines Sohnes entgegennehmen und zum Himmel hinaufflu chen – der Attentäter und sein Bruder hatten das Feld geräumt und gegen etwaige Gewalttat die Tür des elterlichen Hauses hinter sich abgeriegelt. Das wütende Zerren an der Schelle, das Klopfen an der Tür von seiten des gekränkten Vaters blieben zunächst wirkungslos.

Aber die Untat konnte nicht ungerächt bleiben. Nicht nur, daß der also Beschimpfte seinen Erzfeind erkannt; auch Onkel Christian hatte ihn gesehen, und gegen zwei Zeugen war nicht aufzukommen.

Zwar hatte es gewaltige Mühe gekostet, den fröhlichen Mann zum geordneten Sprechen zu bewegen, weil er immer wieder in sein erschütterndes Lachen ausbrach. Aber nachdem man ihn aus dem Kreis der Damen entführt hatte, war es schließlich doch gelungen.

Das nächste war ein Zusammentreffen beider Väter am Ort der Tat, das mit beruhigenden Versicherungen des einen und nach längerem Zureden mit beruhigten Zügen des anderen Vaters endete.

Aber als sie schon auseinander gegangen waren, da drehte sich der Schlächtermeister nochmals um, machte lebhafte Hiebbewegungen mit dem rechten Arm und rief:

„Awer nich te knapp, Här Dokter! Er däuht mi doch leïd, det ik nich sselvst an den v'rdammten Sslüngel heran kann!"

„Ik ssall em det woll bibrengen, Mester – dor kö' chit ink op v'rloten!"

Und die Tat entsprach der gemachten Zusage. Vergeblich verhallten die Einwände, daß der gleichaltrige Nachbarssohn, der ein etwas träger, weicher Knabe war, von der sicheren Schwelle seines Elternhauses aus den rothaarigen Franz mit Schimpfworten, wie „du ollen Voß", „du Voßkopp" zu bedenken pflegte; daß er bei gelegentlichen Raufereien den einen oder anderen Gesellen oder Lehrling seines Vaters heranholte und auf solche Weise, wenn auch besiegt, doch am Ende Sieger blieb: Es gab erbarmungslos Hiebe, die sich leider – es war *ein* Abmachen – auch auf den völlig unschuldigen Heinrich erstreckten. „Schade um jeden Schlag, der vorbeigeht!" pflegte der Vater zu sagen. „Hat er es jetzt nicht verdient, dann sind die für ein andermal, wo er nicht erwischt wurde!"

Zum größten Kummer der Knaben blieb es nicht bei den Hieben und üblichen Nebenstrafen, wie Einsperrung im dunklen Keller, Stehen in der Ecke, Entziehung besonders beliebter Speisen usw. Der elterliche Rat beschloß vielmehr, die Knaben bis zum Eintritt der Schulpflicht in die Kleinkinderschule zu geben, wo sie in Gestalt von Stillsitzen und Maulhalten die ersten Vorkenntnisse für die Volksschule erwerben und außerdem während dieser Übungsstunden vor nichtsnutzigen Streichen bewahrt bleiben sollten.

Da saßen nun der schuldige und der unschuldige Sünder auf niedrigen Holzbänken mit vielen Leidensgenossen beiderlei Geschlechts zusammen und trauerten wie gefangene Vögel um die verlorene Freiheit.

Es mag für vielbeschäftigte Eltern schwer sein, temperamentvolle Knaben vor der Schulzeit angemessen zu beaufsichtigen – die Wahl der Mutter Röder wirkte nicht gut. Die Arbeiten, die sie die Kinder lehrte, waren ausschließlich auf Mädchen berechnet.

Flechten und Knüpfen liegt einmal den Knaben nicht. Dazu traf ihr langer Haselstock jeden Frevler gegen Ordnung und Sitte, leider auch den vermeintlichen, mit unbarmherziger Sicherheit. Die oft unverdienten Schläge von einem fremden und bald tödlich gehaßten Weib erzeugten einen wütenden Trotz bei den beiden Knaben, der sich noch lange Jahre in einem grundsätzlichen Widerstand gegen berechtigte und unberechtigte Autorität geltend machte. Es bedurfte besonders bei dem lebhafteren Franz später vieler Liebe, um ihn zu lehren, daß Schule und Ordnung nicht als ausgesprochene Feinde in sein Knabenleben eingriffen.

Wie aber kommt es, daß er trotzdem ein langes Leben hindurch seines ersten wirklichen Lehrers nur mit Liebe und Verehrung gedacht hat? Von der elterlichen Wohnung nur durch ein kleines Haus getrennt, stand am Kirchhof die Volksschule, die Elementarschule genannt. Von hier aus gingen die Schulkinder je zwei und zwei hintereinander jeden Morgen um ein halb acht Uhr in die „Chroße" Kirche, wo sie auf schmalen, niedrigen Bänken kniend dem Gottesdienst, der Messe, beiwohnten. Solange Franz diesen Einzug in die Kirche nur als unbeteiligter Zuschauer beobachtete, kannte er keinen lebhafteren Wunsch, als mit dabei zu sein. Als das aber zur Tat wurde, und er, sechs Jahre alt, zum erstenmal mit in Reihe und Glied stand, da stehen und darin bleiben mußte, da jammerte er um die verlorene Freiheit, und heulend zog er in die Pforte der Kirche ein. Das ungewohnte und anstrengende Knien auf dem harten Bänkchen eine halbe Stunde lang, mit kleinen Unterbrechungen, trug nicht dazu bei, ihn glücklicher zu machen. So betrat er nach Beendigung des Gottesdienstes noch weinend die Schule.

Hier nahm der alte Lehrer Felgemacher den Knaben an sich, strich ihm über die Backen, redete ihm gut zu und drückte die Hoffnung aus, daß sie beide gewiß gute Freunde werden würden. Dann kam die Rechenstunde, der erste wirkliche Unterricht. An kleinen Stäben wurde das Einmaleins gelehrt. Ein Stäbchen zum anderen gelegt ergab zwei, das dritte dazu drei usw.; zehn Stäbchen zu einem Bündel vereinigt stellten die Zehn dar, ein Haufen von zehn Bündeln das Hundert. Die Rechnerei war, so einfach in ihren Hilfsmitteln, wirkliche Wissenschaft, sie fesselte den Knaben ganz und gar. Wie oft hat später der Mann bei wissenschaftlichen Arbeiten dieser ersten Übung gedacht! Waren die Aufgaben auch verwickelter – in ihren Einzelheiten mußten sie ebenso einfach und wahr sein wie Stäbchen und Bündel des ersten Einmaleins.

Und die Freundschaft mit dem alten Lehrer hat standgehalten das sechste und siebente Lebensjahr hindurch. Nie hat ein Mann wieder einen solchen Einfluß auf den Knaben ausgeübt wie der alte Felgemacher. Nie hat aber auch wieder ein Lehrer mit der gleichen Liebe, aber festen Hand den lebhaften Zögling geleitet. Um nichts hätte Franz den alten, prächtigen Mann betrüben mögen; und so gingen die beiden Jahre der ersten Stufe der Volksschule so artig und wohlerzogen dahin wie keine zuvor und später.

II.

Viele Kinder lernen zumeist die zuerst in ihren Gesichtskreis tretenden Personen nur als Onkel und Tanten kennen. Alle erwachsenen männlichen Wesen sind Onkel, die weiblichen Tanten. So erging es auch Franz. Erst die mit den Wirklichkeiten des Lebens auf viel vertrauterem Fuß stehenden Kinder kleinerer Leute, die in der Volksschule die Hauptmasse der ABC-Schützen darstellen, brachten ihn zu feineren Unterscheidungen. Diese kannten die Verwandtschaften in dem kleinen Städtchen, in dem die Honoratioren für die anderen den Gesprächsstoff hergeben müssen, ganz genau

„Wat – din Ohme?!" hieß es. „Det is jo chahnich din Ohme! Du büs jo chahnich met em väwandt!" So mußte Franz völlig umlernen und hatte es dadurch doppelt schwer, sich in der Volksschule zurechtzufinden und zu behaupten. Denn nirgends sind die Grundsätze einer von allen Nebenrücksichten freien Demokratie schärfer ausgeprägt als hier.

Wenn Heinrich Pläßmann Vater, der Tagelöhner, auf Vater Oltgrave die größte Rücksicht nimmt in Worten und Werken, so ist Heinrich Pläßmann Sohn dem Sohn Oltgrave gegenüber grundsätzlich von jeder Rücksicht frei. Er nimmt zwar gern die Hälfte des Butterbrotes von ihm, um die Gleichheit in der Ernährung herzustellen. Sonst gilt aber nur die starke Faust, die Gewandtheit im Raufen und Laufen, der Mut und die Unverfrorenheit. Muttersöhnchen sind in der Volksschule unmöglich. Wer etwas gelten will, muß wirklich etwas sein; nur auf den eigenen Beinen kann er stehen – auf fremden Krücken kann er nicht marschieren. Er muß seine Fäuste gebrauchen, um den Raum für sein Dasein zu gewinnen.

Merkwürdigerweise hat die Wertung unter den Schülern recht wenig Beziehung zu der durch den Lehrer. Kenntnisse begründen durchaus nicht das Ansehen unter den Knaben. Im Gegenteil. Sie sind häufig genug der Grund des Neides; und die Tugendbolde werden immer verprügelt. – Wäre es doch im späteren Leben auch so!

Es war der gesunde Sinn von Franzens Vater, der den verschiedenen Versuchen, die Knaben an der Volksschule vorbeizuführen und sie besonders für das Gymnasium vorzubereiten, mit Festigkeit widerstand. „Die Jungens sollen das wirkliche Leben kennen, sich behaupten, die Ellenbogen gebrauchen lernen und sich nicht schon frühzeitig einbilden, was Besonderes zu sein – basta!“ Das war vor sechzig Jahren und für den Frieden eines kleinen Ackerstädtchens, in dem es noch keine Vergiftung der Jugend durch die Sozialdemokratie gab, zweifellos richtig. Nach Zeit und Ort kann man darüber natürlich anderer Meinung sein.

Die erste Freundschaft schloß Franz, den demokratischen Grundsätzen der Schüler entsprechend, mit dem Sohn eines Fabrikarbeiters. Antönneken Söckmanns war ein Kind von bleicher Gesichtsfarbe, das auf dem schwächlichem Körper einen großen Kopf trug, aus dem zwei dunkle Augen klug und sanft in die Welt blickten. Der Knabe war Nachbarskind, aber bis zur Schule Franz völlig fremd geblieben. Hier saßen die Kinder nebeneinander. Da fiel einst ein viel stärkerer, roher Junge über Antönneken her, riß ihn zu Boden und wollte ihn mit seinem zu diesem Zweck ausgezogenen Holzschuh schlagen – eine sehr beliebte Kampfart. In Mitleid und Wut griff Franz dem Großen in den Halskragen und zog ihn von seinem Opfer ab. Das trug ihm selbst zwar einen Hieb mit dem Holzschuh ein, der ihm die Kopfhaut zerriß. Er bekam, wie es im Sprachgebrauch der Knaben hieß, ein Loch in den Kopf. Darüber kam der Lehrer. Der Raufbold wurde über das Knie gelegt und erhielt eine gehörige Tracht Prügel auf den strammgezogenen Hosenboden.

Dieses Vorkommnis begründete eine starke Anhänglichkeit Antönnekens an Franz. Für letzteren hatte es vielerlei schöne Dinge im Gefolge, die sein junges Leben bereicherten.

Da wohnte zunächst in demselben kleinen Haus neben dem Fabrikarbeiter Söckmanns ein ländlicher Uhrmacher namens

Rüting. Der brave, ehrenwerte Mann hieß allgemein die Heuleweule. Wie er zu diesem Spitznamen kam, und was der bedeutete, darüber wußten die Knaben nichts.

Aber was war das für eine sehenswerte Werkstatt! Hier ging Antönneken ein und aus; er nahm Franz natürlich mit. An den Wänden hingen Uhren aller Größen mit bunt bemalten Zifferblättern, wie die Bauern sie lieben. Sie schlugen hoch und tief, weich und hart. Kuckucke riefen dazwischen ihren Ruf, traten beim Rufen aus einem kunstvollen Häuschen heraus, um nach vollendetem Schlagen bis zum nächsten Mal zu verschwinden. Es tickte und rasselte ohne Unterlaß. Pendel schwangen hin und her.

Aber das war längst nicht alles: In unzähligen Vogelbauern piepste, zwitscherte und pfiff es. Kreuzschnäbel und Finken, Drosseln und Dompfaffen, Zeisige, Stieglitze, Bluthänflinge, kurz alles, was geflügelt ist und singt, das war in dieser Uhrmacherstube vertreten.

Im elterlichen Hause befanden sich zu der Zeit zwar auch einige Singvögel in großen Bauern; ein „Cheitlink", wie die Schwarzdrossel, und eine „Ssippe", wie die Singdrossel genannt wurde. Was wollte das besagen gegen dieses Leben in der langen, schmalen Uhrmacherwerkstatt! Einen ganzen Winter hindurch war sie außerhalb der Schulstunden für Franz und Antönneken fast der ausschließliche Aufenthaltsort. Mit verdrießlichem Gesicht wurde der Ruf zu den Mahlzeiten entgegengenommen. Und wenn der Befehl: Zu Bett! überbracht wurde, dann verursachte er stets von langer Lippe ein feindseliges „Ochch – es is ja noch chans früh!"

Es waren köstliche Stunden in Meister Rütings Werkstatt. Zusehen dürfen, wie hier ein Rädchen aus Messingblech zurechtgeschnitten, dort ein neues Schraubengewinde gedreht, hier ein neues Glied in die Gewichtskette gefügt, dort ein verbogener Zeiger wieder gerade gehämmert wurde, das war hohes Glück. Dazu dann die Erzählungen und Abenteuer des Meisters über das Ausheben und Zähmen der Jungvögel. Wie den Raben, Krähen, Dohlen, den bunten Hähern erst die Zunge gelöst werden müsse, damit sie sprechen lernen. Und allerlei andere Märchen!

Ja, aber der Rabe in Großvaters Hof? Der sprach doch ganz gut! War denn dem die Zunge gelöst? Das mußte festgestellt werden. Dieser Rabe mit seinem wundervollen, grünschimmernden Gefieder war ein uralter Vogel, der seinen großen Käfig oberhalb eines gewissen, auf dem Hof befindlichen Ortes hatte – Wasserspülungen gab es zu der Zeit noch nicht. Er konnte verschiedene Redensarten hersagen; mit Vorliebe sprach er in seinem dumpfen Rabenton: „Wacht noch en betken“, sobald jemand die Tür des Verhängnisses öffnen wollte. Er war aber auch viel im Freien. Und Jung und Alt hatte seine Freude an dem drolligen Vogel.

Als er auf seine gelöste Zunge hin untersucht werden sollte, trieben die Knaben ihn in eine Ecke, in der eine große Kiste stand. Einige Bretter waren zum Zudecken zurechtgelegt. Es gelang, Jakob – so hieß der Rabe – in die Kiste zu treiben und diese zuzudecken. Bei dem Versuch, ihn zu ergreifen, setzte es zunächst einige empfindliche Schnabelhiebe; dann fiel im Eifer der Jagd eines der aufgelegten Bretter in die Kiste hinein: „O Här o Här!“ krächzte Jakob, aber ergriffen wurde er doch. Wie er auch die Augen verdrehte und die Nickhaut vorzog, der Schnabel wurde ihm geöffnet, und die Zunge mit vieler Schwierigkeit besichtigt. Zu sehen war daran nichts, rein gar nichts. War es doch die erste Rabenzunge, die den Knaben vor Augen kam!

Nun war aber Jakob nicht mehr zu halten. Nicht nur, daß von Schnabel und Krallen die Hände seiner Peiniger bluteten: Er hatte in seiner Angst auf Franz seinem neuen russischgrünen Kittel einen langen, hellen Streifen hinterlassen. Mit weiten Sätzen hüpfte er davon, seine kleine Leiter in die Höhe und schimpfte nun von seinem sicheren Verlies aus: „Wacht noch en betken, wacht noch en betken! – Holl di nich op, holl di nich op!“

„Ja,“ meinte Meister Rüting, als ihm das negative Ergebnis berichtet wurde, „dor is nu nix mehr an te sseihen – det här ik di chliek sseggen können.“

Die Freundschaft mit Meister Rüting sollte noch schönere Früchte tragen. Der alte Küster Hergelkamp war hochbetagt gestorben. Das war ein altes Männchen gewesen, das in seinem frackähnlichen, schwarzen Rock mit schwarzen, engen Kniehosen, langen Knöpfgamaschen und Schnallenschuhen noch wie ein Überbleibsel aus alten Tagen in die neuere Zeit hineinragte. Wie oft hatte Franz ihn mit seinem gewaltigen Schlüssel die Kirchentür schließen und dann, den Schlüsselbund in der Linken, mit nicht geringerer Würde als der Herr Pastohr selbst, seiner Wohnung zu schreiten sehen.

Für die Wahl eines Nachfolgers kamen nur wenige Anwärter in Frage. Mußte doch der Küster unter anderem die Kirchenuhr aufziehen, ölen, ihren Gang regeln und das mit den Glocken in Verbindung stehende Schlagwerk in Ordnung halten. Das konnte nur ein uhrenkundiger Mann; und so wurde Meister Rüting zu diesem Amt auserkoren.

Oftmals schon hatte Franz gebeten und gebettelt, einmal mit auf den Turm, in die Glockenstube steigen zu dürfen.

„Nee, Junge, det dauh 'k nich – wat sall din Vatter woll sseggen, wann hei det chewahr wöt!" Schließlich log er die Heuleweule wirklich herum:

„Het din Vatter würklich ‚jo' chesacht?"

„Jo! Ik häw em chefrogt!"

„Du ssaß mi sseggen, wat *hei* chesacht het!"

„Jo! Hei het chesacht, ik söll mehr met chohen!"

„Junge, wann't awer nich wohr is!"

„Et is awer wohr!"

So durfte Franz eines Sonntagsmorgens mit auf den Glokkenturm. Aber die Lüge fand alsbald ihre harte Strafe. Es war noch dunkel, als es beim Schein einer Laterne die ausgetretenen Steinstufen einer Wendeltreppe in die Höhe ging. In deren engen Windungen gab die Laterne Licht genug. Als aber diese überwunden waren, trat der Küster in das weite Turminnere hinein. Schwarz gähnte der Raum; nur die aus der dem Auge völlig verborgenen Höhe herabhängenden Glockenseile traf von Zeit zu Zeit ein irrender Lichtstrahl. An der Turmwand war eine Leiter befestigt; nur eine einzige Griffstange bot Schutz nach der Innenseite. Die Sprossen, für einen erwachsenen Mann berechnet, zeigten für die Verhältnisse eines Knaben einen erschreckend weiten Abstand.

Diese Leiter kletterte der Küster in die Höhe, nicht ohne den Knaben wiederholt zur äußersten Vorsicht zu ermahnen. Je höher man kam, desto unheimlicher wurde es. Zitternd am ganzen Leibe kletterte Franz hinter seinem Führer her. Der ersten Leiter folgte schräg entgegengesetzt eine zweite, dieser eine dritte. Schließlich war die letzte überwunden; man stand in der Glockenstube auf festem Bretterboden. Die Luke nach der Leiteröffnung wurde geschlossen. Franz hatte zu tun, nicht umzusinken; in solcher Angst hatte er die Leiter, immer den Blick in das gähnende Dunkel unter und neben sich, überwunden. O, hätte er doch nicht die väterliche Erlaubnis erlogen! Wäre er nur erst wieder unten! – Nie in seinem Leben sollte er dann wieder auf diesen unheimlichen Turm steigen!

Auch der Küster mochte froh sein, den Jungen heil oben zu haben. Doch nahm ihn sein Amt alsbald in Anspruch – und hier war der Knabe ja vorläufig in völliger Sicherheit.

Franz gewann allmählich seine Fassung wieder; er lehnte an einer Latte, die rings um ein großes Viereck lief. Da drinnen befand sich das Uhrwerk, in seinen Maßen so viel größer als die Uhren unten in der Werkstatt, wie die Kirche gegen ein Haus! Jetzt setzte mit lautem Tack ein Hebel aus; zwei Flügel begannen sich mit unheimlicher Geschwindigkeit zu drehen – seitwärts hob sich ein gewaltiger Arm, dessen Hammer schlug mächtig auf eine Glocke, viermal. Dann hob sich ein zweiter und ließ seinen Hammer auf eine andere Glocke fallen. Es schlug einhalb acht Uhr! Was war das doch für eine gewaltige Wucht in den Hammerschlägen! Wie mächtig erklang das im Vergleich mit den friedlich sanften Tönen, wie sie die Menschheit da unten hörte!

Wie mochte das hier oben erst hallen und dröhnen, wenn statt des Uhrhammers der gewaltige Klöppel im ehernen Mund der Glocke schwang – wie, wenn mit allen Glocken zugleich geläutet wurde! Aber dann war die Glockenstube leer. Kein Mensch konnte darin dauern! Dann war Franz mit Meister Rüting längst auf dem

Rückweg – ein tödlicher Schreck befiel ihn bei dem Gedanken an die Leitern. Aber es war nicht Zeit zum Sinnen; denn der Küster begann zu beiern. Auf einem Schemel hockend, setzte er im Rhythmus mit Hand und Fuß die kurzgebundenen Klöppel zu einem Glockenspiel in Bewegung: Bim, bam bom – bim, bam bom – bim, bam bom – bimm – bamm – bimmm – bommm!

Es war bei aller Wucht in so unmittelbarer Nähe doch ein wunderbarer Wohllaut in den sich fangenden und überholenden Akkorden. Sie versetzten Franz in eine Welt von Tönen, die ihn sich, seine Umgebung und die Furcht vor dem Rückweg völlig vergessen ließ.

Träumerisch trat er an eins der verstaubten, mit Spinnweben verhangenen Fenster. Er mußte auf einen an der Wand entlang laufenden Balken treten, um hinausschauen zu können. Mit der flachen Hand wischte er die Scheibe klar: Da lag im rosigen Morgenschimmer das Städtchen zu seinen Füßen. Die nächste Nähe verbarg ihm zwar die Fensterbrüstung, aber auf den Markt konnte er schon sehen. Wie klein kamen ihm die Häuser vor, wie winzig die Menschen, wie niedrig die hohen Pappeln, die den um die Stadt laufenden Wall einfaßten! Da traf der erste Blitz der aufgehenden Sonne sein Auge. In Glut getaucht erstrahlte der östliche Himmel. Solch eine Pracht hatte er noch niemals gesehen: Wie flüssiges Gold lag der Morgenstrahl auf dem herrlich geschlängelten Band der Lippe, bis der Fluß sich in der unendlichen Weite verlor. Und dabei immer das hallende Klingen, der klingende Hall der Glocken im Ohr! Es war der schönste und zugleich mächtigste Eindruck, den die Kinderseele bisher empfangen.

Aus tiefem Traum erwachte er, als er die Hand des Küsters auf seiner Schulter fühlte.

„Komm, Jung', wi möt't herunder. – Ssei fangt chliek an te lühen!"

Der Rückweg wurde nicht so schlimm, wie Franz gefürchtet hatte. Im hellen Morgenlicht erschien die Tiefe nicht so unheimlich wie im Dunkel beim zitternden Laternenschein; und mit Hilfe des sorglich um den Knaben bedachten Küsters kam er wohlbehalten auf dem untersten Boden des Turmes an. Wohl war ihm manchmal schwindlig geworden bei dem unvermeidlichen Blick in die Tiefe; aber Meister Rüting hatte ihn sozusagen unter sich genommen, indem er mit Hand und Fuß stets eine Sprosse mehr griff, als der Knabe spannte. Das gab diesem ein Gefühl von Sicherheit. Am Schluß hatte er bei der stets abnehmenden Höhe ordentlich Mut gewonnen für eine neue Turmbesteigung. Aber wollte doch lieber damit warten, bis der Tag früh genug anbrach, um keine Laterne mehr zu benötigen.

Bevor man die schmale Wendeltreppe herunterstieg, öffnete der Küster eine Tür, die in den gewaltigen Raum oberhalb des Kirchengewölbes führte. So tapfer Franz noch einen Augenblick vorher gewesen war, um keinen Preis hätte er von den Laufplanken herunter auf das Gewölbe treten mögen. Er hatte das Gefühl, als würde er sofort hindurchbrechen und in die Kirche hinunterfallen. Später ist er oft genug darauf umhergelaufen; aber beim ersten Tritt kam das unbequeme Gefühl immer wieder zum Vorschein.

Die Eindrücke des Morgens waren viel zu mächtig, als daß Franz sie hätte für sich behalten können. Dazu kam auch wohl die fatale Befürchtung, der Vater könne auf irgendeine Weise von dem Küster über die gefährliche Unternehmung Kenntnis erhalten. So rückte er denn bei dem gemeinsamen Frühstück nach Schluß des Gottesdienstes mit der Sache heraus. Jetzt, auf dem sicheren Stuhl am Kaffeetisch, ganz Held! Soviel Besinnung aber behielt er doch, um von den Leitern kein Wort zu sagen; und so blieb es bei einem strengen Verweis, daß er solch eine Sache ohne vorherige Erlaubnis mitgemacht habe. Auf die schüchterne Frage, ob er denn noch einmal, wenn Meister Rüting ihn wieder mitnehmen würde, auf den Turm dürfte, erhielt er zur Antwort: „Na, ja, ich will nichts dagegen haben; aber du sollst dem Mann nicht lästig fallen."

O, du guter Vater, hättest du eine Ahnung davon gehabt, daß der Weg in die Glockenstube auf weitsprossigen Leitern und nicht auf sicheren Treppen zurückgelegt werden mußte, daß Franzens Frage weniger dem Wunsch entsprach, den gefürchteten Aufstieg zu wiederholen, wie dem Bedürfnis, als ein noch größerer Held zu erscheinen, wie anders wäre wohl deine Entscheidung ausgefallen!

Aber für die Stärkung des Mutes war die väterliche Entscheidung doch förderlich. Die Aufstiege wurden, wenn auch zu Anfang immer mit zagendem Grausen, wiederholt. Nach und nach gewöhnte sich das Auge an die bösen Leitern. Glockenstube und Kirchengewölbe wurden dem Knaben vertraut; und manche feierliche Viertelstunde brachte er da oben zu.

Nur eine grausame Enttäuschung erlebte er noch. Die trat ein, als sein Bruder Heinrich nach vielen Bitten und Betteln den Aufstieg zum erstenmal mitmachen dürfte. Nicht ohne Furcht sah Franz der Sache entgegen. Als aber der Junge ohne das geringste Zagen wie eine Katze auf die Leiter stieg, und oben bei den Glocken angelangt, sagte: „Un dor heß du di sso üm chehatt; det 's jo chahnix!“, da sank Franzens Heldenstolz gewaltig. Er wurde völlig zu Boden geschlagen, als Heinrich ganz aus freien Stücken die Leitern allein herunter und wieder hinaufkletterte. Franz war noch nicht Philosoph genug für die Erkenntnis, daß die Gaben verschieden verteilt sind, daß der eine sich mühsam erringen muß, was dem anderen spielend gelingt. Aber er beschwor den Bruder doch, den Eltern von seinen Leiterkunststücken nichts zu verraten; sonst wäre es mit der Turmfreude zu Ende gewesen. Das begriff Heinrich ohne weiteres und hielt in seiner treuen Weise das Versprechen gewissenhaft.

Die Genüsse, die Franz seiner Freundschaft mit dem Meister Rüting verdankte, waren aber mit Turm und Glockenstube noch nicht zu Ende. Der Frühling kam ins Land; und der Uhrmacher besuchte an den Sonntagnachmittagen nach dem Gottesdienst seine Kundschaft. Das waren die Bauern und Kötter, die da auf ihren Höfen und Kotten weit im Land umhersaßen. Am Sonntagnachmittag waren sie meist zu Hause. Die Knaben hatten keine Schule. So stimmte alles schön zusammen. Die elterliche Erlaubnis, den Meister auf solchen Ausflügen zu begleiten, war leicht erwirkt. Denn in besserer Gesellschaft als unter Aufsicht des Meisters und seiner braven Söhne konnten die Knaben nicht sein.

Zwar durfte Franz den Vater gelegentlich auf seinen Fahrten über Land begleiten; aber er blieb dann meist beim Kutscher am Wagen, während der Vater am Krankenbett weilte. Wie anders, wenn es auf heimlichen Fußpfaden zwischen Wallhecken, durch Hohlwege ging, wenn ein Bauer dem vertrauten Meister das Nest eines Wiedehopfes oder gar eines Spechtes, einer Eule zeigte! Die wurden nicht etwa ausgeraubt; nichts durfte mit der Hand berührt werden. Dann lag schon die Gefahr nah, daß die Alten das Nest verlassen könnten. War Aussicht vorhanden, eines der flügge gewordenen Jungen aufzuziehen, falls ein hinreichender Vorrat von Ameisenpuppen vorhanden war, dann wurde wohl einer oder auch zwei der Nestlinge mit heimgenommen. Das war aber ein solcher Eingriff in die Natur, daß er nur nach langer Überlegung und sorgsamster Vorbereitung daheim erfolgte. Noch zu junge Nestlinge führten den Namen „Doddelfott“. Es galt unter den Knaben als eine gemeine Handlung, solche Doddelfott auszunehmen, denn deren Aufzucht war mehr als zweifelhaft.

Am aussichtsvollsten war die Pflege aller finkenartigen Zugvögel. Da war die „Groffinkenhei“ – die Graufinkenheide – das Paradies der Gesellschaft. Eine weltweite Heide mit mächtigen Wacholderbüschen, vielem Ödland, aber auch großen Grasflächen. Die Weide der städtischen Rinderherde! Da galt es zu suchen. Am kostbarsten, weil das seltenste, war das Nest des Bluthänflings. War eins gefunden, so wurde die Eierzahl festgestellt. An den folgenden Sonntagen wurde weiter beobachtet: Nun sperrten schon fünf Nestlinge die Gelbschnäbel auf – nun würden sie bald flügge sein. Da kam man oft genug zu spät; denn die Brut war im Laufe der Woche ausgeflogen. Oft aber auch wurde der kostbare Fund rechtzeitig geborgen; dann wuchs er in den Käfigen der Uhrmacherstube heran zur Freude von Alt und Jung.

Ja, das war die Groffinkenhei. Wie hell schimmert die eintönige Landschaft aus der Jugend in die alten Tage hinein! Sie war eine arme Landschaft und doch ein Paradies der ersten Knabenzeit.

Und dann die stolzen Bauernhöfe! Wenn das Hecke – der Schlagbaum – geschlossen war, dann stand man in der von einer

Wallhecke umgebenen weiten Hofraite. Jungvieh graste umher, Schweine brachen unter den alten Eichen, der Zierde und dem Stolz eines jeden westfälischen Hofes. Und drinnen in dem mächtigen Hause, wo nach niedersächsischer Art der Bauer und sein Gesinde mit dem Vieh unter einem Dach wohnt, bei Kaffee und Stuten, feinem Weißbrot als Sonntagsgebäck – alltags herrschte das gewöhnliche Schwarzbrot vor –, wurden die Geschäfte abgewickelt; eine neue Uhr wurde abgeliefert, oder eine kranke wiederhergestellt. Die stammeseigene Gastfreundschaft machte keinen Unterschied zwischen dem Meister und seiner jungen Begleitung.

III.

„Nee, Frau Dokterin, et is te dull met deï Blagen," schloß Anneken Strübbers am Morgen nach ihrer Ankunft einen aufgeregten Bericht, „un dann ssitt ssei dor ümmer alle veer tessamen; un wat den eïnen nich weït, det weït den anderen!"

„Oh, komm, komm, Anneken," begütigte Franzens Mutter, „chit ssind ok licht en betken hatt teïgen deï Junges; et ssind doch noch Kinder!"

„Chewiß, Frau Dokterin, mär ut Kinder wört Lühe. Un det is't noch chahnich alle, wat ik chesacht häw; ssa'k Ink noch mehr vätellen?" eiferte Anneken mit weit vorspringenden Augen und lebhaft geröteten Backen, indem sie einen Faden abbiß, mit nassen Fingern spitz drehte und ihn gegen das Licht einzufädeln versuchte:

„Et will doch ohne Brille chahnich mehr chohen!" seufzte sie; und als sie keine Antwort bekam, wiederholte sie ihre Frage eindringlicher:

„Ssa'k 't Ink vätellen?"

Etwas müde erwiderte die Mutter:

„Ik bün dor chahnich chieperich op; awer chit könnt det jo doch nich bi ink behollen!"

„Wat ssegg Chit; nich bi mi behollen?! Wei sso stillswiegen kann, as ik – awer det schreit jo noh en Himmel! Chit kennt doch den ollen Strootmann; is en ollen, armen Mann. Deï cheïht doch all Dage middags noh deï Nunnen – un hahlt ssik dor in ssin Ssuppenkänneken en betken Etten; dor kömmt hei doch bi Roggenkamps vöbbi?"

Die Mutter nickte ergeben; sie hätte weit lieber gesehen, daß Anneken genäht hätte, anstatt zu schwatzen.

„Nu cheïht hei dor vöbbi: Un dor kloppt det van binnen an't

Fenster. Hei kickt dorhen; awer hei ssüht nüms; och, och, denkt hei, det is dor binnen düster; un du kaß de Madamm nich sseihen – choh mehr harin. Hei cheïht dor harin un kloppt an de Dühr van de Wohnstowe an: ‚Herein!‘ röpt det. Hei mäkt de Dühr op – dor is nüms in de Stowe. Hei frögt alsso: ‚Madamm – söll ik wat?‘ – ‚Och, nix nich‘ kömmt det dor ut deï düstere Ssophaecke herut, ‚chit söllen det Känneken nich fallen loten!‘ – Nu wuß hei awer Bescheid; det was nich de Madamm; det wassen deï vädammte Junges. Hei cheïht op det Kanepeh los: ‚Wat – chit Slüngels, chit willt en ollen Mann foppen?!‘ un will dor einen chriepen – awer deï wutscht em under den Disch dür; un wech sind sei. – Is det nich en s-chändlich Stück, Frau Dokterin?! Un hei weït nu nich es, wei ’t chewäßt is!“

Während der Anklage war, von Anneken unbemerkt, Franz in die Stube getreten, hatte das leise Lächeln in den Zügen der Mutter beobachtet und schritt nun etwas rasch an den Tisch.

„Kiek es,“ fuhr Anneken ordentlich erschrocken auf, „nu kömmt hei dor harin as’t sslechte Chewissen – hei is dor ssekker bichewäßt. Ssüs brukt hei nich sso still harin te kommen!“

„Worbi?“ lautete die entrüstete Gegenfrage.

„Du bruks chahnich sso stolz te dauhn; du büs öwerall bi, wor ’t ’ne Undocht chefft!“

Anneken stichelte eifrig auf ihren Nähstoff ein; sie hatte genug getan – nun mochte die Mutter weiterfragen. Die ging die Sache doch näher an als Anneken Strübbers. Aber die Mutter tat ihr den Gefallen nicht. Franz brachte sein Anliegen vor, wurde kurz abgefertigt und verließ die Stube wieder. Aber nicht ohne den Vorsatz, dem klatschsüchtigen Weib bei nächster Gelegenheit einen Possen zu spielen.

Schon die nächste Stunde kam ihm zu Hilfe. Er stand mit Heinrich in der Küche, während die Leute frühstückten. Der Kutscher Hendryk, den die Knaben auf Schritt und Tritt begleiteten, hatte sie mit dorthin genommen. Es war kurz nach dem Schweineschlachten, und ein ansehnlicher Rest Wurst lag noch auf der Schüssel, als die Leute fertig waren. Anneken Strübbers war die letzte am Frühstückstisch, sie machte sich da noch zu schaffen, als alle aufgestanden waren. Plötzlich zeigte sie auf das Fenster und rief:

„Kiek es, de Duven!"

Die Knaben sahen auf, konnten jedoch keine Tauben erblicken; aber als sie wieder auf den Tisch guckten, war der Rest Wurst verschwunden. Die Geschichte wurde weiter erzählt, und jedesmal, wenn etwas des Mitnehmens wertes auf dem Tisch übriggeblieben war, gellte von einem der vier Vettern zum größten Ärger Annekens der Ruf: „Kiek es, de Duven!" Damit war aber der Rachedurst noch lange nicht gestillt.

Eines Tages arbeitete Anneken im Hause der Großeltern. Es war ein Samstagnachmittag. Die Mägde waren mit Schrubben und Scheuern beschäftigt. Franz hockte mit seinem Vetter Wilhelm beim Kutscher des Großvaters, der auch Franz hieß, aber zum Unterschied „Chroßen" Franz genannt wurde, im Pferdestall, wo es an den beiden Prachtschimmeln immer etwas zu striegeln und zu putzen gab. Chroßen Franz waren die unruhigen Jungen eigentlich keine Freude; aber er war, wie auch die beiden Mägde Ssätte und Anne, schon an die dreißig Jahre im Dienst der Großeltern. Er machte bei den ewigen Fragen und Beanspruchungen der Knaben gute Miene zum bösen Spiel, etwa wie ein alter Jagdhund die tapsigen Spielereien junger Hunde erträgt. Nie aber hat er die Streiche der vier Vettern, von denen er manchmal Zeuge war, verraten. Vielleicht weniger aus Liebe, als in dem Sinn: „Det cheïht mi nix an; ik will d'r nix met te dauhn häwwen!"

Anneken war mit dem Einfeuchten der Wäsche beschäftigt. Dazu brauchte sie Wasser. Die Pumpe stand am Spülstein in der Küche. Für den Bedarf der Pferde und Kühe konnte das Ausflußrohr hier mittels eines Hahnes geschlossen werden. Das Wasser lief dann durch ein Rohr auf dem Hofe aus. Der Pumpenschwengel aber befand sich in der Küche. Vielleicht hatte Chroßen Franz vor kurzem Wasser für die Pferde gebraucht und den inneren Hahn so fest zugedreht, daß Anneken ihn nicht öffnen konnte. Nun hätte sie den Kutscher ja leicht bitten können, ihn wieder aufzudrehen. Aber der hatte Haare auf den Zähnen. Sie hätte dann allerlei von

„Wiewerkram" und dergleichen zu hören bekommen. Also half sie sich lieber selbst. Sie kam die auf den Hof führende sechsstufige Steintreppe herunter, stellte ihre Kanne möglichst genau unter das Ausflußrohr, ächzte die Stufen wieder hinauf und begann in der Küche zu pumpen.

Ganz zufällig hatte Wilhelm Annekens Anstalten durch den Spalt der ein wenig geöffneten Scheunentür gesehen; er durchschaute sofort die Sachlage, ging vorsichtig auf den Hof und setzte die Kanne, nachdem er den schon eingeströmten Inhalt ausgegossen hatte, hart neben den Wasserstrahl. Dann sprang er in die Scheune zurück. Die Tür wurde bis auf einen kleinen Spalt zugezogen, und mit unbeschreiblichem Vergnügen beobachteten die beiden Knaben nun den weiteren Vorgang.

Alsbald hörte drinnen das Pumpen auf. Die Tür der Küche öffnete sich; Anneken stieg schweratmend von der ungewohnten Anstrengung die Treppe herunter. Noch tröpfelte etwas Wasser neben die Kanne. – Darauf achtete sie nicht. Sie erfaßte den Griff, hob das Gefäß an: „Main Chott, nix in?! – Wu kann'k ok sso dumm ssin?" Damit rückte sie die Kanne nun genau zurecht, stieg seufzend die sechs Stufen wieder hinan und begann nach einigem Warten wieder zu pumpen. Die Knaben hatten schon leise verabredet: „Düt Mol en betken noh deï andere Ssiede!" So geschah es. – Das Pumpen erfolgte aber nur äußerst langsam, und die Rangen mußten lange warten, bis Anneken erschien. Die hatte ihr Kopftuch abgebunden und sah mit ihren grellen Augen und geröteten Backen ordentlich aus wie ein Uhu. Langsam stieg sie die Treppe herab, hörte das Abendläuten, faltete mechanisch die Hände und schaute in den Himmel. Nach einer Weile scheinbarer Andacht bückte sie sich nach der Kanne: Die war wieder leer!

„Nee – dor hört ssik doch alls op; kann'k dann chahnich mehr sseihen?!", und sie setzte die Kanne genau so, daß die noch vereinzelnd perlenden Tropfen in die Öffnung hineinfielen. Die Knaben wollten platzen vor verhaltenem Lachen; denn nun mußte der im Bogen fließende Strahl ohne ihr Zutun über die Kanne hinausschießen. Und so kam es. Aber jetzt, wo die bösen Jungen unschuldig waren, traf sie das volle Ungewitter. Wie der Blitz in die Scheune hineinfahren, von wo es verhalten kicherte, die Tür aufstoßen, daß Wilhelm und Franz zur Seite flogen, war *ein* Augenblick.

„Chit chottlose Sslüngels; wat häw chit met mine Kanne te dauhn?! Öwerall mö' chit in ssitten, wor chit nich hen chehört. Ik ssallt Chroßmamma ssegen. Deï ssett det inke Vatter; und dann chefft et wat vö't Chatt, chit Sslüngels!" polterte und belferte es aus ihr heraus. Sie gewahrte Chroßen Franz, der Häcksel schnitt:

„Häw Chit det nich chesseihn, det deï Bengels mine Kanne väschowen häwt? Chit ssind doch hier chewäßt?"

„Wat cheiht mi deï Kanne an; und wat is dorbi, wann deï Junges achter de Dühr ssitt un lacht?" war die Gegenfrage.

„Ssooo? – Is dor nix bi, wann ssei olle Lühe utlacht?!"

„Lot du di nich utlachen, Anneken; wat heß du ümmer met deï Junges. Mi dauht ssei chahnix!"

Aber da kam er gut an: Nun wurde Anneken vornehm; nun zeterte sie hochdeutsch:

„Das paßt ssich chahnich, daß Ssie ‚du' zu mich ssagen! Das verbitte ich mich!" Damit verschwand sie eilig. – „Kiek es de Duven!" schallte es höhnend hinter ihr her.

So harmlos und unbedeutend der Vorfall mit der Wasserkanne war: Anneken Strübbers wußte ihn, gehörig zurechtgestutzt, der Großmutter zu versetzen. Das würde nicht viel auf sich gehabt haben, denn die alte Dame hätte ihn wahrscheinlich schnell vergessen. Unglücklicherweise aber wurde an demselben Tag bei Franzens jüngeren Geschwistern der Ausbruch der Masern festgestellt. Um der Ansteckung zu entgehen, wurden Franz und Heinrich bei den Großeltern untergebracht.

Nun war die Geschichte freilich noch zu frisch, um unter den Tisch zu fallen. Und die erste Begrüßung durch die Großmutter war eine gehörige Standrede, die Heinrich ganz unschuldig traf; denn er war bei der Untat einmal wieder gar nicht zugegen gewesen. Die flinken Einreden, die Franz der Mutter gegenüber zur Verfügung gehabt haben würde, wollten der alten, würdigen, allerdings mehr durch ihre Erscheinung als durch große Strenge Respekt heischende Großmutter gegenüber nicht recht über seine Lippen. Er sah mit hängendem Kopf vor sich auf den Boden und war froh, als die Strafpredigt mit der Ermahnung schloß, jetzt aber immer recht artig zu sein.

Als die schwarze Spitzenhaube mit den breiten, gelben Bändern davongenickt war, stieß Heinrich Franz mit dem Ellbogen in die Rippen.

„Ik weït jo nix d'r van; wat is det dann chewäßt?", und Franz erzählte mit Rücksicht auf die Würdigkeit des Ortes – es war das Speisezimmer – die Geschichte mit verhaltener Stimme.

Nicht lange, und der Großvater erschien. Ein alter Herr von guter Haltung mit glatt rasiertem, rosig frischem Gesicht und vollem, schneeweißem Haar. Er trug nicht den damals allgemein üblichen Vatermörder, sondern einen Umlegekragen mit kunstvoll geknotetem Halstuch. Sein ganzes Wesen war ausgesprochene Güte; er war immer von einer bestrickenden Freundlichkeit gegen Kinder und Enkel, die ihn schwärmerisch verehrten.

So sah ihn die Familie. Nach außen war er ein hochangesehener Kaufherr alten Schlages, voll Unternehmungsgeist, klug, gewandt und bis in sein höchstes Alter ununterbrochen tätig. Nicht nur, daß er einen umfangreichen Handel mit Schiffbauhölzern nach Holland unterhielt, ein großes Sägewerk und eine Kattunfabrik gründete und betrieb. Er war sowohl an dem ersten Bessemer-Stahlwerk wie an einem bedeutenden Zeitungsunternehmen beteiligt, baute als Unternehmer Treidelpfade und Chausseen. Und sein Wort hatte großes Gewicht in der Handelskammer.

In der Familie wurden Kinder und Enkel von all diesen vielseitigen Geschäften nichts gewahr; das Herz des Großvaters suchte hier Erholung und Frieden. Da war es gut, daß die Großmutter das Regiment aufrechterhielt. Denn allein mit Güte und Wohlwollen ist auch da nicht auszukommen. War der Großvater seinem großen Einkommen entsprechend freigiebig, so hielt die Großmutter weise auf Einfachheit in der täglichen Lebensführung. Ja, die reiche Frau war im Kleinen, gerade heraus gesagt, knauserig. Im Großen aber wußte auch sie mit voller Hand zu geben. Und bei den Familienfesten sorgte sie, daß es Feste wurden, die dem Glanz des Hauses entsprachen.

Weihnachten, Neujahr, Ostern, Pfingsten, die Namenstage der Großeltern sahen alle Kinder und Enkel im Roggenkampschen Hause versammelt. Die Erwachsenen tafelten im Saal, die zahlreiche Enkelschar im Eßzimmer der Großeltern. Und wenn letztere hier zum Anstoßen erschienen, dann war auch das Glas oder der Becher selbst des kleinsten Knirpses mit Champagner gefüllt. Daß es des Guten nicht zu viel wurde, dafür sorgten die Mütter. – Und wenn auch mal im Saal drinnen bei den köstlichen Weinen, die des alten Herrn Stolz waren, die Festfreude einen hohen Grad erreichten: für die Enkel blieb es bei der Kostprobe.

In demselben Eßzimmer, das sie nur in der Festfreude kannten, saßen heute Franz und Heinrich mit den Großeltern allein. Zu Hause bestand das kindliche Abendbrot jahrein, jahraus in Hafergrütze mit Milch gekocht und Pfannkuchen aus Buchweizenmehl. Nur ganz ausnahmsweise gab es Milchreis mit Pfannkuchen aus Weizenmehl. Das war dann ein Königsmahl! Hier kamen für die Großmutter und die beiden Enkel Püfferchen aus Weizenmehl mit eingebackenen Korinthen auf den Tisch. Dazu gab es Milchsuppe und Kopfsalat. Der Großvater aß jeden Abend, den Gott werden ließ, ein Ragout aus Kalbsbrust, das die Köchin Ssätte mit großer Kunst herzurichten verstand.

Die Knaben wußten ganz genau, daß die Großmutter eine Feindin vielen Essens war. Ihr oft gehörter Wahlspruch, der in scharfem Gegensatz zu dem reichlichen Essen im elterlichen Hause stand, lautete: „Es wird kein Fresser geboren; der wird gemacht!“ Als Franz und Heinrich nun in die ungewohnten und schmackhaften Püfferchen zur größten Freude des Großvaters nach Herzenslust einbissen, warf die Großmutter diesem mißbilligende Blicke zu. Der wehrte aber ab und sagte nach einer Weile in dem behaglichen Niederdeutsch, in dem die alten Leute stets miteinander verkehrten:

„Lot sse doch etten, Luzia; et schmeckt ehr vull te chot.“

„Ochch, Roggenkamp," lautete die besorgte Antwort, „et mot d'r doch alle wier ut; wann ssei mi blot nich krank wört!"

Die Knaben verneinten zwar lachend, aber es gab doch kein neues Püfferchen mehr; die Großmutter setzte ihren Willen durch.

Das schönste an dem Aufenthalt bei den Großeltern war etwas Negatives, nämlich der Umstand, daß man nicht in die Schule brauchte. Dieses Glück war jedoch nicht von langer Dauer; denn als Franz und Heinrich nach Verlauf einer Woche von den Masern nicht befallen wurden, hieß es eines Tages nach einem Besuch des Vaters: „Morgen geht ihr wieder in die Schule!" Aber während dieser Woche waren auch Wilhelm und Jans schulfrei gewesen. Und so hatten die vier Vettern denn nach Herzenslust in dem geräumigen Hause umhertollen können – nur wenn es gar zu arg wurde, von dem klagenden Schelten der Großmutter für kurze Zeit zur Ruhe verwiesen.

Am letzten Ende hatte die Großmutter zwar ein gewaltiges Beschwichtigungswort. Soweit Franz zurückdenken konnte, war es immer so gewesen, daß die Bescherung zu Weihnachten im elterlichen, die zu Nikolaus im großelterlichen Hause stattfand. Die letztere war zwar weniger feierlich und umfangreich. Die Enkel stellten am Vorabend des Nikolaustages einen Teller in das offene Fenster neben dem Schlafzimmer der Großeltern, um ihn am nächsten Morgen mit Backwerk, Äpfeln und Nüssen gefüllt wieder abzuholen. In einem der Äpfel steckte stets ein harter Taler, aber wohl bemerkt, nicht zum Kleinmachen, sondern für die Sparbüchse, und darum als Wechsel auf lange Sicht kaum höher geschätzt als der alsbald zu verzehrende Prunkapfel. – Versagten nun die diplomatischen Hilfsmittel der Großmutter, die leider nicht die lose Hand des Vaters hatte, dann drohte sie mit ihren Beziehungen zum heiligen Nikolaus. Sicherlich wäre es eine höchst eindrucksvolle Strafe gewesen, wenn einmal ein Teller, und sei es nur für den Tag selbst, leergeblieben wäre. Sie ist aber nicht zur Anwendung gelangt.

Der Weihnachtsabend im elterlichen Hause stand immer unter dem Druck der Ungewißheit der Stunde. Als vielbegehrter Arzt war der Vater niemals Herr seiner Zeit. Die Tücke des Zufalls fügte es meist so, daß er gerade dann dringend zu einem Kranken gerufen wurde, wenn er sich auf eine der wenigen Feierstunden seines Lebens freute. Schon Tage vor dem Fest hatte er mit der Mutter in einem wohlverschlossen gehaltenen Zimmer den grünen Baum geschmückt und mit Lichtern versehen. Damals ein zeitraubendes Kunststück; denn die Technik hatte noch nicht die heutigen bequemen Befestigungsmittel für die Kerzen geschaffen. Sie mußten, so gut es ging, mit Stecknadeln an den Zweigen befestigt werden. Dann waren Nüsse mit Schaumgold zu überziehen, für jede ein kunstvolles Netz aus wenigen Fäden herzurichten; denn eine Nuß zum Anhängen zu durchbohren, galt als nicht kunstgerecht. Äpfel waren sauber an den Stielen aufzuhängen, dazu die Hauptmasse des aus Kringeln, Kreuzen, Menschen- und Tierfiguren bestehenden Weihnachtsgebäcks. Das Plündern des Baumes war den Kindern eine Hauptfreude. Und zu dem Zweck mußte auch ordentlich etwas daran sein. Alles in allem: Was irgend an Geschenken am Baum selbst befestigt werden konnte, das wurde an ihn gehangen. Es stand dann in höherem Ansehen als das, was darunter lag.

So erforderte die Ausschmückung des Christbaumes, die der Vater sich nicht nehmen ließ, schon Tage vorher seine freien Stunden. Läuteten dann am Abend die Glocken das Weihnachtsfest ein, harrten die Kinder in gespannter Erwartung der Rückkehr des Vaters von einer Fahrt nach auswärts. Und die Mutter hatte zu tun, die unruhigen Geister in Ordnung zu halten. Jeden Augenblick lief eines oder das andere zur Haustür, ob der Wagen noch nicht in Sicht sei.

Klang dann ganz unerwartet das wohlbekannte Rollen in der Auffahrt, stürmte alles hinaus, den Vater zu begrüßen und ihm die frohe Nachricht zu bringen, daß er nicht wieder fort brauchte. Und doch dauerte es manchmal nicht eine Viertelstunde – und auf dampfendem Pferd hielt ein Reiter vor der Tür, um ihn gleich wieder dorthin zu holen, wo ein Verunglückter um sein Leben rang oder ein neues Leben um seinen Eintritt in die Welt kämpfte. Wie haben Eisenbahn und Fernsprecher diese alten Zustände verändert!

Ließen aber die Krallen des Berufes den vielgeplagten Mann für den heiligen Abend los, dann war die hinter der goldenen Brille hervorstrahlende Freunde an dem Jubel der Kinder diesen wiederum das Glück der Stunde. Denn im gewöhnlichen Verlauf des Tages war der Vater streng den Kindern gegenüber, oft rauh. Nicht als Charaktereigenschaft, sondern als Folge seiner felsenfesten Überzeugung, daß nur eine harte Erziehung gute Früchte trägt. Sein Herz war das eines Kindes; und sicherlich hat die harte Hand ihm selbst oft weit mehr Schmerz gemacht als dem Jungen, der sie fühlte.

Wenn aber der Lichterbaum strahlte, wenn der Vater eins nach dem anderen zu ihm emporhob, sein Geschenk selbst herunterzuholen, dann gab er sich, wie er war; dann strahlte unendliche Güte und Warmherzigkeit aus seinen Augen. Sie entzündete ein solches Feuer in den Kinderherzen, daß dieses noch im hohen Alter brennt.

Und die Mutter? Die zarte Frau mit dem goldenen Haar und den blauen Augen? Klug, energisch, aber oftmals kränklich und schwach, stand sie bei den starken Ansprüchen, die der Beruf an den Vater stellte, doch oft verzagend unter der großen Kinderschar. Ihre Nerven waren dem Lärm nicht gewachsen; und da, wo ein gehöriger Jagdhieb von des Vaters Hand hingehört hätte, mußte sie sich oft aufs Bitten legen. Das bändigte die wilden Knaben zwar augenblicklich, aber erzieherisch hatte es nicht die gleiche gute Wirkung wie die väterliche Art und Weise.

Waren die beiden dem Kirchenjahr angehörigen Kinderfeste – Nikolaus und Weihnachten – mehr familiärer, so war der Palmsonntag mit seinem Palmbaum mehr kirchlicher Natur, wenn auch das Ende des Baumes recht profan war; denn was er trug, das verschwand nachher im Magen.

Der Mitteltrieb eines Hülsenstrauches („Hülsekrappe" heißt der *Ilex aquifolium* im Munde des Volkes) wurde etwa einen Fuß unterhalb des obersten Astquirles abgeschnitten und sorgfältig entrindet. Über die zugespitzten Seitenzweige und den oberen Trieb wurden die „Palmvögel" geschoben, aus besserem Weißbrotteig in Vogelform gebackene Kuchen, deren Köpfe durch große

Korinthen als Augen belebt wurden. Die Zwischenräume wurden durch Buchsbaumbüschel, Palm genannt, und bunte Papierstreifen ausgefüllt. Oben auf der Spitze prangte ein stolzer Hahn, zu dessen Augen schon größere Rosinen herhalten mußten. Auch in die Leiber der Palmvögel wurde Buchsbaum gesteckt.

Mit einem solchen Palmbaum in der Hand zogen die Kinder am Palmsonntag im festlichen Zuge in die Kirche. Hier fand eine feierliche Weihe statt; nachher verfielen die Vögel dem Schicksal jedes Eßbaren.

Franz ist niemals dahintergekommen, weshalb diese Bäume Palmbäume genannt wurden. Kam es daher, daß sie am Palmsonntag in die Kirche gebracht und dort geweiht wurden? Hatten sie ihre Bezeichnung von dem Palm genannten Buchsbaum, oder hatte gar die Stechpalme, die Hülsekrappe, dem Ganzen den Namen gegeben? Hatte gar der Hülsenstrauch die Palmzweige des Orients ersetzen müssen?

IV.

Die Woche zwischen Weihnachten und Neujahr war eine der schönsten des Jahres. Nicht nur, daß die eigenen Geschenke viel Unterhaltung boten, auch die der Geschwister und Vettern gaben Anlaß zu manchen abwechslungsreichen Stunden. Der Struwwelpeter, ein neues Lotto, das damals so beliebte und heute noch nicht vergessene Gänsespiel, ein Handwerks-, ein Steinbaukasten – ganz einerlei, wessen Eigentum sie waren – gaben den Kindern allen reichliche Beschäftigung. Es darf aber nicht verschwiegen werden, daß diese schöne Zeit noch besonders durch die Schulfreiheit erhöhten Glanz erhielt. – Schulfrei! Welch eine Welt von Wonne umfaßte dieses Wort! Ist es nicht eigentümlich, daß mancher scherzhaft das Wort „Ferien" von *faire rien* herleitet? Ebenso ist auch die Bezeichnung „Vakanz" wiederum negativer Art.

Solange Neujahr noch vor den Kindern lag, hatten sie noch ein Fest in Aussicht. Dahinter erhob sich dann wieder drohend und schwarz die Alltäglichkeit, das heißt die Schule, Zwang, Schularbeiten zu Hause und nur wenig freie Stunden.

Am letzten Abend des scheidenden Jahres riefen die Glocken mit vollem Geläut zur Kirche. Franz durfte die Mutter schon begleiten. Es war nicht leicht, sich durch die in den Bänken und auf den Gängen dicht zusammengedrängte Menge nach vorn hindurchzuarbeiten. Aber das mußte sein; denn die Mutter liebte es nicht, wie sie sagte, sich da hinten in der vollen Kirche umherzudrücken. So kam man unter Schieben und Drängen langsam nach vorn. Es fand sich auch ein Bauer oder Bürger, der in der Bank so lange seitwärts drängte, bis ein Eckplatz für die Mutter frei wurde. Franz blieb neben ihr auf dem Gang stehen.

Der Sylvestergottesdienst bestand in einer Predigt und einigen Gesangsstrophen. Da der Inhalt auf die erwachsenen Zuhörer berechnet war, so hörte der Knabe meist nur Wörter und verstand wenig von ihrem Sinn. Allein dessen bedurfte es auch nicht. Der hellerleuchtete Altar mit seinen vielen farbigen Figuren, für das Neujahrsfest bereits ganz geöffnet, die lautlose, eng zusammengekeilte Menge, deren Stille durch vereinzeltes Hüsteln oder Räuspern nur noch stärker betont wurde, der brausende Wohlklang der Orgel, die magische Gewalt, die ein Chor von tausend Menschenstimmen beim Gesang der alten, schönen Kirchenlieder auf jedes empfängliche Gemüt ausübt, nahmen den Knaben völlig gefangen.

Wenn dann der Gesang verhallte, die Orgel ausklang, in der soeben von der bezwingenden Wucht, des Liedes durchhallten Kirche wieder heilige Stille eintrat und auf der Kanzel der Geistliche im weißen Chorrock mit gewinnender Stimme einsetzte: „Geliebte im Herrn!“, dann erstieg die feierliche Ergriffenheit des Knaben den Höhepunkt. Mit großen Augen verfolgte er die Bewegungen des Geistlichen: Wie jetzt beim Erheben der Hand der weite Ärmel des kostbaren Chorrockes in sanfter Bewegung dahinflutete, jetzt beim Auflegen beider Hände auf die Brüstung der Kanzel seine reichen Spitzen herniederrieselten. Der Widerhall der Worte von den Wänden, Pfeilern und Gewölben beschäftigte Franzens Phantasie lebhafter als deren Sinn die Seele mancher Erwachsenen. Für ihn war in diesem Alter der Kultus der Religion nichts als Poesie. Er war das, was er im Grund das ganze Leben hindurch sein sollte; denn in dieser Wirkung des Kultus liegt nicht nur seine werbende Kraft, sondern auch die Macht, die Seelen über die Mühen und Sorgen des Alltages emporzuheben zu lichten Höhen.

Der Glückwunsch zum neuen Jahr stand weniger unter dem Zeichen herrlich wohlwollender Gesinnung als in dem des ausgesprochenen Egoismus – wenigstens soweit zahlungsfähige Respektspersonen in Frage kamen. Es galt nämlich, diesen „das neue Jahr abzugewinnen“, indem man ihnen mit dem Glückwunsch zuvorkam. Sie mußten sich dann mit einem kleinen Geschenk, Kuchen oder, was am liebsten gesehen wurde, mit einer Geldmünze auslösen. Größere Münzen, gar ein Taler oder ein

Zehngroschenstück, wurden ungern in Empfang genommen, weil sie auf elterliches Geheiß unweigerlich und sofort in den Spartopf wanderten, also für absehbare Zeit unantastbar waren.

Den Eltern wurde das neue Jahr schon im Bett abgewonnen. Das stand ein für alle Male fest. Und es wäre auf völlige Verständnislosigkeit gestoßen, wenn diese sich den Scherz gemacht hätten, einmal die Kinder zu überrumpeln. Den Großeltern gegenüber mußte schon einige List oder Überraschung angewendet werden. Man harrte hinter einer Tür, einem Vorhang, in einem Nebenzimmer verborgen, um dann beim Nahen des Großvaters oder der Großmutter mit dem Ruf: „Glückseliges Neujahr!" hervorzuspringen. Diese Glückwunschformel stand fest. Es durfte an ihr nichts geändert werden. Weder ein glückliches, noch ein seliges, noch ein glückliches und seliges Neujahr war statthaft. Glückselig mußte es sein, sonst galt es nicht für voll.

So kam es einst zu einem längeren Notenwechsel, wie man im diplomatischen Verkehr sagen würde, mit einem sehr geachteten und geliebten Nachbarn der Roggenkampschen und Oltgraveschen Familien, der eine Bäckerei betrieb und immer eine größere Zahl auswärtiger Schüler in Wohnung und Beköstigung hatte. Der Mann hieß Halswitt; er hatte keine Kinder und bedachte dafür alles in seine Nähe kommende Kleinvolk mit einer rührenden Liebe. Ihm das neue Jahr abzugewinnen, war eine besondere Sache; denn er löste sich stets mit einem ansehnlichen „Appelstuten" – einem großen, in Teig eingeschlagenen und so gebackenen Apfel – aus. Aber er bestand auch auf seinem Recht. Und als eines kalten Neujahrsmorgens Wilhelm Roggenkamp aus dem Torweg des großelterlichen Hauses auf den zur Kirche gehenden „Studentenvater" lossprang und ihm in der Hast anstatt: „Chlückseliges Niejohr, Halswitt!", „Chlückseligen Halswitt!" entgegenrief, da hob er den zappelnden Knaben in die Höhe:

„Düt Mol heß du verloren, Willem! Ik woll wol chäne chlückselig ssin, wann mi en Appelstuten dortau verhelpen könn, awer ‚Chlückseligen Halswitt!' hett det nich. Nu bün ik nieschirig, wat du mi schenkß!"

Darauf wollte Wilhelm sich aber durchaus nicht einlassen. Obgleich sein Bruder Johannes und die beiden Oltgraveschen Vettern, die unter dem Eindruck des „Chlückseligen Halswitt!“ vor lauter Lachen Not hatten, ihrerseits mit der richtigen Formel herauszukommen, ihm den unrichtigen Glückwunsch bezeugten, so gab es doch eine lange Auseinandersetzung auf der Straße. Viele Kirchengänger blieben stehen und hörten lachend den Streit mit an, bis die Glocken zum Gottesdienst riefen und der Sache ein Ende machten.

„Was war denn das vorhin für eine Ansammlung auf der Straße?“ fragte die Mutter beim Frühstück nach der Messe.

„Och“, wollte Franz gerade antworten, als er von Anneken Strübbers, die zum Neujahrsglückwunsch erschienen war, überholt wurde:

„Oh – Frau Dokterin, was wird das chewesen ssein, wo die vier Sslüngels zusammen ssind, da führen ssie immer was im Schilde!“ rief sie in Anbetracht des hohen Festtages und des für den Glückwunsch zu erwartenden Kuchens im ungewohnten Hochdeutsch aus.

Laut lachend legte der Vater die Zeitung beiseite – die Mutter kämpfte schwer, ihre Züge zu beherrschen – Franz und Heinrich stimmten schallend die die väterliche Fröhlichkeit ein. Verdutzt schaute Anneken im Kreise umher. Mit den Worten: „Nein, was die Zeitungen doch manchmal für einen Unsinn bringen!“ suchte der Vater die Lage zu retten. Aber es gelang nur halb. Anneken empfahl sich kurz und förmlich, um in der Küche ihrem Unmut Luft zu machen:

„Ik weït doch chahnich, worüm de Här Dokter öwer mi lacht. Ut de Tiedung was det nich. Frau Dokterin konn sik det Lachen ok nich väbieten; un deï har doch chahnich harin chekecken – un deï Junges ähst recht nich! Un det an'n Niejohrsmorgen!“

„Lot doch de Här lachen, Anneken, wann't em chefällt,“ erwiderte ihr der eben eintretende Kutscher; „öwer di lacht hei ssecker nich!“

„Wan'k det mehr wüß, wan'k det mehr wüß!“ Damit zog sie grollend ab.

Der „Chlückselige Halswitt“ tritt in Franzens Erinnerung noch mehrfach hervor, angenehm und unangenehm. Letzteres, weil er die fatale Gewohnheit hatte, die Knaben seiner engeren Freundschaft mit beiden Händen an den Kopfseiten zu fassen, sie hochzuheben und unter der immer wiederkehrenden Frage: „Ssall ik di es Köln wiesen?“ die zarte Kinderwange an seinen Bartstoppeln zu reiben. Er war ein Mann von fast sechs Fuß Größe und von gewaltigen Körperkräften. Da half also kein Zappeln und Sträuben, die Prozedur wurde vorgenommen. Es gab ein böses Kratzen im Gesicht – denn der Bart wurde höchstens zweimal in der Woche rasiert –, und dann wurde man freundlich und sanft wieder zur Erde gelassen. Böse konnten die Knaben dem „Ohme Halswitt“, wie er stets genannt wurde, wegen dieser unangenehmen Angewohnheit nicht werden, weil die stets gleiche Güte des Mannes ein solches Gefühl nicht aufkommen ließ; aber es blieb ihnen doch eine scheue Furcht vor dieser rauhen Liebkosung.

Es sei aber hier gleich gesagt, daß der gute Ohme Halswitt es bei der Frage nicht bewenden ließ. Er hat tatsächlich nicht nur den vier Vettern, sondern noch einer Reihe anderer Knaben seiner Freundschaft Köln gezeigt. Das geschah zwar einige Jahre nach der Zeit, die augenblicklich in Frage steht; aber die Reise mit ihren gewaltigen Eindrücken mag schon hier verzeichnet werden.

Eines Tages in den Pfingstferien stellte der Vater mit Franz und Heinrich ein kleines Examen an über Kenntnisse und Wohlverhalten. Es fiel zur Zufriedenheit aus, weil die Knaben einmal zufällig nichts auf dem Kerbholz hatten, und endete mit der Frage, ob sie wohl eine Reise nach Köln mitmachen wollten. Das schlug ein wie eine Bombe: Wann, mit wem, wie lange?, waren die erregten Gegenfragen. Die Antwort lautete: Ohme Halswitt hätte den Vater um Erlaubnis gebeten; und morgen früh um vier Uhr sollte die Reise losgehen.

Die Freude war grenzenlos. Köln – das war für das Verständnis der Knaben der Mittelpunkt der Welt. Die weitesten bisherigen Reisen waren Ferienbesuche gewesen bei Verwandten in einem benachbarten Städtchen, die mit dem väterlichen Fuhrwerk bewältigt wurden. Nun sollte man das erste Mal eine Eisenbahn sehen, mit ihr fahren, sollte den hehren Dom, die berühmte neue Rheinbrücke, den Zoologischen Garten und andere Sehenswürdigkeiten bewundern, an die man seither nur als weltenfern und unerreichbar gedacht hatte. Es war nicht zu fassen.

Nach einer in freudiger Erwartung unruhig verbrachten Nacht traten die Brüder gegen einhalb vier Uhr in der Frühe reisefertig auf die noch in tiefer Dämmerung liegende Straße. Die Reisefertigkeit bestand im wesentlichen in einer mit Mundvorrat gefüllten Botanisiertrommel. Diese grünen Blechbüchsen, am breiten, grünen Band über die Schulter gehangen, waren zu damaliger Zeit ein unvermeidliches Ausrüstungsstück für jeden Ausflug. Sie enthielten in den seltensten Fällen irgend etwas auf die Botanik Bezügliches, sondern meist, wie auch im vorliegenden Fall, eine Anzahl von Butterbroten.

Die über der Straße liegende geheimnisvolle Stille erhöhte die Erwartung nicht wenig. Und als die Knaben in das Halswittsche Haus traten, wo das Frühstück gemeinsam eingenommen werden sollte, da wurden schon die Pferde aus dem Stall gezogen und vor den mit Maien überdachten Wagen gespannt.

Die Fahrt durch den taufrischen Morgen, der bald erfolgende Sonnenaufgang waren schon ein Erlebnis. Wie weitete sich erst das Herz, als man nach einiger Zeit in einen scheinbar endlosen, stolzen Hochwald kam, der sich fast bis zur Eisenbahnstation erstreckte! Wildtauben rucksten, Spechte lachten, grüngoldig brachen die Sonnenstrahlen durch das Blätterdach. Durch all diesen Zauber fuhr man in die Welt hinein, noch größeren Wundern entgegen. Es war fast zu viel für das Herz der „fahrenden Scholaren".

Auf der Eisenbahnstation zählte Ohme Halswitt seine Schar sorgfältig nach. Als der Zug einlief, hielt sich alles ängstlich zum Führer wie die Küchlein zur Henne. Nur ein besonders kecker Knabe wollte in die offene Tür eines Wagens der II. Klasse einsteigen. Aber die Enaksfaust des Führers hob ihn vom Trittbrett:

„Wor wiß du hen? – Du büs jo kein Grof! Wi fahrt standesgemäß!“ schloß er lachend. Darunter verstand er, wie sich bald ergab, den Stehplatz in der IV. Klasse.

Zwischen Marktweibern mit ihren Körben, Arbeitern mit ihrem Gerät, Handwerksburschen mit geschnallten Ränzeln richtete man sich ein. Am meisten aber waren die kleinen Fenster belagert. Denn die Fahrt ging durch das Industriegebiet: die rauchenden Schlote, die gewaltigen Hochöfen – wie mächtig wirkten sie auf die jugendliche Phantasie! Nun kam Düsseldorf und endlich Deutz. Hier verließ die Schar die Eisenbahn, und zu Fuß ging es über die Rheinbrücke dem Dom zu. Wie mächtig rauschte der grüne Strom gegen die gewaltigen Pfeiler! Wie stolz zogen die Dampfer über die schwellende Flut, wie wuchtig rasselte, donnerte, polterte da eben ein Zug an den Knaben vorbei über die Gitterbrücke, und wie baute sich zur Linken und zur Rechten die vieltürmige, heilige Stadt auf!

Jetzt trat man von der Brücke ins Freie: Da lag der Dom vor dem Blick der Knaben, zwar noch nicht vollendet – aber doch ein Bauwerk, wie es keiner der jungen Reisenden seither gesehen. Nach der Besichtigung des Dominneren, das auf Franz nicht den gewaltigen Eindruck hervorbrachte wie der Bau von außen, wurde in einem Gasthaus eingekehrt. Dann fuhr man mit dem Dampfer zum Zoologischen Garten, der damals unter Bodinus sich eines besonderen Ansehens erfreute.

Die Fahrt auf dem grünen Wasser des sagenreichen Stromes war an sich nur ein Mittel, um ohne Zeitverlust von einem Ort zum andern zu gelangen. Und doch war sie für Franz fast der Glanzpunkt des Tages. Die sanfte Bewegung, das Spiel des von den Rädern aufgewühlten Wassers, die vorübergleitenden Ufer, der Blick auf die stolze Rheinbrücke und den Dom: Er hätte ohne Ende so weiterfahren mögen und war nicht erfreut, als er am Zoologischen Garten aussteigen mußte.

Und doch – was gab es hier wieder zu schauen! Alle die Tiere, die ihm aus der Naturgeschichte geläufig waren, und von denen er nur das eine oder andere in kümmerlicher Verfassung in einer wandernden Tierbude lebend gesehen, traten hier vor sein trunkenes Auge.

Die Zeit rückte unerbittlich vor. Wieder fuhr man mit dem Dampfschiff zurück zur Stadt, wieder überschritt man die Brücke, und in der Abenddämmerung trug der Zug die vom Schauen und Laufen ermüdete Schar den heimatlichen Gefilden zu. Nur als das Gebiet der Hochöfen durchfahren wurde, kam wieder Leben in die Gesellschaft. Alles drängte an die Fenster. Hier in heller Flamme, dort rotglühend lohten die Hochöfen zum nächtlichen Himmel empor. Alle Müdigkeit war vergessen. Gierig sogen die Augen das gleichzeitig erhabene und unheimliche Bild in sich.

Langsam trug der Wagen mit den nun verwelkten Maien die schlaftrunkene Knabenschar mit ihrem treuen Führer dem heimatlichen Städtchen entgegen. Der Tag der Reise war zu Ende. Ohme Halswitt hatte seiner lieben Jugend wirklich Köln gezeigt.

V.

Der gleichförmige, regelmäßige Verlauf des Schulunterrichtes hatte für Franz wenig Verlockendes. Der Knabe freute sich von den Weihnachtsferien auf Ostern, von da auf die wenigen schulfreien Pfingsttage und von diesen mit der ganzen Wunschkraft auf die Herbstferien. Letztere erschienen aus der Ferne als endlose Zeit der Freiheit. Die Gedanken vermieden es sorgfältig, zum anderen Ufer dieses Wonnemeeres hinüberzublicken.

So sah nach Ablauf der Weihnachtsferien die Welt zunächst grau in grau aus. Diese düstere Farbe ergab sich aus dem Gemisch dunkler Schulstunden und heller Freizeiten, die in Gestalt von Schneeballwerfen, Schlittschuhlaufen und anderen Vergnügungen die Fettaugen auf der Suppe des Schulzwanges bildeten.

Einen größeren Lichtfleck sah Franz aus diesem Grau aufblinken; das war Fastnacht! Schon Wochen vorher strolchten die Knaben an den Schaufenstern der Läden vorbei, in denen groteske Masken, ungeheure Nasen, künstliche Bärte, bunte Papiermützen und umfangreiche Flachsperücken ausgelegt waren. Die Phantasie schwelgte in diesen Herrlichkeiten. Jedem gehörte im Geiste alles; jeder suchte sich das auffallendste für sich heraus. Noch fehlte es zwar an der nötigsten Voraussetzung für die Erwerbung, aber – man konnte nicht wissen – vielleicht fand sich bis Fastnacht ein noch unbekannter Wohltäter, der den einen oder anderen Groschen in die noch völlig leeren Taschen fließen ließ.

Meistens zwar fand er sich nicht, und falls er sich fand, mußte das Geld unweigerlich in den Spartopf wandern, denn die Eltern wollten von einer tätigen Beteiligung an dem Fastnachtstreiben während der Volksschuljahre nichts wissen. So blieb es zunächst bei Hoffen und Wünschen, und die Fastnachtsfreude mußte sich auf das Zuschauen beschränken.

Da gab es zunächst am Fastnachtsdienstag einen großen Umzug der Handwerksgesellen durch die Stadt. Zu Fuß und zu Wagen zogen sie in den mannigfachsten Verkleidungen von Haus zu Haus, drangen in die Wohnungen der Meister ein und verübten dort allerlei Späße und Unfug. Den Höhepunkt des Zuges bildete immer die „Tütebelle". Das war ein quadratisches Fischnetz, durch zwei gekreuzte Bügel auseinandergespannt und an einer langen Stange befestigt. Beim Fischen wurde es benutzt, indem das Netz bei klarem Wasser auf den Grund gelegt und dann die Verstecke der Fische am Ufer beunruhigt wurden. Schwamm ein Fisch darüber hin, so wurde das Netz mit Hilfe der Stange angehoben und die Beute ans Land geworfen.

Zum Fastnachtszug diente die Tütebelle zum Einsammeln von Eßwaren aller Art, besonders aber von Würsten, von denen manche unter den allerderbsten Späßen mit Mostrich bestrichen und alsogleich verzehrt wurden.

Am Abend gab dann der Gesellenverein im Saal eines Gasthauses Vorstellungen, die sich wesentlich von den derben Späßen des Umzuges unterschieden. Lebende Bilder, Gesangsvorträge und eine harmlose Posse waren der Gegenstand der Vorführung. Es war eines der großartigsten Erlebnisse, als Franz und Heinrich unter dem Schutz einer getreuen Magd zum erstenmal den mit Menschen gefüllten Saal betraten.

Durch einige an langen Drähten heraushängende Petroleumlampen wurde der Zuschauerraum notdürftig erhellt. Ein Vorhang, auf dem am schäumenden Wasser auf steilem Fels eine stolze Burg prangte, verdeckte geheimnisvoll die Vorgänge auf der Bühne. Noch stand alles zwischen den Stühlen und Bänken und schwatzte, bis ein eindringliches: pscht! pscht! allmählich Stille herbeiführte. Ein lautes Händeklatschen – und die von einem mit einer farbigen Schleife geschmückten Vorstandsmitglied gesprochenen Worte: „Alles hinsetzen!" Und unter Schurren und Summen wurde es niedriger in den Reihen. Von hinten aber, wo es keine Sitzgelegenheit mehr gab, schallte es lachend: „Wor ssall ik ssitten?" – „Op de Buxe!" tönte eine Antwort, die allgemeines Gelächter verursachte.

„Ruhe! Ruhe!“ – Nun wurde es wirklich still. Und von der Bühne erschallte im schönen Männerchor das erste Lied.

Franz kannte die Sänger alle in ihrem täglichen Beruf. Der Verkehr ging aber immer im Spaß und Scherz. Nun standen sie da, ernst, im Sonntagskleid, und folgten andächtig und liebevoll den Taktschlägen des Dirigenten. Da war links im ersten Glied der Altgeselle Möller mit seinem langen dunklen Bart, dessen mächtiger Baß das ganze Lied zu tragen schien. Ihm gegenüber klang der glockenhelle Tenor des semmelfuchsigen Kupferschmiedegesellen, den Knaben nur unter seinem Vornamen Willem bekannt, der allerlei zerbrochenes Spielzeug kunstvoll wieder zu nieten und zu löten wußte. So gab es fast zu allen den Sängern Tagesbeziehungen.

Es folgten lebende Bilder, meist aus dem Handwerkerleben; Abschied vom Elternhaus, Wanderschaft, Wiedersehen und anderes in Abwechslung mit Liedern. Den Schluß der Vorstellung bildete eine Posse, von der Franz nur ein einziges Bild: „Hier geht er hin, da geht er hin!“ im Gedächtnis geblieben ist. Dann verabschiedete sich der Vereinsälteste mit einer kurzen Ansprache von der Zuhörerschaft und schloß mit dem üblichen: „Gott segne das ehrbare Handwerk!“

Wochenlang beherrschten die Eindrücke dieses Abends die Vorstellung des Knaben, bis sie unter neuen Erlebnissen verblaßten.

Auf Fastnacht folge der Aschermittwoch. In der Frühe ging es im geordneten Zuge zur Kirche, um das Aschekreuz zu empfangen. Man kniete in langer Reihe vor der Kommunionbank nieder, und der Geistliche drückte aus einem mit Asche gefüllten Teller unter den gemurmelten Worten: „*Memento mori*“ der Jugend ein Kreuz von Asche auf die Stirn. Es wieder abzuwischen, galt als unheilig und frevelhaft. Die Spuren mußten von selbst verschwinden. In diesem Alter war es die erste kirchliche Handlung, die an den jungen Christen selbst vorgenommen wurde. Daher kam man sich besonders wichtig vor.

„Heß du dün Krüz noch?“ Damit prüfte man sorgfältig die Stirn der Schulkameraden. War es schon fort, so zeigte man stolz auf das eigene, das noch da war. „Jo," hieß es dann, „bi di het hei ok vull hädder chedrückt!"

Es kam im kirchlichen Leben der Gründonnerstag. Die Kirche war schwarz ausgeschlagen; die Farbe der Meßgewänder war schwarz. Keine Glocke wurde mehr geläutet, nicht zur Messe, nicht zu Mittag und nicht zur Abendstunde. Die silbernen Töne der Schelle, mit der die Meßdiener die Höhepunkte der heiligen Handlung ankündigen, waren verstummt – eine Klapper aus Holz ersetzte mit stumpfem Ton den metallenen Klang. Die Glocken waren „nach Rom geflogen"; ihr eherner Klang paßte nicht zu den Leidenstagen des Herrn.

Die jüngeren Kinder glaubten an diese schöne Sage mit derselben Inbrunst, wie sie an das Christkind glaubten, das den Weihnachtsbaum und die Geschenke brachte. Noch heute erfüllt das Herz des Mannes die poetische Vorstellung der Kindheit, wie die Glocken sich aus allen Kirchtürmen durch die Lüfte schwingen, um in Rom der Auferstehung des Heilands zu harren. Aber ihr Fehlen brachte eine wichtige Aufgabe für die Schulkinder mit sich. Sie hatten das Geläute der Glocken zu ersetzen, und zwar mit Hilfe von Instrumenten, die „Rappeln" genannt wurden. Es gab Rappeln feinster Bauart, bei den fünf oder sechs federnde Holzzungen, die mit einem Klöppel versehen waren, auf ein Brettchen schlugen. Eine drehbare Walze setzte sie in Bewegung. Andere bestanden nur aus einem einzigen Klöppel, der auf einen Holzteller schlug. Er wurde durch Auf- und Abschwenken in Bewegung gesetzt. Diese Art wurde von den kleinsten ABC-Schützen geführt, die eine richtige Rappel noch nicht handhaben konnten.

Mit diesen Lärminstrumenten wurde ein vollständiger Sport getrieben. Wer die beste, das heißt lauteste und lärmendste Rappel besaß, der stand in hohem Ansehen. Stundenlang schaute man bei ihrer Anfertigung dem Tischler zu und war kreuzunglücklich, wenn die Arbeit beiseitegelegt wurde, weil der Leim erst trocknen mußte. Natürlich zerbrachen die Dinger oft genug; dann gab es großes Herzeleid, wenn von den Eltern zur Buße einer Untat damit gedroht wurde: „Zur Strafe bekommst du keine neue Rappel!"

War aber alles in Ordnung, dann versammelte man sich mit der übrigen Schuljugend zu den Läutezeiten an der Kirche. Auf den Glockenschlag ging es nach genau festgestelltem Plan durch die Straßen des Städtchen, möglichst im Takt: „Rapp – rapp – rrrrapp – rapp – rapp – rrrrapp –." Die großen Knaben vorn und die kleinsten im langen Schwanz laufend und klappernd hinterher. Die Eltern und Schwestern standen dann an Türen und Fenstern, um zu sehen, wie stolz ihr Junge oder Bruder sich in der Wichtigkeit des Geschäfts ausnahm. Hie und da schnitt wohl auch ein Verbrecher, dessen Strafe im Fernbleiben vom Rappeln bestand, den Freunden im Zuge hinter dem Rücken der Respektspersonen Gesichter oder machte ihnen gar eine lange Nase.

Wenn die Jugend am Ostermorgen erwachte, dann waren die Glocken wiedergekehrt. Wie das geschehen mochte, darüber zerbrach Franz sich vergebens den Kopf. Auch die Anfragen bei seinem alten Freund Rüting, der darüber doch am besten unterrichtet sein mußte, führten zu keinem Ergebnis. „Ne, Junge, det kann'k di ok nich sseggen. Sei ssind in de Osternacht met eïmol wier dor – mehr weï'k ok nich!" lautete die Antwort.

Nun ging der Wunsch dahin, die Glocken wenigstens dann zu hören, wenn sie zum erstenmal wieder geläutet wurden. Das geschah in der „Ucht", einem Nachtgottesdienst, an dem die Kinder noch nicht teilnehmen durften, weil sie eben schlafen sollten. Von dem Läuten in der Nacht aber ließ sich der Kinderschlaf nicht stören. Davon hörte man ebensowenig etwas, wie man das laute Schlagen der Turmuhr hörte, weil man an solche Töne bei der nächsten Nachbarschaft der Kirche durchaus gewöhnt war.

Aber es kam der Tag, wo Franz die Erlaubnis erhielt, mit dem Kutscher Hendryk in die Ucht zu gehen. In dunkelster Nacht wurde er ganz leise geweckt, damit die Geschwister nicht auch erwachten. Schnell zog er sich an; und es dauerte nicht lange, so stand er mit seinem Begleiter unter vielen anderen Leuten, die zum Teil mit Laternen erschienen waren, im Dunkel vor der noch verschlossenen Kirchentür. Diese öffnete sich erst, als einige Geistliche erschienen; dann drängte alles nach. Tiefe Finsternis herrschte in dem gewaltigen Raum; nur vorn im Mittelschiff brannte die ewige Lampe. Nach und nach flammte hier und dort eine Kerze auf, deren Schein nur die nächste Nähe erhellte, den Gesamteindruck des tiefen Dunkels, das namentlich in der Höhe herrschte, aber noch verstärkte.

Etwas Gebetmurmeln vom Hochaltar; dann schritt die gesamte Geistlichkeit mit dem Pastohr voran den Mittelgang hinab bis zur ersten Seitentür. Alles folgte und ordnete sich draußen zur Prozession, der einige Windlichter vorangetragen wurden. So ging es dreimal unter Gebeten und dumpfen Gesängen um die Kirche herum. Dann hielt der Zug vor dem großen Turmportal.

Hier rief der Pastohr mehrmals laute Worte, deren Sinn Franz nicht verstand. Darauf pochte er dreimal mit einem großen, ihm dargereichten Kreuz an die geschlossene Pforte.

Beim dritten Mal sprang diese, wie von Zauberhand geöffnet, auf. Blendende Helle drang mit gewaltigem Strahl nach draußen; alle Glocken setzten gleichzeitig mit ihrem Geläut ein. Brausend erfüllte der Ton der Orgel die vordem so stille Kirche, und unter den Klängen des alten Liedes:

> Das Grab ist leer, der Held erwacht,
> Der Heiland ist erstanden –

zog die Prozession in das Gotteshaus ein.

Der Übergang aus dem dumpfen Dunkel und der murmelnden Stille in die strahlende Helle und den von gewaltigen Orgelakkorden getragenen Gesangsjubel war für das kindliche Herz zu plötzlich. Franz sank bewußtlos an der Seite seines Führers nieder und kam erst wieder zu sich, als er neben dem getreuen Hendryk auf der Bank saß. Auf die besorgte Frage: „Junge, is't nu wier chot?“ konnte er, zwar noch benommen, aber doch schon mit einem geflüsterten „Jo“ antworten.

Der Gottesdienst ging zu Ende. Draußen herrschte noch das Dunkel der Nacht. So suchte Franz das zu so ungewohnter Stunde verlassene Bett wieder auf und verfiel alsbald in tiefen Schlaf. Beim

Erwachen erschienen zunächst die Erlebnisse der Nacht als ein Märchen von gewaltiger Schönheit. Trotz der bald erkannten Wirklichkeit lagen sie dem Knaben noch lange in traumhafter Schwere auf der Seele.

Nach dem festtäglichen Frühstück – es gab anstatt der gewöhnlichen Weißbrötchen mit dem dazugehörigen Schwarzbrot eine umfangreiche „Korinthen-Micke" – durften die von den Eltern an den unwahrscheinlichsten Orten versteckten Ostereier gesucht werden. Das waren jedoch nicht, wie heute üblich, Erzeugnisse des Zuckerbäckers, sondern echte und rechte Hühnereier, die mittels Zwiebelschalen oder Indigo braun oder blau gefärbt waren.

Unter Jubel und Scherzen wurden diese Eier oftmals unter mehr oder minder deutlicher Hilfe der Eltern aus ihren Verstecken hervorgeholt, zusammen in einen Korb gelegt und dann unter die Geschwister verteilt. Für Franz und Heinrich wurde gleich die mütterliche Ermahnung angefügt: „Nun laßt sie euch auch nicht abgewinnen!"

Das war zwar gut gemeint, aber es pflegte an dem endlichen Schicksal der Eier doch nichts zu ändern: Sie gingen bei dem „Ostereierpicken" meistens verloren. Dieses Picken war ein uralter Brauch. Die Knaben kamen mit den Eiern auf dem Markt oder Kirchhof zusammen. Der eine hielt dem anderen ein Ei, mit der Hand fest umschlossen, so hin, daß nur der oberste Teil des spitzen oder stumpfen Endes hervorsah; der andere pickte mit seinem Ei darauf. Wessen Ei dabei die Schale zerbrach, der hatte verloren. Sein Ei ging in den Besitz des Siegers über.

Dabei galt als Spielgrundsatz: „Spitz auf Spitz und Stumpf auf Stumpf." Zerbrachen die Schalen beider Eier, so blieben sie im Besitz ihrer Eigentümer.

Zu Franzens Kinderzeit hatte das Spiel schon viel von seiner früheren Ehrlichkeit eingebüßt. Es gab Kinder, in deren Familien die Eier schon lange vor Ostern auf ihre Härte geprüft wurden. Solche, die für besonders stark angesprochen waren, wurden dann so lange gekocht, daß auch das harte Innere zur Stütze der Schale beitrug. Andere Eier wurden gar ihres Inhaltes beraubt, mit einer erhärtenden Masse (Pech) wieder gefüllt und mit Kalkbrei sauber verschlossen. So etwas galt als offenbarer Betrug, der es ja auch war. Es war vorgekommen, daß die Besitzer solcher Eier ihren unredlichen Gewinn in Körben nach Hause gebracht hatten.

Solche Knaben wurden natürlich sorgfältig gemieden; man pickte nur mit denen, die sich ehrlicher Mittel bedienten. Ehrlich war es, ein besonders langes Ei zu wählen, oder die Härte der Schale durch vorsichtigen Stoß gegen die Schneidezähne zu prüfen. Es nützte zwar das eine so wenig wie das andere; denn ein langes Ei konnte auffallend dünnschalig sein, und der Stoß gegen die Vorderzähne war recht trügerisch.

Das Mogeln wurde besonders in der Weise geübt, daß mit gekochten Eiern gegen ungekochte gepickt wurde, was natürlich streng verboten war. Wurde ein Knabe dabei ertappt, so gab es schnelle Strafe. Alles fiel über den Übeltäter her; und da die Eier im jugendlichen Eifer nicht immer vorher beiseite gelegt wurden, so waren diese und die Taschen der feiertäglichen Anzüge oftmals die ersten Opfer dieser Knabenjustiz.

Dabei erging es den um seine Ostereier Geprellten oft genug nach den scherzhaften Worten eines alten Richters: „Vor Gericht kommt es gar nicht darauf an, wer Recht *hat*, sondern wer Recht *kriegt*!" Oder nach dem Schlußsatz, mit dem die türkischen Richter die Urteilsverkündigung schließen sollen: „Allah weiß es besser!" Zu Hause gab es für die mit Eidotter und Eiweiß verunreinigten Taschen neben dem obligaten Schelten nicht selten noch eine Tracht Prügel. Die Gerechtigkeit läßt auch im Kinderleben gar oft zu wünschen übrig.

So war es Franz an einem Ostermontag ergangen. Er saß betrübt in seinem Stübchen, in das die Mutter ihn eingeschlossen hatte, als sich die Tür vorsichtig öffnete und Heinrich hineinschlich:

„Du, Franz, an'n Judenkerkhof het sik eïnen opchehangen; komm, wi wöllt hinlopen. – Deï anderen lopt alle hin!"

Das war ein ganz neues Ereignis, da mußte man hin! Vergessen waren die mütterlichen Ermahnungen, die Prügel, in den Wind geschlagen die sichere Aussicht auf neue bei Bruch des Arrestes. Es gelang, unentdeckt zu entwischen; und inmitten einer Schar von Knaben, die alle dem einen Ziel zustrebten, trottete man zum Ort der Tat. Hätte Franz aber gewußt, was ihm bevorstand: er wäre ruhig in seinem Haftstübchen geblieben. Noch niemals hatte er eine Leiche gesehen; nun stand er vor dem einfach fürchterlichen Anblick des Erhängten, eines kleinen, dicken Strumpfwirkergesellen, den er im Leben recht gut gekannt hatte.

Wochen und Monate hindurch hat ihn das Bild verfolgt; es war die härteste und vielleicht schädlichste Strafe, die er für das Entweichen aus der Haft erlitt. Eine andere traf ihn nicht, weil die Flucht vorerst unbemerkt geblieben war.

Zufällig fand sich gerade mit den Knaben zusammen eine Gerichtskommission an Ort und Stelle ein, in der ein junger Assessor den zuständigen Richter vertrat. Der Bauer, in dessen Wald der Selbstmord verübt war, hatte den Erhängten gefunden und den Strick abgeschnitten.

Er zeigte die Schlinge vor, deren Öffnung auffallend klein war.

„Unsinn!“ herrschte ihn der Assessor an, „mit diesem Strick *kann* sich der Mann ja gar nicht erhängt haben; der paßt ihm ja offenbar nicht!“

„Ja, Här,“ erwiderte ihm gelassen der blonde Hüne, „wann hei em chepaßt här, dann ssöll hei jo woll noch lewen!“

Es gab ein gewaltiges Gelächter, das dann die Veranlassung zur gänzlichen Räumung des Platzes von allen Unbeteiligten wurde.

Das furchtbare Bild verließ Franz lange Zeit nicht; es raubte ihm den Schlaf, benahm ihm die Eßlust. Auf die besorgten Fragen der Eltern kam dann die Wahrheit ans Licht.

Die Mutter machte ein nachdenkliches Gesicht:

„Ja, das war doch am Ostermontag; da durftest du doch überhaupt nicht auschehen, wegen der Eierches-chichte. Und da bist du doch fortchelaufen?“

Betrübtes nickendes Eingeständnis des Sünders.

„Na, da hast du ja deine chehörige Strafe für den Unchehorsam. Sso cheht es, wenn man nich chehorchen kann!“

VI.

Nach altem Herkommen war es Ehrenpflicht der Honoratioren-Knaben, dem Geistlichen beim Lesen der Messe zur Hand zu gehen, „das Messedienen", wie man es kurz bezeichnete. Der Anfang dieser Tätigkeit fiel zeitlich in dieselben Jahre, wo Franz auch zum erstenmal zur Beichte gehen mußte. Meist wurde das Messedienen von den Knaben der Küsterfamilien oder von den Küstern selbst besorgt. Da die aber bei der großen Anzahl von geistlichen Herren, die täglich ihre Messe lasen, nicht ausreichten, so mußte rechtzeitig für Ersatz gesorgt werden.

An Franz trat diese Ehrenpflicht etwa im achten Lebensjahr heran. Zu dem Zweck waren einige kürzere und längere lateinische Formeln auswendig zu lernen. Das war recht schwierig, weil noch jedes Verständnis für die frommen Worte fehlte und das Ganze auf ein mechanisches Behalten unverstandener Laute herauskam. Da auch die richtige Aussprache des Lateinischen, das man überdies auch noch nicht lesen konnte, von Bedeutung war, so lernte man die Formeln durch Nachsprechen des Vorgesagten – so lange, bis sie saßen.

Der erste Unterricht, den Franz hierin von einem Küstersohn, Franz Aumann, erhielt, wurde von seinem Bruder Heinrich entscheidend gestört. Die Lektion mußte auf den folgenden Tag verschoben werden. Das kam so: Franz saß mit seinem Lehrer in Gegenwart der Mutter in der Stube, als die Tür sich öffnete und Heinrich kreidebleich zur Mutter stürzte:

„Main Chott, Junge, was ist dir?!"

„Ich hab' so Bauchweh!"

„Wovon denn, Junge? Hast du unreife Stachelbeeren chechessen?"

„Nee – nee!"

„Was hast du denn chechessen?"

„Ich bin bei die Pfeffermünzkugeln chewesen!"

„Bei den Pfeffermünzkugeln? Junge, es sind ja char keine im Hause!"

„Ja, bei die Pfeffermünzkugeln, die du immer chegen die Fledermäuse in Vaters Pelz legst –"

Bei aller Sorge mußte die Mutter laut auflachen. In dem Augenblick trat der Vater herein, sah den blassen Jungen, die lachende Mutter und die gespannten Gesichter:

„Ja – was ist denn?!"

„Denk dir, der Heinrich hat von den Naphthalinkugeln genascht, die in dem Pelzwerk liegen!" lachte die Mutter weiter.

„Ja – das ist doch nicht zum Lachen?!"

„Weißt du, was er sagt? Er hat von den Pfeffermünzkugeln chechessen, die ich chegen die Fledermäuse in deinen Pelz lege!"

Nun lachte auch der Vater sein gewohntes herzerfrischendes Lachen, und die Knaben stimmten fröhlich mit ein. Nur der arme Sünder stand ganz kurlos dabei und begriff nicht, wie man über seine Schmerzen lachen könne. Schnell wurde Franz mit einem Rezept in die Apotheke geschickt: Und ein Tränklein beugte weiterem Schaden vor. Mit dem Ernst für die lateinischen Formeln aber war es für heute vorbei. Als sich bei Heinrich bald darauf ein lebhaftes Erbrechen einstellte, erhielt er einen gehörigen Merkzettel, in Zukunft nicht wieder zu naschen und Motten nicht mit Fledermäusen zu verwechseln.

Die lateinischen Formeln saßen. Nun galt es, ihre rechtzeitige Anwendung zu lernen. Auch das fand unter Hilfe des Küstersohnes seine Lösung. Und wenn Franz in der Folge, mit den zwei zinnernen Kännchen für Wein und Wasser, im Chorrock dem Geistlichen, der mit dem goldenen Kelch folgte, zum Altar voranschritt, dann war er stolz wie ein Spanier.

Es konnte ihm jetzt nicht mehr vorkommen, daß er auf die Frage seines Bruders Heinrich: „Wei ment der Pastuhr dor eïgentlich met, wann hei ümmer frögt: ‚Dominus, wo bis du?'" schweigen mußte. Er wußte jetzt, daß der Geistliche mit dem *„Dominus* *vobiscum!*“ (Der Herr sei mit Euch!) den Segen sprach. Das hatte der ihm selbst übersetzt.

Es war ein großer Fortschritt in der Lebensreife, als Franz zum erstenmal zur Beichte gehen durfte – *durfte:* denn er faßte das Bekennen seiner Sünden weit eher als eine Auszeichnung denn als einen Zwang auf. Diese Anschauung hielt zwar nicht lange stand. Aber sie beherrschte doch die Sachlage, solange das Beichten noch etwas Neues war.

Die Schwierigkeit lag hauptsächlich darin, etwas zu finden, was gebeichtet werden konnte; denn von einer Sünde kann bei sieben- oder achtjährigen Kindern noch kaum die Rede sein. Hierzu half der sogenannte Beichtspiegel: eine lange Reihe von Fragen nach allen möglichen menschlichen Schwächen, die dem Knaben fast alle unverständlich waren. Allein es gab doch dieses und jenes, wobei Franz sich etwas zu denken versuchte, wenn es auch falsch war, was er dachte.

Da griff denn die Mutter ein, die den kleinen Sünder auf das bündigste nach allerlei kindlichen Untaten ausforschte. Was sich als Tatbestand ergab, das mußte gleich aufgeschrieben werden, damit es nicht wieder vergessen wurde. Der Zettel, das Sündenverzeichnis, hieß der Beichtzettel, nicht zu verwechseln mit dem späteren gleichnamigen Zettel, der keine Sünden enthielt, sondern, in lateinischer Sprache abgefaßt und mit Namensunterschrift versehen, dem Beichtvater abgegeben wurde. Der übergab die gesammelten Zettel dem Religionslehrer zur Prüfung, ob alle seine Schäflein sich der pflichtmäßigen Beichte unterzogen hatten.

Dieser strengen Aufsicht wurde jedoch mancher Possen gespielt. Denn nicht jeder Beichtvater war, während er seines geistlichen Amtes waltete, so irdischen Sinnes, darauf zu achten, daß jedes Beichtkind nur *einen* Zettel abgab. Es galt als edler Freundesdienst bei so gearteten Beichtvätern, die den Schülern genau bekannt waren, einen zweiten oder gar einen dritten Beichtzettel einzuschmuggeln, wo natürlich nur *einer* abgegeben werden durfte.

Das gelang fast immer. Einmal aber wurde Franz bei dieser

Betrügerei ertappt. Es mußte wegen sehr starker Beanspruchung der geistlichen Herren des später noch zu erwähnenden Klosters bei einem in dieser Hinsicht unbekannten Pater namens Blasius, einem harten, ausgemergelten Asketen, gebeichtet werden. Als Franz beim Antritt auf die schmale Pultbank der Eingangstür statt eines Zettels zwei niederlegen wollte, griff unter dem dunklen Vorhang eine knochige Hand zu. Der Pater stellte den beabsichtigten Frevel fest und verwies den Knaben von seinem Beichtstuhl. Zum Glück hatte das keine weiteren Folgen. Vor allem sah der Pater von einer Anzeige ab – ob aus Vergeßlichkeit? Vielleicht schlug unter dieser braunen Kutte ein weit jugendfreundlicheres Herz, als man es dem strengen Mann zutraute.

Es war das derselbe Pater, in dessen Beichtstuhl es oftmals recht laut zuging, wenn der heilige Eifer des Mönches die Stimme nicht mehr in gedämpften Ton zu halten vermochte. Ältere Leute mochten sich das natürlich nicht gefallen lassen. Und als es eines Samstagabends recht verständlich aus dem Beichtstuhl herausschallte: „Ssie stehen ja s-chon mit einem Fuß in der Hölle!“, da erhob sich die starke Gestalt eines jungen Bauern aus der knienden Stellung, um mit den ebenfalls recht vernehmlich gesprochenen Worten: „Det fäuhl ik, Här Poter, den anderen wöt mi all warm!“ die Kirche zu verlassen.

Der mit Hilfe des Beichtspiegels unter Leitung der Mutter mühsam aufgestellte erste kindliche Beichtzettel war also noch kein Ausweis für die erfüllte Beichtpflicht. Eines solchen bedürfte es in diesem jugendlichen Alter noch nicht. Man kam gar nicht auf den Gedanken, sich um die Sache herumzudrücken, schon weil man sich dabei viel zu wichtig erschien.

Wohl aber wurde das Sündenverzeichnis sorgsam verborgen gehalten, bis man es schon auswendig wußte. Dann verbrannte man es, sobald die heilige Handlung vorüber war. Nichtsdestoweniger wurde der Geheimzettel gelegentlich von unbefugter Hand entdeckt. das gab dann Anlaß zu fröhlicher Neckerei. Auch Franz erging es eines Tages so. Und der Inhalt des Zettels wurde ihm so oft vorgehalten, daß er ihn bis auf den heutigen Tag behalten hat.

Hier ist er:

„Erstens: Ich bin viermal in die Bekke gelaufen" – die Bekke war ein kleiner Bach, in dem die Knaben im Sommer gern mit bloßen Füßen umherwateten. Das war streng verboten.

„Zweitens: Ich habe ihnen den Popo gezeigt" – das war eine unanständige Gebärde; „ihnen" bedeutete: den Mitschülern.

„Drittens: Ich bin in Großmutters Garten gewesen" – das heißt, ich bin über den Zaun von Großmutters Garten gestiegen und habe unreife Stachelbeeren gemaust.

„Viertens: Ich habe zweimal die Ehe gebrochen" – das heißt, ich habe mich infolge des Genusses dieser unreifen Beeren erbrechen müssen. Was das Brechen einer Ehe bedeutet, davon hatte der Knabe keine Vorstellung. Aber das Brechen infolge des Genusses unreifer Beeren erschien ihm als Sünde.

Selbstverständlich war diese vierte Untat ohne die Hilfe der Mutter aufgeschrieben, weil Franz das nur aus drei Sündenfällen bestehende Register zu dürftig erschienen war.

Bevor es zur Beichte selbst ging, mußte nach kirchlicher Vorschrift „Reue und Leid erweckt werden". Denn nur die bereute Sünde kann auf Vergebung rechnen. Die Mutter war daher bemüht, alles in richtigen Gang zu bringen, und prüfte Franz auch über diesen Punkt:

„Hast du denn auch s-chon Reue und Leid erweckt?"

„Chewiß, ich hab' das durchchelesen, was im Katechismus steht!"

„Das ist nicht chenug – hast du denn auch wirklich Reue über die Ssünden?"

„J-a-h – !"

„Na – tut es dir denn leid, daß du in die Bekke chelaufen bist?"

„N-neeh!"

„Ja, dann kann der Cheistliche dir die Ssünde ja chahnich vercheben. Das muß dir doch leid tun; und du mußt den festen Vorsatz fassen, es nicht wieder zu tun!"

„Das war doch aber sso s-chön; es tut mir sso leid, daß Vater das verboten hat – "

„Na – du hast doch nicht etwa den Vorsatz, es noch mal wieder zu tun? Dann darf ich dich ja chahnich zur Beichte chehen lassen."

„N-eeh! – dann will ich es auch nicht wieder tun; aber es is doch sso ss-chade!"

„Junge, Junge, was soll aus dir werden, wenn du es nicht bereust?! Das cheht doch chahnich!"

„Dann will ich es ja auch bereuen", murmelte Franz. Aber die Reue lag nur in den Worten; sie wurzelte nicht im Herzen. Wie kann ein gesund empfindendes Kind fröhliche Knabenstreiche bereuen, überhaupt bereuen! Reue setzt tiefe Erkenntnis unrechten Tuns voraus. Die ist von Kindern nicht zu erwarten.

Freilich kann auch die Reue durch Strafe hervorgerufen werden; aber sie ist dann von geringem Wert. Denn wer eine schlechte Handlung nicht deshalb bereut, weil er zur Erkenntnis ihrer Schlechtigkeit gelangt ist, sondern weil sie ihm Strafe, Schmerzen oder Verlust eingetragen hat, der bedauert weniger die Tat als ihre bösen Folgen. Aber das Gute kann auch auf dem umgekehrten Weg erreicht werden. Dann sind diese Folgen, besonders in Gestalt schmerzhafter Hiebe, sicher ein ebenso gutes Erziehungsmittel wie das theoretische Erwecken von Reue und Leid, obgleich sie von vielen Erziehern heutigen Tages verworfen werden. Ja, man könnte sagen: Sie sind für die kindlichen Begriffe die notwendige Übersetzung der inneren Reue, die erst das Ergebnis größerer seelischer Reue sein kann.

Der Weg ist klar und einfach. Tut der Knabe etwas Schlechtes, so tut das nur ein verdorbener Junge, obgleich er weiß, daß es schlecht ist. Der unverdorbene tut es, vielleicht, weil es ihm verboten ist und das Verbotene nicht nur *Knaben* reizt, vielleicht in einer augenblicklichen Laune, aus einer Regung der Eitelkeit heraus, zur Wiedervergeltung, aus Rachsucht. In einzelnen Fällen, so beim Anblick der Schmerzen eines gequälten Tieres, kommt vielleicht die Reue von selbst. Meist aber sieht das Kind die Sache nach der Tat nicht anders an als vorher. Gilt doch selbst bei Erwachsenen die Sentenz: „Ein anderes Antlitz, ehe sie geschehen – ein anderes zeigt die vollbrachte Tat" sicherlich ebensoviel in Hinsicht der Folgen, der Furcht vor Strafe und Vergeltung wie der wahren inneren Reue, des Abscheues vor dem Geschehenen.

Da ist das *argumentum ad hominem* der Übersetzer. Die bald und ausreichend einsetzende Strafe erweckt erst das Verständnis für die Schlechtigkeit der Tat; sie erst stempelt die Tat als schlecht. Die Wiederholung wird vermieden, zunächst als Furcht vor neuer Strafe; die Tat ist schlecht, weil sie strafbar ist. Das bleibt auch im minder empfindlichen Knaben haften. Und sonstige Hinweise ethischer Natur haben dafür zu sorgen, daß sich in dem Kind nicht die zynische Philistermoral festsetzt: „Sünde ist, wenn's die anderen sehen!"

Den Vertretern der heutigen weichlichen Erziehungsgrundsätze, die nur durch Güte und Liebe wirken wollen, ist von Herzen zu wünschen, daß sie die „süßen Knaben", die aus ihrer Hand hervorgehen, noch selbst recht eingehend genießen möchten. Die an den Kindern versäumte *argumentatio ad hominem* würde so von diesen an ihnen selbst nachgeholt werden. Leider kommt es aus Gründen des Altersunterschiedes meist so, daß andere die Folgen einer solchen Erziehung auszukosten haben, und am meisten die so Erzogenen selbst, die doch an diesem Fehler nicht mitschuldig sind.

Franzens Vater huldigte solchen weichlichen Erziehungsgrundsätzen nicht. Er hielt eine gute Tracht Prügel für den besten Übersetzer in dem erwähnten Sinn. Es sollte sich dafür um die Zeit des „Reue und Leiderweckens" eine gute Gelegenheit bieten. Der Vater erweckte das Leid, und dieses die Reue.

Die Großeltern pflegten im Herbst eines jeden Jahres eine Reise zu machen. Während dieser Zeit war das Tor zu dem „das Höffken" genannten Garten beim großelterlichen Hause streng verschlossen. Der Schlüssel dazu befand sich im Besitz einer der Mägde, die ihn nie aus ihrer Hand ließ. Nun barg das Höffken an den langen nach Süden und Westen gelegenen Mauern Spaliere von Weinreben, die köstliche Trauben trugen. Die waren zur Zeit der Abreise der Großeltern schon so weit gediehen, daß sie von den Wespen angefressen wurden. Um sie dagegen zu schützen, hatte die Großmutter mit Hilfe ihrer Mägde mühsam die Trauben mit Papierhüllen versehen, die nun freilich die sonst zum Teil unter dem Laub verborgenen Schätze für die Kinderaugen erst recht ins Licht rückten.

War es die Neugier, ob die Wespen die verhüllten Trauben wirklich nicht angingen, war es die Überlegung, daß die Hüllen auch einen etwaigen Raub nicht augenfällig machen würden: zu einer Zeit, als die Mägde im Außengarten beschäftigt waren, überstieg das vierblättrige Kleeblatt die Mauern des Höffkens und prüfte die Hüllen auf ihren Inhalt. Er war tatsächlich von Wespen verschont und verlockend süß.

„Wann wi ut jede Tüte mehr eïne Biere plückt, dann is d'r nix van te sseihen!" war der von einem ausgesprochene, aber von allen vieren befolgte Gedanke. Es war auch wirklich nach dem ersten Raubzug keine bemerkbare Veränderung an den sorglich wieder verhüllten Trauben wahrnehmbar. Aber – die Raubzüge wiederholten sich, wiederholten sich bei jeder vor Entdeckung sicheren Gelegenheit recht oft. Und fanden die Knaben von dem einen Mal zum anderen auch keine erhebliche Veränderung des jeweiligen Zustandes, so erfuhr dieser gegen die Unberührtheit zu Anfang doch schwere Eingriffe. Schließlich waren die Trauben ihrer größten und schönsten Beeren beraubt. Und als es eines Tages hieß: „Übermorgen kommen die Großeltern zurück!", da durchfuhr die Übeltäter ein heftiger Schrecken.

Das sah übel aus. Daß der Großmutter erster Gang der ins Höffken sein werde, um die Wirkung ihrer Papiertüten zu prüfen, das stand so fest wie das Amen in der Kirche. Und dann war die Entdeckung da. Denn daß von keiner der beteiligten Instanzen auf irgend jemand anderen Verdacht geworfen wurde als auf das Vetternvierblatt, daran zweifelte dieses selbst nicht im geringsten.

Der Nachmittag des Tages vor Rückkunft der Großeltern war schulfrei. Es wurde also auf einem gemeinsamen Spaziergang in die „Ssandberge" Kriegsrat gehalten. Dort saßen die vier in einer Sandgrube und waren „wenig froh".

„Ja, ja," brach Heinrich das betrübte Schweigen, „wei will us det bewiesen, det *wi* det chewäßt ssind! Dor könnt even sso chot deï Wespen an chewäßt ssin!"

„Du büs klauk," warf der verwachsene, aber wie alle derartigen Krüppel recht kluge und überlegte Vetter Wilhelm ein, „heß du all es chesseihen, wu det utssüht, wann deï Wespen an ne Wiendruwe chefretten häwt? Dann ssitt deï halwe Schale noch dran; un deï Ränder ssind ümchebögt un brun. Dor komm wi nich met dür!"

„Us het jo nümms chesseihen," warf Franz ein.

„Na – chlöwß du, det Pudelmann us nich chesseihen het, wann wi öwer de Mur cheklatert ssind?"

„Ih," rief Heinrich, „wat will us deï?"

„Deï?!" fragte Wilhelm. „Chlöwß du, det deï ssin Mul hölt, wann deï Cheschichte harut kömmt? Deï het noch met di un Franz afterecknen wegen deï Katte, deï Franz em dodt chesmetten het."

„Wat is hei achter em her chelopen: ‚Du rohe Löchte, du Voßkopp! Wann ik di krich!'"

„Ne, deï höllt ssin Mul nich; deï kömmt chlick chelopen, det hei us öwer de Mur klimmen chesseihen het. Un chesseihen mot hei det häwwen. Dorvö ssi' wi te fake in't Höffken chewäßt!"

„Et mag jo woll sso slimm nich wören," meinte Jans, „Chroß-mutter weït villicht chahnich, wuvull Bieren noch dran chewäßt ssind!"

Aber damit traf er hart auf Heinrichs Wirklichkeitssinn:

„Chroßmutter ssöll det nich wetten?! Deï weït met jede eïnzelne Tüte Bes-cheid!"

Die Schlinge zog sich bedenklich zu. Und die Sünder fanden keinen anderen Ausweg als viele andere vor ihnen. Nach dem Grundsatz: *„si fecisti, nega!"* sollte alles tapfer geleugnet werden. Kam es dann doch heraus, so war es freilich um so schlimmer. Aber vielleicht hatte man Glück, und ein anderer gangbarer Weg war nicht vorhanden. Denn die Untat offen einzugestehen, das erschien den Knaben als eine furchtbare Dummheit.

Vorerst war die Entdeckung noch nicht drohend. Die Großeltern kamen in tiefer Nacht zurück. Am anderen Morgen mußte man in die Schule. Beim Mittagessen überfiel Franz eine große Unruhe; denn er fürchtete jeden Augenblick, daß die Geschichte zur Sprache kommen würde. So rutschte er denn unsicher auf seinem Stuhl umher und vermied es sorglich, die Eltern anzusehen. Es war ja kaum möglich, daß die Tat noch nicht entdeckt war.

„Was hast du denn, Junge?“ fragte die Mutter, die diese Unruhe ganz richtig einschätzte. „Hast du in der S-chule etwas anchestellt?“

„N-e-h!“

Da wurde der Vater abgerufen; und das Interesse wandte sich anderen Dingen zu.

Kaum war das Mittagessen zu Ende, da entwischte man erleichterten Herzens in die Schule. Konnte es überhaupt möglich sein, daß die Traubengeschichte nicht herauskam? Das wäre ja eine Seligkeit ohne Ende gewesen!

Aber die Rache schlief nicht. Beim Nachmittagskaffee, als die Knaben gerade den Auftrag erhalten hatten, die zurückgekehrten Großeltern zu begrüßen, da erschien die Großmutter selbst – sehr ernst, sehr gehalten.

„Ich hatte den Jungens auch was mitgebracht; aber ssie ssind zu unartig chewesen: Denk di,“ fuhr sie in ihrem geliebten Niederdeutsch fort, „deï Bengels häwt deï chanßen Wiendruwen in't Höffken opchefretten!“

„Waas?“ herrschte die Mutter die beiden Sünder an. „Ist das wahr? Habt ihr das chetahn?!“

Nun nehmt alle Kraft zusammen, die Luft und auch den Schmerz, und lügt, daß die Balken biegen! – Und sie logen, logen frech darauf los. Aber es half nichts; sie wurden eingesperrt, bis der Vater kam.

Der ließ sich auf gar keine Untersuchung, nicht auf die geringsten diplomatischen Verhandlungen ein. Er war im Hause der Großeltern gewesen, hatte von der Untat erfahren, die ausgeleerten Tüten im Höffken mit eigenen Augen gesehen, hatte bei den Nachbarn Umfragen gehalten und dabei von Pudelmann das wiederholt beobachtete Überklettern der Mauer erfahren. Die Delinquenten wurden – sie hatten nicht den leisesten Mut, sich zu sträuben, weil das nur mehr Hiebe gekostet hätte – nacheinander über das Knie gelegt. Die Hosen wurden stramm gezogen, und unbarmherzig schlug der Vater zu. Während der Exekution an Heinrich rieb Franz sich den schmerzenden Körperteil und war bei allem Leid froh, die Sache überstanden zu haben. Aber er frohlockte zu früh. Nach einer tüchtigen Standrede schloß der Vater: „So, das war für das Stehlen; nun kommt das für das Lügen!“

Und mit fester Hand wurde die Strafe wiederholt. Das Leid war erweckt, die Reue kam! Sie war um so größer, weil es lange dauerte, bis die Sünder wieder ein freundliches Gesicht beim Vater sahen. Und das war wohl der härteste Teil der Strafe.

Die beiden Vettern waren nur mit einer Strafpredigt und mit dem Entzug des ihnen als Reiseandenken mitgebrachten Geschenkes davongekommen. Denn ihr Vater war auf Reisen; und als er zurückkam, da war die Geschichte vergessen.

Die ganze Wirkung der Strafe aber geriet in Gefahr durch die Philosophie des Kutschers Hendryk. Der besprach nach einiger Zeit die Traubengeschichte mit Franz und Heinrich:

„Junges, deï häw chit doch fubbah dumm anchefangen!“

Auf das entrüstete: „Wu ssou?!“ lachte er und sog an seiner Pfeife:

„Ja, kiek chit es: Det mot jo harut kommen, wann chit deï Bieren ut deï Tüten frett’t. Ik här det chans anders chemakt; ik här en paar Tüten chans utchefretten un sse dann chans wechchenommen. Mein chit, det Chroßmutter deï Tüten chetellt het?! Det chlöw ik nich. Nu häw chit deï Bieren met deï Mule chefretten un met det Chatt betahlt!“

VII.

Es ist für einen Knaben nicht immer ein Glück, der Erstgeborene und mit guten Geistesgaben ausgestattet zu sein. Franz wurde das Lernen leicht, sehr leicht. Das blieb den Eltern nicht lange verborgen. Und da sie beide auf ihren ältesten Jungen recht gern stolz gewesen wären, so fehlte es nicht an allerlei Einwirkungen auf den Ehrgeiz, der jedoch, soweit er äußerer Natur war, weder in der Jugend noch in Franzens späterem Leben eine erhebliche Rolle spielte.

Franz sind zwei verschiedene Arten, seinen Ehrgeiz anzuspornen, im Gedächtnis geblieben: eine mittelbare und eine unmittelbare.

Die erstere wurde ihm von der Mutter sozusagen in die Feder diktiert. Sobald die Knaben so weit waren, einen Brief auch nur einigermaßen sauber abzuschreiben, mußten sie nach alter Familiensitte zu den Namenstagen der Großeltern ihre Glückwünsche in schriftlicher Form darbringen. Das geschah auf einem schönen, goldig und bunt verzierten Briefbogen. Aber der Glückwunsch allein genügte nicht; er mußte mit dem Gelöbnis schließen, immer recht artig und fleißig zu sein.

Unglücklicherweise hatte die Mutter bei dem ersten derartigen Brief dieses Versprechen in eine etwas überschwengliche Form gekleidet, die dazu recht wenig bescheiden war. Franz hatte ungefähr schreiben müssen: „Da ich der Größte und Älteste bin," – das war er von den Roggenkampschen Enkeln – „so werde ich mir Mühe geben, den anderen mit einem guten Beispiel voranzugehen."

Das war ja wohl der stille und ganz gerechtfertigte Wunsch der Mutter. Sie wollte ihren Jungen durch das Versprechen veranlassen, sich nun auch als nachahmenswertes Vorbild zu betätigen. Und so wäre das einmalige Gelöbnis immerhin erträglich gewesen. Aber zum Unglück wiederholte es sich, wiederholte sich mehrmals.

Da konnte es nicht ausbleiben, daß nicht nur die Onkel und Tanten, sondern auch die Basen und Vettern darüber ihre Witze machten. Und so erzielte die gute Mutter mit ihrer mittelbaren Anspornung des Ehrgeizes das Gegenteil von dem Gewollten. Franz nahm das Verlachtwerden bitter übel und dachte gar nicht daran, ein Vorbild zu sein. Er war auch in Wirklichkeit als echter und rechter Junge weit davon entfernt.

Die Erweckung des Ehrgeizes auf dem anderen, dem unmittelbaren Weg, nahm einen schlimmeren Ausgang. Gute Leistungen in der Schule wurden durch Verleihung eines höheren Platzes belohnt. So saß der beste Schüler „obenan", der schlechteste „untenan". Bis zum völligen Überdruß wurde es nun dem Jungen eingeremst, daß es seine Pflicht und Schuldigkeit sei, obenan zu sitzen. Obgleich da schon einer, und meist immer derselbe, saß, so sollte und mußte Franz die Eroberung dieses Platzes fertigbringen.

Man kann sich denken, wie diese Trietzerei dem Jungen zuwider war. Als er nun einst schon längere Zeit den dritten Platz behauptet hatte, da begab es sich, daß er wirklich der Erste wurde; aber er verlor den Platz in derselben Stunde wieder und verließ als Zweiter die Schule.

Die Tatsache, einmal wirklich der Erste gewesen zu sein, vermochte er in einem Gefühl des Triumphes zu Hause nicht zu unterdrücken. Aber er hätte dabei sagen müssen, daß er es nur für kurze Zeit gewesen sei. Das aber tat Franz nicht. In einem Gefühl der Befriedigung, nun endlich einmal von der ewigen Quälerei mit dem „Obenansitzen" Ruhe zu haben, erzählte er zu Hause, er sei nun der Erste in der Schule.

Strahlend vor Glück führte die Mutter den Jungen in ihr elterliches Haus. Und der gute Großvater schenkte ihm zur Belohnung einen Taler. Der wanderte natürlich in die Sparbüchse und gab so nur zu gedämpfter Freude Veranlassung. Aber der Vater tat ein übriges; er schenkte seinem Jungen einen hübschen Baukasten. Daß Franz darüber Freude empfand, wie er es unter anderen Verhältnissen getan hätte, kann nicht gemeldet werden. Die Geschenke drückten ihn; und gar zu gern hätte er durch ein offenes Bekenntnis reine Bahn geschaffen. Denn es lag ihm nichts an dieser äußeren Auszeichnung, obenan zu sitzen; ebenso, wie er im späteren Leben für die von manchen so heiß ersehnten silbernen und goldenen Kreuze nur ein bescheidenes Verständnis gehabt hat. Er wollte nichts, als sich durch die Tatsache, einmal der Erste gewesen zu sein, Ruhe schaffen vor den ewigen Ermahnungen. Und in der Überzeugung, daß das Gewesene nicht für voll angesehen würde, machte er aus der Vergangenheit die Gegenwart.

Er mußte bald und bitter erfahren, daß Lügen kurze Beine haben. Der Vater desjenigen Knaben, der fast immer obenan saß, hatte, um Franzens Vater eine Freude zu machen, diesem erzählt, Franz habe in der Schule den ersten Platz erobert, habe diesen leider in derselben Stunde seinem Sohn wieder abtreten müssen. Der Vater erkundigte sich beim Lehrer, der längst nicht mehr der alte Felgemacher war, beim Vikarius Harmann, von den Schülern kurz „de Vikarges" genannt; und die Sache kam ans Licht.

Der Vater nahm sie nicht zu schwer. Aber er bestand darauf, daß beim Großvater Abbitte geleistet werde, obgleich Franz bei diesem selbst kein Wort gesagt hatte. Das hatte nämlich die Mutter getan.

Es war ein schwerer Gang. Zwar wurde ihm durch die Herzensgüte des alten Herrn das Bitterste genommen. Immerhin mußte Franz bekennen, daß er nicht die volle Wahrheit gesagt, als er der Mutter von der Einnahme des ersten Platzes erzählt hatte, und um Verzeihung bitten, daß er so auch den Großvater getäuscht habe. Der entließ den Knaben mit wohlwollenden Ermahnungen und entschied, als die damit nicht ganz einverstandene Mutter fragte: Was nun mit dem Taler würde, den müsse Franz doch zurückgeben: „Nein, den soll er behalten, weil er doch einmal obenan gesessen hat." Der vom Vater geschenkte Baukasten aber mußte zurückgegeben werden; und Franz hat ihn niemals wieder gesehen.

Das Allerschlimmste aber erfolgte in der Schule. Franz erhielt zum ersten und einzigen Mal „was in die Pöte". Das heißt, er mußte vortreten, vor versammelten Kriegsvolk der Lehrer die inneren

Handflächen darbieten, und erhielt da hinein mit der Rute eine Anzahl von Schlägen. Das galt als sehr schimpflich und verursachte lebhaften Schmerz. Aber erzieherische Vorteile brachte es für den Gestraften nicht. Unter bitteren Tränen suchte er seinen Platz auf; und wieder erwachte in ihm der wilde Knabentrotz. Der gipfelte in dem Vorsatz, nur von den Eltern allein noch körperliche Züchtigungen hinzunehmen, sich gegen jeden anderen aber zu wehren bis aufs Äußerste. War es Blut eines alten Geschlechtes, das sich in dem Knaben regte, war es allein die unmittelbare Folge der harten Strafe: Der Trotz ist geblieben. Er hat im Jüngling und im Manne seine Herrschaft behauptet; und beide sind dabei unterlegen. Nicht innerlich, aber äußerlich. Denn wer einer Welt zum Trotz das tut, was er für Recht hält: über den kann wohl die sogenannte Welt triumphieren, innerlich ist er unüberwindlich.

So hatten die Einwirkungen auf den Ehrgeiz nur geringen Erfolg. Es ist überhaupt lehrreich, zu sehen, wie, man möchte sagen, die Artung, die Veranlagung des Kindes durch die Erziehung wohl beeinflußt, aber in ihren Wesen nicht geändert werden kann. Das geht schon daraus hervor, daß die Schüler sich gegenseitig am richtigsten beurteilen, daß die meisten Männer sich im reifen Leben ebenso zeigen, wie sie als Schüler eingeschätzt wurden. Könnte die Erziehung viel ändern, so müßte sich manche überraschende Entwicklung ergeben. Die gehört aber zu den Seltenheiten.

So hat auch der Musterschüler, der artige Knabe, bei seinen Mitschülern selten das gleiche Ansehen wie bei den Lehrern, womit jedoch nicht gesagt sein soll, daß diese ihn nicht auch richtig beurteilen. Nur ist der Maßstab, den sie für die Zwecke der Schule anlegen, ein anderer als der für das Leben. Es darf in diesem Sinne wohl ruhig behauptet werden, daß der Spielplatz für die Charakterentwicklung von größerer Bedeutung ist als das Schulzimmer. Und vom Charakter hängt im Leben weit mehr ab als vom Wissen; es sollte es wenigstens!

Auf dem Spielplatz stoßen die Geister wie die Körper in völliger Freiheit, nur durch die selbst gegebenen oder durch alten Brauch gebilligten Regeln gebunden, aufeinander. Der Spielplatz ist die

Republik gegenüber dem absoluten Staat der Schule. Alle Spieler sind gleich; allein Geschicklichkeit, Schnelligkeit, Kraft und Ausdauer entscheiden. Fast immer werden, im Gegensatz zur Schule, alle Kräfte eingesetzt. Daher bilden sich bei den dauernd Unterlegenen oftmals Neid und Scheelsucht aus, wozu die besseren Leistungen in der Schule seltener Veranlassung geben.

Viel wichtiger aber ist das Bewußtsein, siegen zu können, wenn man alle Kräfte daran setzt. Die Notwendigkeit, Verluste mit Würde zu tragen, ist nirgends größer als auf dem kindlichen Spielplatz. Denn unbarmherzig wird der verlacht, der aus gekränkter Empfindlichkeit nicht mehr mitspielen will.

Auch die strenge Beobachtung der Spielregeln in der Hitze des Gefechts schafft innerlich ehrliche und wahrhaftige Knaben. Erbarmungslos wird die Prügelstrafe vollzogen an dem, der auf einem unehrlichen Verstoß gegen die Spielordnung ertappt wird. Wiederholt sich der Versuch, so verfällt der Frevler der allgemeinen Verachtung; und keiner spielt mehr mit ihm. Er heißt ein „gemeiner Kerl".

So erinnert sich Franz eines Falles, wo ein schon älterer und mit großen Körperkräften begabter Schüler beim Schneeballwerfen Bälle aus geschmolzenem Schnee formte, sogenannte Eisbälle, die, vom starken Arm geworfen, wie Steine wirkten. Er traf mit einem solchen Ball einen ihm an Körperkräften nicht annähernd gewachsenen Mitschüler in den Mund und zerbrach ihm mehrere Vorderzähne.

Nach dem ersten Schreck sprang der Verletzte dem Übeltäter an den Hals; und wie auf Befehl eilte alles ihm zu Hilfe. Zwar wehrte der Starke sich gewaltig, aber viele Hunde sind des Hasen Tod. Er wurde zu Boden gerissen und furchtbar verprügelt. Obgleich er die wenigsten der ihm zugedachten Schläge erhielt, weil diese in dem wilden Gewühl seine nächsten Angreifer trafen, so war er doch, als die herbeigeeilten Nachbarn ihn aus den Händen seiner Peiniger befreit hatten, arg zugerichtet. Er hinkte mit zerrissenen Kleidern und zerschundenem Gesicht nach Hause; und niemals hat er sich wieder am Schneeballwerfen beteiligt. Denn sobald bei der nächsten Gelegenheit die Hand zum Wurf erhob, kehrte sich alles gegen ihn und holte Steine aus den Taschen, die auf Verabredung für diesen Fall eingesteckt waren. Es kam nicht zum Werfen; denn er erfaßte die Lage sofort und verzog sich eilends unter dem Hohngelächter seiner Widersacher.

Ein anderer Knabe hatte im Jähzorn beim Streit ein Messer gezogen. Bevor er es öffnen konnte, war er von den unbeteiligten Mitschülern niedergeschlagen und erbärmlich verhauen. Er hat lange bitten und betteln müssen, bis er wieder zum gemeinsamen Spiel zugelassen wurde, und hat niemals wieder ein Messer gezeigt.

Gerieten sich zwei Knaben beim Spiel in die Haare, so war es fester Grundsatz, daß keiner, nicht Freund, nicht Vetter, nicht Bruder, eingreifen durfte. Alsogleich bildete sich eine Kreis um die Kämpfenden. Wollte ein Dritter dem einen zu Hilfe eilen, so hieß es vielstimmig: „Nich tweï teïgen eïnen!“ Nur wenn die Kräfte der Streiter sehr ungleich waren und der Stärkere seine Überlegenheit zu unsanft ausnutzte, dann griff die Korona ein und zog sie auseinander.

Blieb aber der Schwächere im Vorteil und verkeilte den Stärkeren einmal tüchtig, so freute sich alles dessen. Die Geschichte von David und Goliath hat immer viele Bewunderer gehabt. Der ihr zugrundeliegende Gedanke drückt sich auch in dem oft angewandten Sprichwort aus: „Better en kleinen Kregel as en chroten Flegel!“

Es ist bemerkenswert, wie die Spielregeln, die doch nirgends niedergeschrieben worden sind, sich in sicherer Überlieferung erhielten. Die Spiele richteten sich nach den Jahreszeiten. Sie waren bei den Enkeln genau dieselben wie in der Jugend der Großväter und Väter. Nur, wenn einmal durch Zuzug von außen, etwa durch die Versetzung eines Beamten in das Städtchen, fremde Kinder dazukamen und ein neues Spiel mitbrachten, dann herrschte dieses kurze Zeit vor, um alsbald wieder ganz zu verschwinden.

Mit den Spielen hing ein sehr verbreiteter Tauschhandel zusammen, den die Knaben untereinander betrieben. Alles, was sie an persönlichem Eigentum besaßen, war Gegenstand des Tausches, des „Kungelns“, wie die Eltern es mißbilligend bezeichneten. Ein

Griffel, ein Bleistift, ein gefangener Vogel, der Kreisel, der Flitzbogen, Meerschweinchen und Kaninchen: alles war Gegenstand des Tauschhandels.

Franz besaß einst ein sehr großes Kaninchen, das er zärtlich liebte. Aber der Sohn eines in bedrängten Verhältnissen lebenden Hilfsküsters namens Röder war im Besitz einer Markole, eines jungen Holzhähers. Diese Markole hatte schon gemausert und zeigte daher ihre blauen Zierfedern in lockender Pracht. Dagegen konnte das Kaninchen, das gleich viel, ob männlichen oder weiblichen Geschlechts, von den Knaben in ihrem geliebten Platt meistens nur als „Kannickelbuck“ bezeichnet wurde – obgleich für das Weibchen auch der Name „Möhr“, aber selten, gebraucht wurde –, nicht aufkommen. Es kam daher zum Tausch, bei dem Franz noch einen Bleistift und eine blitzende Metallschnalle zugeben mußte.

Voll Stolz trug er seine Markole in einem hölzernen Käfig nach Hause, nachdem er seinen Kannickelbuck und die Zugaben überbracht hatte. Er konnte sich während des Schlafes nicht von der neuen Erwerbung trennen und stellte den Käfig unter sein Bett. In tiefer Nacht begann der Vogel zu krächzen; als Franz ihn zu beruhigen suchte, lärmte das geängstigte Tier erst recht. Der Vater erschien im Nachtgewand, ein Licht in Hand, und fragte, was los sei. Der Vogel, den Franz schnell wieder unter das Bett geschoben hatte, wurde hervorgeholt. Und es gab eine tüchtige Standrede über das „Kungeln“, die mit dem Befehl schloß, den Tausch am anderen Morgen sofort rückgängig zu machen.

Als Franz betrübt und in seinem Stolz empfindlich gekränkt dem väterlichen Gebot nachkommen wollte, stieß er im Flur des Küsterhauses mit seiner Markole auf den alten Röder selbst. Der hörte ihn an, um dann lachend zu sagen, das sei nicht mehr rückgängig zu machen; denn „der Karnickel“ sei bereits geschlachtet.

Sein lieber Kannickelbuck und Spielgenosse geschlachtet! Das preßte ihm zu dem übrigen Leid noch bittere Tränen aus. Schweren Herzens kam er mit der traurigen Botschaft heim. Aber es war ihm nur ein geringer Trost, daß er die Markole behalten durfte.

Als er dem immer mehr zum vertrauten Freund des Knaben gewordenen Kutscher Hendryk sein Leid klagte, bekam er die wenig tröstliche Antwort:

„Det här ik di vörut sseggen können, det Röder den Kannickelbuck opfrett. Deï blöst cherade sso de Ssmachtpiepe as Erzenbach!"

„Wat is det – de Ssmachtpiepe?"

„Det ssegg ik di en andermol!"

Und eines dunklen Sommerabends führte er die Knaben hinten in den Garten, den Wall, der an die von armen Leuten bewohnten Häuser in der alten Stadtmauer stieß, zeigte auf ein erleuchtetes Fenster, aus dem die Töne einer Flöte ins Freie drangen, und sagte:

„Nu – hör chit?! Nu kö chit de Ssmachtpiepe hören!"

Auf den Einwurf: „Det is jo ne Fleute!" erwiderte er lachend: „Det is't jo cherade; det is den ollen Erzenbach," – das war der heruntergekommene Sohn eines ehemaligen Organisten der Chroßen Kirche – „wann hei nix te bieten un te brecken het, dann blöst hei ssine Fleute. Un dorüm is det ssine Ssmachtpiepe!"

Als die Knaben nun auch hell zu lachen anfingen, verstummte die Flöte. Eine Gestalt wurde im Fenster sichtbar, die drohend die Hand in den dunklen Garten hinunterstreckte. Dabei ertönte es pathetisch:

„Ihr Kujonen! – dieser unerzogene Janhagel!"

„Wat will de Käl?! Kö' wi op unsen Wall nich lachen?" flüsterte es unten; und einige Erdschollen flogen in das geöffnete Fenster, das schnell geschlossen wurde – jedoch nicht ohne die dumpfe Drohung: „Aufhängen soll man die Bande – aufhängen!"

VIII.

Fröhliche Reigenspiele lernte Franz Oltgrave im Grünen, im lachenden Sommer kennen. Es war Brauch unter den Familien des Städtchens, von Zeit zu Zeit bei schöner Witterung gemeinsam zu Fuß oder auf laubgeschmückten Leiterwagen mit der ganzen, meist stattlichen Kinderschar Ausflüge in die Umgebung zu machen. Das Ziel war nicht immer ein ländliches Wirtshaus. Häufig wurde ein großer Bauernhof vorgezogen, dessen Besitzer im behaglichen Stolz schmunzelte, wenn die Reihe der Gäste länger und länger wurde.

Im Freien unter den Obstbäumen des stattlichen Hofes war dann auf eigens hierzu hergerichteten langen Tischen Kaffee und „Stuten" aufgetragen, daß die Bretter sich unter der Last bogen. Auf rohen Holzbänken saß alles daran; zur Wahrung der Zucht wie zur Verteilung der Nahrung die Erwachsenen verteilt zwischen den Kindern.

Wie strahlten deren Augen auf die großen Stücke blanken Zuckers, den es zu Hause nur in den seltensten Fällen gab! Wie bissen die am heimischen Schwarzbrot gefestigten weißen Zähne in die schönen Bauernstuten! Dabei lief hochroten Kopfes die Bäuerin mit ihren Mägden zwischen der Diele, wo am offenen Herd der Kaffee brodelte, und den Tischen hin und her. Scherzworte der Älteren folgten ihr, die sie schlagfertig zu erwidern wußte. Währenddem ging der Bauer, die sonntägliche, silberbeschlagene Pfeife dampfend, von einem zum andern, um auch seinerseits die Ehre des Hauses zu vertreten. Waren endlich die begehrlichen Augen ruhig, die Mägen satt geworden, dann wurde an anderer Stelle auf dem Rasen angetreten. Alt und Jung durcheinander zum fröhlichen Reigen! An jeder Hand nahm der alte, ehrwürdige Justizrat Wahrt ein junges Mädchen; ihm folgte der

Herr Pastohr, gleichfalls schöne Jugend zur Seite. Die Frau Kreisgerichtsdirektor führte zwei frische Jungen. Mit ihren beiden Neffen trat die unter ihren silbernen Haarflechten fröhlich aus den Augen blitzende Tante Ursula an; und so in bunter Abwechslung weiter.

Bald sollte der Reigen sich schließen; aber noch fehlte eine wichtige Persönlichkeit. Da rief mit seinem dröhnenden Baß der Justizrat: „Wei is de Bur?“ Das galt nicht dem wirklichen Bauern: Der stand ebenso wie die Bäuerin und die Kinder des Hofes, mit im Reigen. Das galt dem Held des Spieles, der noch zu erwählen war. Es mußte wegen allerhand Anzüglichkeiten immer ein im heiratsfähigen Alter stehender, junger Mann sein. Entweder wurde er ausgelost oder auf Vorschlag bestätigt. „Ich schlage den Assessor Wahrt vor!“ rief der Pastohr; und unter allgemeiner Zustimmung wurde der Sohn des Justizrats in den Kreis geführt. Seine Tante Ursula verband ihm mit dem Taschentuch die Augen.

Und nun setzte unter fröhlichem Reigenschritt das alte Lied ein. Erst zu hoch – „Halt“ ertönte es – so, nun war die Höhe richtig; und was schon vor hundert, ja tausend Jahren – „Wo sieht man nach zweitausend Jahren wohnen den alten Stamm noch rein und unverkürzt?“ heißt es in gerechtem Stolz in dem bekannten Westfalenlied – die Söhne und Töchter der roten Erde an frohen Festtagen als Reigenlied gesungen, das klang nun aus alten und jungen Kehlen in vollem Chor in den hellen Nachmittag hinein.

Voller Staunen wanderten Franzens Augen von den alten Herren zu den ehrwürdigen Frauen. Wie hätte er sich jemals träumen lassen, den weißbärtigen, ernsten Justizrat Wahrt, den Herrn Pastohr, ja gar den hochgeachteten Herrn Bürgermeister mit der Frau Kreisgerichtsdirektor, mit Tante Ursula unter fröhlichem Jubel im Kreise hüpfen und singen zu sehen! Bald hatte er die Melodie erfaßt und fiel mit seinem Kinderstimmchen lustig ein.

Aber nun fand das Lied seinen Fortgang:

O, Bur, wat kost't din Heu?
O, Bur, wat kost't din Kermisheu?
Juchheißa, fifat Kermisheu,
O, Bur, wat kost't din Heu?

Darauf antwortete der den Bauern darstellende Sohn des Justizrats:

Min Heu, det kost't 'nen Dahl'r,
Min Heu, det kost't 'nen Kermisdahl'r,
Juchheißa, fifat Kermisdahl'r,
Min Heu, det kost't 'nen Dahl'r.

Um sogleich von der Korona abgefertigt zu werden:

O, Bur, det is te dür!
O, Bur, det is te Kermisdür –
Juchheißa, fifat Kermisdür –
O, Bur, det is te dür!

Nun aber wurde es ernst; der Bauer mußte sich einen Hausstand gründen. Mit dröhnendem Baß setzte der Justizrat ein:

Nu nemmt ssik de Bur 'ne Frau,
Nu nemmt ssik de Bur 'ne Kermisfrau,
Juchheißa, fifat Kermisfrau,
Nu nemmt ssik de Bur 'ne Frau!

Jetzt galt es für den durch das Taschentuch geblendeten Bauern, unter den hüpfenden Reigentänzerinnen seine Frau zu finden. Hundert scharfe Augen wachten, daß das Tuch keine Lücke wies, eine Wahl nach stillem Wunsch zu treffen. Einzig und allein die Stimme der Sängerin durfte ihn leiten. Hatte seine Hand sie berührt, so waren er und die Berührte gebunden. Fröhliches Gelächter erschallte, als Tante Ursula Bauernfrau wurde.

Nu nemmt ssik de Bur 'ne Magd,
Nu nemmt ssik de Bur 'ne Kermismagd,
Juchheißa, fifat Kermismagd,
Nu nemmt ssik de Bur 'ne Magd!

Und die achtjährige Klara Schatz wurde seine Magd. Er brauchte auch einen Knecht; und der Herr Pastohr wurde der Auserwählte. Auch Vieh mußte der Bauer haben, sollte es eine verständige Wirtschaft werden.

Nu köfft ssik de Bur 'ne Kauh,
Nu köfft ssik de Bur 'ne Kermiskauh –
Juchheißa, fifat Kermiskauh –
Nu köfft ssik de Bur 'ne Kauh!

Unter schallendem Beifall der Alten und jubelndem Quietschen der Jugend griff sich der Bauer die junge Frau eines Arztes. Aber Empfindlichkeiten gab es nicht. Sie war schlank und jugendfrisch; und mit humorvollem Lachen fügte sie sich in die groteske Lage. Nachdem noch Pferd und Hund, Schwein, Huhn und Hahn an die Reihe gekommen waren, ging der Reigen zu Ende.

Die Gesellschaft verteilte sich. Franz, Heinrich und die beiden Roggenkampschen Vettern streiften in der Umgebung umher, bis gegen Abend wieder alles auf dem Hof versammelt wurde, um mit einem Teller saurer Milch, mit Stippmilch, einem mit Sahne angerührten, sehr wohlschmeckenden Quark, Stuten und Schinken die letzte Leibeslabung zu sich zu nehmen.

Das vierblättrige Kleeblatt fehlte, neben einigen anderen Knaben. Man rief nach ihnen, sie kamen nicht. Da machten sich einige besorgte Mütter auf die Suche und fanden endlich die Rangen. Aber bei einer Beschäftigung, die ihnen keine Freude machte: Ein zu Besuch weilender Knabe von außerhalb hatte seine neuen Freunde eine Teufelei gelehrt. Er schnitt handlange Strohhalme zurecht, fing Frösche, steckte ihnen einen Halm hinten hinein und blies sie auf. Dann wurden die unglücklichen Teichsänger mit dem Fuß zum Platzen gebracht.

Eine Anzahl solcher Opfer lag zerquetscht da; andere versuchten noch mit ihrem Halm davonzuhüpfen. Verdientermaßen gab es ein großes Strafgericht. Aber die Mütter kamen überein, um die allgemeine Festfreude nicht zu stören, die Sache einstweilen geheimzuhalten. Am anderen Tag sollte dann die Abrechnung kommen.

Indes konnten weder die Mütter noch die Sünder ihre Mienen soweit beherrschen, daß neugierige Fragen ausblieben. Und so verrieten beide Parteien die Sache ihren Nachbarn, natürlich unter dem Siegel tiefster Verschwiegenheit. Denn beide waren in größter Sorge, daß die Männer und Väter von dieser Sache erfahren könnten, die einen, um ihnen die frohe Stimmung nicht zu verderben, die anderen wegen der unausbleiblichen Hiebe.

Aber völlig konnte die Sache doch nicht geheimgehalten werden:

„Da bin doch sso froh, daß mein Heinrich nich mit hier ist," sagte befriedigt die Frau des Staatsanwaltes Schleter, „der wär ssicher auch mit dabei gewesen!"

„Ja, das is auch wahr: Ihr Sohn is ja chahnich hier; is er krank?" fragte die Frau Apotheker dagegen.

„Nein, der Junge war heute vormittag, als er aus der S-chule kam, sso unartig, daß er zur Strafe zu Hause bleiben mußte. Denken Sie mal: Er ssollte unseren Jüngsten in den S-chlaf wiegen. Und wie ich mal danach ssehe, da komm' ich cherade dazu, daß er dem Wiegenfuß einen chewaltigen Stoß gibt, sso daß das Kind beinah herausfliegt, und dazu ssagt er ein chemeines Wort, ein chanz chemeines Wort!"

„S-soo?" fragte neugierig die Frau Apotheker.

„Nein, nein – das kann ich chahnich wiederholen; es ist zu s-chrecklich!"

Diese Unterhaltung hatte Heinrich gehört. Bald darauf forschte er die fünfjährige Gertrud Schleter aus, mit der sehr befreundet war:

„Och – och –," war die Antwort „unser Heinrich is immer sso unartig, wenn er den kleinen Fritz wiegen soll. Er stößt dann immer an die Wiege und ssagt: ‚Alten Pupssack'."

Das wurde natürlich brühwarm unter den Knaben weitererzählt. Und keine Angst vor den morgen unfehlbar einsetzenden Hieben konnte die Fröhlichkeit bannen, die dieses verbotene Wort hervorrief.

Mit dem Eintritt der Dämmerung wurde aufgebrochen. Vorher gab es noch die üblichen Dankesworte der Erwachsenen an die Wirte. Auch die Kinder mußten dem Bauern und der Bäuerin artig die Hand reichen. Mit dem einfachen Dank freilich konnte die Bewirtung einer so großen Gesellschaft nicht abgetan sein. Denn wenn auch Bauer und Bäuerin gelegentlich wieder bei einer der Familien in der Stadt vorsprachen und hier mit Kaffee und Kuchen erfrischt wurden, so stand dies doch in keinem Verhältnis zu dem ihrerseits Geleisteten. War auch, abgesehen von Kaffee und Zucker, alles Dargebotene eigenes Erzeugnis, so war es doch anderweitiger Verwertung entzogen.

Darum gab das Abschiedswort an die Bäuerin: „Ik mak't wier chot!" und freundliche Gegenrede: „O – dor nich vö!" auch dieser Seite ihr Recht, das in Gestalt einer gekürzten oder gestrichenen Rechtsanwalts-, Apotheker- oder Arztrechnung erst später, aber sicher zum Vorschein kam.

Die Fröhlichkeit war auf dem Heimweg noch lange nicht zu Ende: „Jungens – könnt ihr noch ssingen? Dann alle her!" rief der Justizrat. „Nun ssingen wir das Lied ‚Von den Pastohr ssine Kauh'! Zuerst ssinge ich vor, von Triali, triala ssingt ihr alle kräftig mit!", und sein Baß setzte ein:

„Sso – nun alle mitsingen!“

Die einfache Melodie lag den Kindern. Und so fielen sie mit ihren hellen Stimmen munter ein, während die Bässe der Alten das Lied wie ein sicheres Fundament trugen. Aber staunend horchten die Knaben doch auf den Herrn Pastohr, der das uralte Volkslied so selbstverständlich und fröhlich mitsang, als ginge es gar nicht um *seine* Kuh. Kinder können das, was selbst vielen Erwachsenen zeitlebens schwerfällt, ganz und gar nicht: nämlich die Person von der Sache trennen. Da kam auch schon die zweite Strophe:

Mod'r, wat ssind deï Wotteln fett,
Wotteln fett, Wotteln fett! –
Jung, det däuht det Nierenfett,
Van de Pastur ssine Kauh!
Triali, triala usw.

Dann die dritte:

Un de Kaplohn krit ok wat met,
Ok wat met, ok wat met,
Van det leckre Nierenfett,
Van de Pastur ssine Kauh!
Triali, triala usw.

Und die vierte:

Un de Köster Dumelang,
Dumelang, Dumelang,
krit den Statt tau'm Klockenstrang
Van de Pastur ssine Kauh!
Triali, triala usw.

Es wurden noch viele Strophen dieses endlosen Liedes gesungen, von denen nur noch zwei folgen mögen: Eine, bei der der Bürgermeister an die Reihe kam, der zur hellen Verwunderung der Kinder die mit besonderem Humor hochdeutsch gesetzten Verse mitsang, als beträfen sie gar nicht ihn:

Der Bürgermeister, dick und eitel,
Dick und eitel, dick und eitel,
Kriegt von der Blas' 'nen Tabaksbeutel,
Van de Pastur ssine Kauh!
Triali, triala usw.

Und die Schlußstrophe:

De Katt, deï sprüng wol över den Tun,
Över den Tun, över den Tun,
Ssei har det chanße Cheslüns in't Mul
Van de Pastur ssine Kauh!
Triali, triala, van de Pastur ssine Kauh, ja, ja,
Triali, triala, van de Pastur ssine Kauh.

Als Franz und Heinrich sich am Morgen des auf das Fest folgenden Tages zu Schule rüsteten, erfuhren sie vom Kutscher Hendryk, daß in der Nacht ein Unglück geschehen sei:

„Häw chit nix chehört? Det was jo sso'n Spektakel in de Nacht. Vatter is jo ümmer underwegs chewäst – noh Roggenkamps! Jans het ssik det Chessicht kapot chefallen!"

„Nee –?!"

„Chewiß, ik bün jo d'rbi chewäßt. Häw em fast cheholІen. Vatter het alls wier tessammen cheneiht. Junge, Junge – det het cheblot't!"

Darüber kam die Mutter: „Ja, Jungens, es ist wahr, Johannes hat in der Nacht aufstehen wollen und ist im Halbs-chlaf über das Kopfende aus dem Bett chestiegen. Dabei ist er auf den Was-ch-tis-ch cheraten, ist hinchefallen, hat das Was-chbecken zerbrochen und sich die ganze linke Backe aufges-chnitten. Vater hat sie wieder zusammennähen müssen. Habt ihr denn von dem S-chellen und Laufen im Hause nichts chehört?"

Nicht das Geringste hatten sie gehört. Den Kinderschlaf nach einem Nachmittag im Freien hätte ein Kanonenschuß nicht zu stören vermocht.

Nach Schluß des Unterrichts stürzten Franz und Heinrich in das großelterliche Haus, um den verunglückten Vetter zu besuchen. Sie wurden nur auf langes Bitten und nachdem sie feierlich versprochen hatten, ihn nicht anzureden und kein lautes Wort zu sagen, zu ihm gelassen. Aber sie sahen von ihm nichts als einen in einem weißen Verband liegenden Kopf und blieben so klug wie zuvor.

Am Nachmittag erschien die Großmutter im elterlichen Hause zum Kaffee. Sie sprach mit der Mutter lang und breit über den Unglücksfall und fragte schließlich, ob der Vater wohl meinte, daß die Wunde glatt verheilen und keine große Narbe zurücklassen würde. Als die Mutter des Vaters Ansicht wiedergab, daß vermutlich eine erhebliche Narbe bleiben würde, war die Großmutter zuerst etwas überrascht. Dann aber fand sie in ihrer entschlossenen Art bald einen Ausweg:

„Wenn es einem Mäd-chen passiert wäre, dann wäre es recht s-chlimm. Aber s-chließlich, bei einem Jungen kommt es nicht darauf an, ob er hübs-ch oder häßlich ist: Wenn der nur ein Chessicht hatt."

So lag der arme Vetter Johannes in seinen Schmerzen auf dem Leidenslager. Aber sein Unglück hatte für den Bruder und die Vettern ein Gutes: Die Geschichte mit den Fröschen geriet darüber völlig in Vergessenheit. Als sie nach Wochen doch noch zur Erörterung kam, ging es ohne die verdienten Prügel ab. Es blieb bei der eindringlichen Mahnung, keine Tiere zu quälen.

IX.

Fünf Jahre waren dahingegangen seit jenem Morgen, an dem Franz als jüngster Volksschüler zum erstenmal zum Kirchgang mit in Reihe und Glied stand. Das letzte Jahr in der Unterstufe der dritten Klasse war unter einem strengen Lehrer, dem Kaplan Holdering, nicht sehr erfreulich gewesen. Das lag weniger an dem Mann als an dem bevorstehenden Schulwechsel. Es sollte der Sprung aus der Volksschule auf das städtische Progymnasium gemacht werden. Eine so gewaltige Veränderung spukte schon weit voraus. Und in der Freude auf die gelehrte Anstalt wurde die Volksschule schon vorzeitig als überwunden betrachtet. Ihren Anforderungen wurde nur geteilte Aufmerksamkeit geschenkt. Sehr zu Unrecht; denn bei einem weniger herzensguten Lehrer, als es der genannte Kaplan trotz seiner scharfen Zucht war, hätte der eine oder andere Brausekopf gar leicht ohne das Zeugnis für die Sexta des Progymnasiums bleiben können. Dann hätte er die Strenge des „Dritten", wie der Beherrscher der dritten Klasse kurz genannt wurde, noch ein weiteres Jahr hindurch zu kosten gehabt.

In den kleinen Zusammenkünften der angehenden „Studenten" wurden schon vernichtende Pläne gegen ihn geschmiedet: Er sollte nicht mehr gegrüßt werden, sobald man im Besitz des Zeugnisses sei.

Diesen Plan hatte Franz in seiner kindlichen Überhebung auch der Mutter erzählt. Aber da kam er schön an: Er möge sich nicht unterstehen, sich an solch einer Flegelei zu beteiligen; das würde ihn übel bekommen. Der Vater unterstrich diese mütterliche Warnung mit gewohnter Entschiedenheit, so daß Franz nicht umhin konnte, das den übrigen „Studenten" mitzuteilen, mit der Eröffnung, er würde die Grußverweigerung nicht mitmachen.

„Du büs en Hase!" war die mehrstimmige Antwort. „Wat bruks

du et vörher te vätellen?! I chrüß' em nich; det mach chohn, as 't will!"

Und tatsächlich kam es so. Einige der „Studenten" hielten frech die Mütze auf dem Kopf, als sie dem „Dritten" nach Erhalt der Zeugnisse begegneten. Und der? Der zog die Zeugnisse zurück. Und die Sünder mußten erst demütig um Verzeihung bitten, um sie wieder zu erhalten.

So war nun Franz „Student" geworden. Das war keine überhebliche Bezeichnung, wenigstens nicht an der der Lehrer gemessen. Denn die ließen sich alle Herr „Professor" nennen, obgleich diese Anrede keinem von ihnen zustand. Selbst der Leiter der Anstalt führte nach Fug und Recht nur den Titel „Rektor". Ja, es ging so weit, daß, als die Anstalt nach einigen Jahren einen neuen Zeichen- und Gesanglehrer erhielt, dieser, der Herr Köller, auf das äußerste beleidigt war, wenn er nicht Herr Professor angeredet wurde. Eine seltsame Eigentümlichkeit der Kleinstadt.

Der Übergang auf das Progymnasium brachte für Franz außerordentliche Veränderungen mit sich. Da war zunächst die völlige Trennung von seinem Bruder Heinrich, der, um zwei Jahre jünger, noch weiter in der Volksschule verblieb, ebenso wie auch die Roggenkampschen Vettern diese noch weiter besuchten. Lehrplan und Schulordnung des Progymnasiums rissen das alte vierblättrige Kleeblatt völlig auseinander. Nur die freien Nachmittage am Mittwoch und Samstag waren gemeinsam. Aber auch hier bannte die Schulordnung Franz von fünf bis sieben Uhr in das Haus, während Heinrich, Wilhelm und Johannes frei umhertollen konnten.

Diese Zeit von fünf bis sieben Uhr nachmittags war für die Bearbeitung der häuslichen Schulaufgaben und für die Vorbereitung auf die Stunden des nächsten Tages bestimmt. Sie war bekannt unter der Bezeichnung „Silentium" (die Stunde des Schweigens). Im Winter durfte auch nach sieben Uhr das Haus nicht mehr verlassen werden. Im Sommer gab es von sieben bis neun Uhr noch zwei Freistunden. Von dann ab mußte aber jeder zu Hause sein.

Daß in dieser strengen Schulordnung ein gewaltiger Reiz zu Übertretungen lag, bedarf keines Hervorhebens. Es wird sich im weiteren zeigen, wie die Knaben ihr ein Schnippchen schlugen. Das Progymnasium war aus einer klösterlichen Lateinschule in städtische Hände übergegangen. So hing die Anstalt auch räumlich mit dem Franziskanerkloster zusammen. Und die Beziehungen zum Kloster in Hinsicht auf die Religionsausübung waren die denkbar innigsten. Die Klosterkirche wurde Franzens Pfarrkirche. Von den alten Beziehungen zur Chroßen Kirche, zum Turm, zur Glockenstube und zum Meister Rüting wurde er ganz losgelöst. Die Religionspoesie, wie sie genannt werden mag, litt aber darunter nicht. Denn der Kultus war auch in der Klosterkirche schön, oft ergreifend schön; und die mächtigen Kreuzgänge wie der stimmungsvolle Chor mit seinen psalmierenden Mönchen machten auf den Knaben tiefen Eindruck.

„Du bellß di nu sso vull in, det du en Student büs," sagte eines Tages Hendryk, der Kutscher, zu Franz in Gegenwart Heinrichs und der Vettern, „awer weiß du dann ok, det deï doten Poters met de Uhren op en Brett chenagelt wört?"

Das war ja nun eine unglaubliche Vorstellung: Die toten Mönche sollten mit den Ohren auf ein Brett genagelt werden? Entrüstetes Erstaunen war die Antwort:

„Du büs wol nich klauk?!"

„Ja, det weït chit doch alle, det deï Poters nich in 'n Sarg chelegt wört. Deï wört sso, as ssei ssind, met det Habit op en Brett in sso 'ne Art Bachoven chechowen; und dann wört ssei inchemurt! Un op det Brett dor wört ssei met de Habit fast anchenagelt, det ssei nich harunder fallt. – Du büs nu sso 'nen klauken Student, denkß du, det ssei ehr deï Uhren vörher afsniedt?! Un ik häw widder nix chessacht, as det ssei *met* deï Uhren ob det Brett chenagelt wört: Wei is nu unklauk, du klauken Student?!"

Und Hendryk hatte die Lacher auf seiner Seite.

Auch der äußere Verkehr der Studenten untereinander unterschied sich stark von denen der Volksschüler. Wenn einer der letzteren einen Freund zu gemeinsamen Spiel oder Spaziergang abholen wollte, dann er ging in dessen Wohnung und brachte dort sein Anliegen vor. Das war nicht der Studenten Art. Sie hatten vielmehr einen ganz bestimmten Pfiff, den sie vor dem Hause des Freundes auf der Straße so lange ertönen ließen, bis dieser erschien, oder bis ihnen bedeutet wurde, er sei nicht daheim. Wunderlicherweise wurde das von den Volksschülern nicht nachgeahmt. Es war die stille Achtung vor einem durch lange Zeiträume geheiligten Brauch.

Die Ferien zwischen dem letzten Volksschuljahr und dem Beginn der Gymnasialzeit waren vorbei, und eines frischen Oktobermorgens stand Franz mit etwa zehn Altersgenossen, alle gleich ihm mit Papier, Feder und Tinte bewaffnet, vor dem Eingang zur „Paterskirche". Diese Bewaffnung war weniger einfach, als sie es heute sein würde; denn Stahlfedern gab es damals allgemein noch nicht; und für den Schulgebrauch war die Gänsefeder vorgeschrieben. Die mußte aber vorher „angeschnitten" werden. Hierzu gehörte neben einem sehr scharfen Messer – die kleine Klinge am Taschenmesser heißt noch heute Federmesser – eine gewisse ruhige Geschicklichkeit, die Knaben des in Betracht kommenden Alters nicht eigen zu sein pflegt. Das Anschneiden fiel deshalb zunächst dem Vater zu, der mit diesen Anliegen so lange verfolgt wurde, bis er knurrend freundlich sagte: „Na, dann chib mal her!"

Außerdem wurden die Federn des jungen Studenten von dem Professor der Schreib-, Zeichen- und Gesangskunst angeschnitten, eine Arbeit, mit der fast die ganze Schönschreibestunde darauf ging. Das war für die Knaben natürlich der Zweck der Übung; denn Schönschreiben war nicht sonderlich beliebt. Und doch wäre es in einer Zeit, wo in allen gelehrten Berufen eine ungeheuer kleine Kritzelschrift der abenteuerlichsten Formen die Regel war, von großer Bedeutung gewesen. Aber in dem damals armen Land hatten Papier und Tinte einen hohen Preis. So galt eine großzügige Handschrift, die die Voraussetzung einer guten Handschrift bildet, als verschwenderisch.

Was die Knaben an Handschriften sahen, ahmten sie nach: Und das war durchweg ein augenverderbendes Gekritzel.

Es sei hier noch eines treuen Begleiters der Volksschuljahre gedacht, von dem die Studenten jetzt für immer Abschied nahmen.

Das war der „Thuß“, der Griffel, der zusammen mit Schiefertafel und Schwamm das hauptsächlichste Schreib-Rüstzeug der Volksschule gebildet hatte. Und leider muß gesagt werden: Der Abschied vollzog sich ohne Wehmut. Mit stolzer Verachtung sah man auf die Ausrüstung der ABC-Schützen herab, als lägen Jahrzehnte zwischen gestern und heute.

Mit ungleich höheren Gefühlen stand Franz heute zwischen den angehenden Lateinern bei den übrigen Schülern der gelehrten Anstalt, als wie er vor fünf Jahren in der Reihe der Hosenmätze vor der Chroßen Kirche gestanden hatte. Mit einigen der Älteren, die beim Studentenvater Halswitt wohnten, hatte er als naher Nachbar schon Beziehungen. Sein bescheiden suchender Blick begegnete freundlichem Zunicken. Und so folgte er denn in froher Erwartung dem in die Kirche drängenden Zug, als die Uhr fünf Minuten vor einhalb acht zeigte.

Durch einen Torbogen ging es an der Gruft der Mönche vorbei über den sogenannten Kirchhof, der nur einen freien Platz darstellte, ohne jemals zu Beerdigungszwecken gedient zu haben, von der Hinterseite in die Klosterkirche hinein. Hier war zunächst eine Kapelle mit einem Altar, die nebst einem daranstoßenden Teil des Kirchenschiffes durch ein schön geschmiedetes Eisengitter von dem Hauptraum getrennt war. Jetzt waren wie gewöhnlich die Gittertüren geöffnet. Offenbar hatte in früheren Zeiten dieser abgetrennte Raum für die profanen Kirchenbesucher gedient, während das übrige Schiff und der Chor den Mönchen und den Zöglingen der Lateinschule vorbehalten war.

An den Maßen der Chroßen Kirche gemessen war die einschiffige Kirche nur klein. Der aus braungetöntem Holz bestehende Chor, dessen Flügeltüren in gewöhnlichen Zeiten geschlossen waren, nahm fast ein Drittel des Raumes ein. Vor ihm befand sich zu jeder Seite ein Altar mit mächtigen flandrischen Säulen. Hier wurde an Werktagen die Messe gelesen.

Die edle Einfachheit des von gotischen Spitzbögen überwölbten Schiffes in Verbindung mit dem warm getönten Holzwerk des Chores, der Altäre und der Beichtstühle machte auf Franz zunächst den Eindruck der Strenge. Das ärmliche Äppel-Päppel der kleinen Glocken wirkte nüchtern gegen das wundervolle Geläute der Chroßen Kirche, deren drei gewaltige Schiffe von mächtigen, zum Himmel strebenden und die Seele nach oben erhebenden Säulen abgetrennt wurden. Der Gesang der Schüler ohne die Begleitung der Orgel, die in der Chroßen Kirche bei jedem Lied üblich war, wollte ihm wenig gefallen.

Ganz anders hätte der heilige Raum auf Franz gewirkt, wenn er in die Vergangenheit und in die Zukunft hätte sehen können. Mehrere Jahrhunderte zuvor hatte ein Ahn seines Geschlechtes als Preis der Beilegung einer Fehde mit der Stadt gewaltige Lasten für den Aufbau von Kloster und Kirche auf sich nehmen müssen. Dabei war das ganze Familiengut daraufgegangen; und das einst so reiche Geschlecht war verarmt. Seinen auf Einfachheit und Bescheidenheit gerichteten Erziehungsgrundsätzen entsprechend, hatte der Vater aber den Kindern niemals etwas hierüber mitgeteilt. Das mußte von selbst kommen; denn auf dem Chor stand eine Tafel, die im kirchlichen Latein von Erbauung und Ausstattung des Klosters Kunde gab. Einstweilen war diese Sprache dem Knaben noch ein Buch mit sieben Siegeln.

Ein Blick in die Zukunft aber hätte Franz erschauern lassen unter dem Eindruck der Ergriffenheit. Denn er hätte sich selbst auf der Empore neben der Orgel stehen sehen und, von ihren weichen Tönen getragen, sich lateinische Psalmen vorsingen gehört; in der nur von einigen Altarlichtern durchirrten Dunkelheit des weit größer als bei Tageslicht erscheinenden Raumes, wo ganz in der Ferne vor dem Hochaltar des Chores ein geheimnisvoller Schimmer das schwache Lichtlein der ewigen Lampe andeutete.

Heute war er von Vergangenheit und Zukunft gleich weit entfernt. Seinem kindlichen Sinn war die edle Einfachheit der Bauart noch nicht aufgegangen; zu sehr vermißte noch sein Auge die bunte Reichhaltigkeit der Chroßen Kirche.

Der erste Tag in der gelehrten Schule verlief noch mehr nach Art der Ferien. Der Ordinarius, Professor Pütz, diktierte seiner Sexta den Stundenplan; dann hielt er eine kleine Rede, die Franz zu

Herzen ging. Sie kam aus dem warmen Empfinden eines Schulmannes und fand so leicht den Weg zum Herzen der Schüler. Aufmerksamkeit, Fleiß und Pünktlichkeit wurden den Knaben empfohlen, so wie das bei solchen Gelegenheiten üblich ist. Aber auch die Strafandrohung fehlte nicht, so einer wider Erwarten vom Pfad der Tugend abweichen sollte. In diesem Augenblick war ein jeder fest davon überzeugt, daß er es nicht sein würde, der zu Tadel Anlaß geben würde. Und wenn man den Knaben gesagt hätte, das würde bestimmt das Los eines jeden sein, so würden sie auf das entschiedenste widersprochen haben. Aber der Lehrer kannte das besser.

Als eine harte Vorschrift empfand Franz die Anordnung, von jetzt an als Schüler einer höheren Bildungsanstalt sich auch im Verkehr mit den Mitschülern nur der hochdeutschen Sprache zu bedienen. Dieser Teil der Ansprache wurde nachher auf das lebhafteste, und zwar in waschechtem Plattdeutsch, besprochen. Wie recht hatte doch der Professor gehabt! Schon am ersten Schultag war die löbliche Sexta geschlossen der Ansicht, dieses törichte Gebot könne sie unmöglich erfüllen. Es sei genug, wenn in der „Klasse" – Schule war die Bezeichnung für die Volksschule; die Studenten hatten Klasse, sie gingen in die Klasse, sie kamen aus der Klasse, sie schwänzten die Klasse – hochdeutsch gesprochen würde, und wie allgemein üblich mit den Eltern; aber untereinander, da wollten sie bei dem geläufigeren und geliebten Niederdeutsch bleiben!

So war die Verschwörung gleich im Gang. Sie ist, wir hier gleich bemerkt werden mag, über alle Vorstellungen und Strafen bis in die Prima Siegerin geblieben. Nicht gerade zum Vorteil und zur Sicherheit im gewandten Gebrauch des Hochdeutschen. Denn bei vielen Studenten blieb das letztere bis in die höheren Klassen hinein immer nur eine Übersetzung des Niederdeutschen, wie es auch in vielen Familien hierüber nicht hinauskam.

Am auffälligsten zeigte sich das im Gebrauch des Akkusativs statt des Nominativs. Hieß es im Niederdeutschen ganz richtig: „Du büs en chodden Jungen", so sträubte sich das am Platt gestärkte Sprachgefühl zu sagen: „Du bist ein guter Junge." Das wurde als gemacht, als geziert empfunden. Es war nach Ansicht der Studenten „einfach lächerlich".

Als die Mutter nun, um mit dem Gebot des Ordinarius übereinstimmend vorzugehen, mahnte, auch im Hause untereinander, also im Verkehr mit Heinrich und den Vettern, das Plattdeutsche ganz zu vermeiden, da stieß sie auf heftigen Widerspruch.

„Ich hab' es selbst gelesen," schmollte Franz, „auf dem Kirchhof in Marl, da steht ein Chrabkreuz aus s-chwarzem Marmor. Und da steht mit choldenen Buchstaben drauf: ‚Hier ruht unseren ssüßen Ssohn Karl'. Das *kann* doch nicht verkehrt sein. Das *muß* doch richtig sein: in Chold, auf Marmor – wenn das nich richtig is!"

Die Mutter unterdrückte mit Mühe ein Lächeln, nahm ein Lesebuch vom Bücherbrett und schlug es auf. Da stand: „Der Unglückliche in der Neujahrsnacht" und nicht „Den Unglücklichen".

„Ja," antwortete Franz, „das weiß ich auch. Das lesen wir auch in der Klasse; aber Lesen und Sprechen – das is doch en chroßen Unters-chied."

„Ein großer Unters-chied" verbesserte die Mutter.

„Du chlaubst chahnich, wie dumm das klingt," erwiderte Franz überlegen. „Nein, Lesen und Sprechen ist zweierlei."

„Es ist dir nur unchewohnt wegen eures ewigen Plattsprechens; du wirst es s-chon lernen," entschied die Mutter. „Ihr müßt nur immer hochdeuts-ch reden; dann kommt das von sselbst."

„Ja – aber mit Hendryk?! Der lacht mich ja aus, wenn ich hochdeutsch mit ihm spreche!"

„Mit dem kannst du auch ruhig weiter platt sprechen."

Dabei blieb es. Aber, wie schon bemerkt, wenn die Knaben unter sich waren, ging den Sprößlingen des alten Niedersachsenstammes der Schnabel so, wie er ihnen gewachsen war.

X.

Die räumliche Zugehörigkeit des Progymnasiums zu den Gebäuden des Franziskanerklosters brachte von selbst nähere Beziehungen zu diesem und zu seinen Bewohnern mit sich. Einen Klosterküster gab es nicht. Die niederen Kirchendienste wurden von den dienenden Brüdern wahrgenommen, die sich zur Hilfeleistung eine Anzahl von Knaben ausbildeten. Zu diesen gehörte bald auch Franz, den das Kloster mit seinen weiten Gängen, dem großen Garten, den Mönchen und den jedes Handwerk verstehenden dienenden Brüdern lebhaft angezogen hatte.

Er nahm das nicht wunder; gehörte es doch zu seinen ersten Jugendeindrücken, den Vater in seinen wenigen Freistunden gelegentlich gegen Abend in das Kloster gehen zu sehen. Jede Tasche des langen Schoßrockes war dann dick aufgetrieben; an der einen Seite von einer Flasche Wein, an der anderen von einem Bund Zigarren. Die Mönche waren arm; sie lebten äußerst einfach, und das vom Vater Mitgebrachte war etwas Besonderes in dem Einerlei ihrer Lebenshaltung. Die meisten waren hochgebildete Leute. Manche von ihnen, dem heimischen Adel angehörend, hatten sich nach einem bewegten Leben in die Stille der Klostermauern zurückgezogen. Schon von früher Jugend an kannte Franz den gütigen Pater Clemens, den alten Pater Definitor; letzterer von gewaltigem Körper, den er in seinen hohen Jahren noch stolz und stattlich trug. Als junger Reiteroffizier hatte er in den Freiheitskriegen gegen die Franzosen gekämpft – nach den Kriegsjahren war er dann ins Kloster gegangen. Wie romantisch erschien dem Knaben diese ehrwürdige Gestalt!

Ein heiliger Schauer durchdrang ihn, wenn er in die hallenden Gänge trat, nachdem der Bruder Pförtner ihm das Tor geöffnet. Wie wurde ihm aber erst um das Herz, als er erfuhr, daß in diesen Gängen viele seiner Vorfahren den ewigen Schlaf schliefen!

Das war eines Tages gewesen, als er dem Pater Clemens eine Bestellung des Vaters ausrichten mußte. Er hatte schon öfter beim Spielen mit dem väterlichen Petschaft herauszubringen versucht, was das eigentlich darstellte, und war kurz belehrt worden, das sei das Familienwappen. Seinen frühesten kindlichen Eindrücken war der eiförmige Schild mit den krönenden Adlerflügeln als ein Maikäfer erschienen. Nach der väterlichen Belehrung war er nicht klüger geworden. Er blieb bei der Meinung, daß das Wappen einen Maikäfer darstelle, und fand das nicht gerade hervorragend.

Oftmals schon hatte Franz in den Klostergängen, nicht nur in den Platten des aus kleineren und größeren Steinfliesen bestehenden Fußbodenbelages, hier abgetreten und verschlissen, sondern auch in die Wände eingemauert, die Darstellung desselben Maikäfers gesehen. Sein Latein reichte noch nicht aus, die Inschriften mit ihren seltsamen alten Buchstaben zu entziffern.

Als ihn heute Pater Clemens an der Hand zum Klostereingang zurückführte, um den Bruder Pförtner nicht zu bemühen, da faßte Franz sich ein Herz und fragte nach der Bedeutung des Maikäfers.

„Ja, mein lieber Junge," war die fragende Antwort, „bist du mit deinem Vater hier noch nicht gewesen?"

„Nein," sagte Franz.

„Na, dann komm mal weiter mit."

Und vor einem in die Seitenwand eingelassenen, noch recht gut erkennbaren, einstmaligen Grabdeckel stehen bleibend, erklärte er ihm:

„Sieh hier – das ist der Schild, den deine Vorfahren in alten Zeiten führten, die Punkte bedeuten Gold, die langen Querstreifen Blau. Das ist der blaue Balken im goldenen Feld: das alte Wappenzeichen deiner Familie. Hier oben darüber: die Brünne, die als Hals- und Schulterschutz vom Helm über die Schultern fällt. Der Helm trägt die Krone; und als Helmzier dienen diese beiden Adlerflügel, die wiederum in den langen Querstreifen den blauen Balken zeigen."

In ehrfürchtiger Spannung schaute Franz von dem ernsten Gesicht des Mönches auf die steinerne, nun so beredt gewordene

Tafel, von dieser wieder in das milde Antlitz. Über den Maikäfer getraute er sich kein Wort zu sagen. Aber fragen mußte er, fragen, warum denn so viele seines Geschlechtes hier in diesem Kloster die letzte Ruhestätte gefunden.

„Ja, siehe," sagte der Mönch, und sein Auge schien sinnend in weite Ferne zu blicken, „ich habe mich viel mit der Geschichte unserer engeren Heimat beschäftigt. Denn auch meine Vorfahren haben hier im Lande seit alten Zeiten gelebt und manche Fehde mit den Deinen ausgefochten. Stolz und groß war euer Geschlecht; aber zäher Westfalentrotz war sein Erbe und sein Schicksal. Deine Ahnen konnten nicht nachgeben, sich nicht fügen; und so geriet dein Ahnherr Goswin mit dieser unserer Stadt in eine langjährige Fehde, in der er schließlich unterlag. Zur Sühne mußte er einen sehr großen Anteil an der Erbauung dieses Klosters übernehmen. Er hat das ausgeführt. Aber mit der Macht der Familie war es vorbei: Die Fehde und der Bau des Klosters hatten bis auf einen kleinen Rest das gesamte Vermögen verschlungen."

Aufatmend schwieg der Pater. Auf das tiefste ergriffen, mit Tränen in den Augen, schaute Franz auf die steinerne Tafel. Aber nicht Betrübnis allein beherrschte seine Empfindung: „Schade, schade," dachte er, „ewig schade – wenn man das nur wiedergewinnen könnte!"

Der alte Trotz seines Geschlechtes bäumte sich in dem Nestling auf. In Helm und Harnisch möchte er von neuem gegen die Stadt reiten, die seinen Vorfahren so tief gedemütigt hatte.

Das mochte sich in seinen Zügen ausdrücken. Langsam legte der Mönch ihm die Rechte auf die Schulter:

„Kraft und Stärke" sagte er milde, „sind gute Charaktereigenschaften. Trotz ist ihre Übertreibung, ihre Verzerrung; er führt auch heute noch zum Unsegen, niemals zum Segen. Aus der Geschichte deines Geschlechtes kannst du lernen – sonst wirst du leiden müssen!"

Wohlgemeint waren die Worte des guten Mönches; aber das Geschlechtserbe konnten sie nicht beseitigen. Auch Franz hat das, freilich erst spät, einsehen und erfahren müssen.

Heute verließ er, bis in die Tiefen aufgerührt, das Kloster. Zum erstenmal ahnte er, unklar und verworren zwar, daß er nicht ein Mensch für sich allein, daß er ein Glied in einer langen Reihe sei, der Sproß einer Wurzel, die ihre Tiefen in Jahrhunderten hatte, unfrei in vielem, erwachsen aus dem Blut der Vorfahren mit ihren Vorzügen und Fehlern. Dabei kam ihm nicht ein einziges Mal der Gedanke, stolz zu sein auf seine Zugehörigkeit zu einem alten Geschlecht, sich zu überheben und sich mehr zu dünken als andere. Dazu hatte die gesunde Erziehung des Vaters viel zu gut vorgebaut. Nur als eine Bürde, als ein Schicksal betrachtete er das Erbe des Blutes. Es drückte ihn nieder, seine Familie nicht mehr im alten Reichtum und Glanz zu sehen.

Das volle Herz ließ sich nicht halten. Als Franz nach Hause kam, war es sein erstes, die Mutter von seinem Erlebnis zu unterrichten. Die erzählte es dem Vater.

Wenn es nach dessen Absichten gegangen wäre, so hätte er Franz noch jahrelang in Unkenntnis über das gelassen, was der gute Pater dem Knaben nun vorzeitig erzählt hatte. Er fürchtete nicht mit Unrecht ungünstigen Einfluß auf dessen Charakterentwicklung und beschloß, beizeiten vorzubeugen.

Zu diesem Zweck nahm er bald darauf an einem freien Nachmittag Franz mit zum auswärtigen Krankenbesuch. Der Weg führte an der alten Stammburg des Geschlechtes und dem Dorf gleichen Namens vorüber. Auf tiefem, moorigen Pfad hatten sie langsam einen in seiner geheimnisvollen Stille wie ein heiliger Hain anmutenden Wald durchquert. Der goldene Schein des Sommernachmittags lag auf der rotleuchtenden Rinde alter, mächtiger Kiefern, spielte mit seinen Lichtern im dichten Unterholz der Haseln und Erlen. Da öffnete sich der Wald; und vor Franzens Auge lag im Sumpf und Röhricht ein gewaltiges, graues Gemäuer, von einem schlanken Turm überragt. Eine Kirche konnte das kaum sein; also riet Franz auf ein Schloß.

„Ja," sagte der Vater, „da hast du Recht. Es ist Schloß Oltgrave, auf dem wir noch in Behagen sitzen könnten, wenn unsere Vorfahren das ihrige zu Rate gehalten hätten."

Sie kamen näher zu dem alten, ehrwürdigen Bau. Über dem Eingang des Torbogens prangte Franzens Maikäfer, das Wappen, von der Zeit zerfressen, zwischen morschem Mauergefüge. Im Hof wuchs Gras, Schilf und Unkraut. Hallenden Schrittes folgte Franz dem Vater, der von einem im Seitengebäude wohnenden Tagelöhner die Eingangstür hatte aufschließen lassen, durch das geräumige Treppenhaus. Durch weite, wüste Säle und Hallen, die jetzt als Kornspeicher und Vorratsräume dienten, führte der Vater den Knaben im ganzen Bau umher. Noch war das Dach des ehemals so stolzen Schlosses ganz; noch wehrten verglaste Fenster dem Sturm und dem Regen den Eintritt. Doch von den Decken hingen abgeplatzte Streifen; und graugrüne Flecken unter den Fenstern zeigten, daß das Himmelswasser an vielen Stellen eindrang. In seltsamem Widerspruch standen schöngemeißelte Türbogen und Kamineinfassungen von Marmor zu den eingelagerten Korn und den Stapeln aufgebundenen Strohes. Noch war das Schloß keine Ruine; aber es war nah daran, eine zu werden.

Beklommenen Herzens folgte der Knabe dem Vater. Es roch muffig in Fluren und Sälen. Die Vergänglichkeit sprach aus jedem Stein, aus den lose in kunstvollen Beschlägen hängenden Flügeltüren, den ausgetretenen Treppenstufen. Der unmittelbare Eindruck des Verfalles war zu mächtig, der Knabe noch zu weich und unselbständig, um sich diese stolzen Hallen, von Rittern und Knappen, schönen Frauen und ihren Zofen belebt, in ihrer Glanzzeit vorstellen zu können. Er fühlte sich befreit und atmete auf, als er den alten Bau hinter sich hatte und neben dem Vater einen verrasten Weg im Wald herschritt. Während der Besichtigung war der alte Herr wortkarg von Raum zu Raum geschritten. Jetzt sprach er:

„Das war die Burg unserer Väter. Das letzte, was von dem einst der Familie gehörenden Vermögen übriggeblieben, steckt im Kloster, von dessen Gründung dir Pater Clemens erzählt hat. Das gehört der Kirche, nicht uns. Es ist uns ergangen wie den meisten alten Geschlechtern; die Zahl derer, die ihren Besitz haben erhalten oder gar mehren können, ist gering. Der Name allein, als Erbe der Vergangenheit, will nicht viel besagen; er wird zur tönenden Schelle ohne den Hintergrund des Besitzes. Wer das seinige nicht hat erhalten können, dem fehlten die Eigenschaften, die seine Stellung von ihm verlangte. Der Enkel hat keine Veranlassung, stolz zu sein auf die Ahnen, die das ihrige vertaten, die ihm damit sein Recht, sein Erbe verkümmerten.

Es ist immer dieselbe Geschichte: Niemandem gehört zu eigen, was ihm an äußeren Besitz auf dieser Erde zufällt. Denkt er, damit machen zu können, was er will, glaubt er das Kapital verzehren zu dürfen, was eine Reihe von Geschlechtern aufspeicherte, so verstößt er gegen den Grundgedanken jedes Besitzes. Nur als redlicher Verwalter des ihm anvertrauten Gutes, in der Sorge für dessen Erhaltung und Mehrung, in der Hingabe an das Wohl der von jedem größeren Besitz abhängigen Beamten und Arbeiter, in der Mitarbeit an der Förderung des Landesteils, in den sein Erbe ihn gesetzt hat, füllt er seine Stelle aus, erfüllt er seine Pflichten. Anderenfalls ist er ein Prasser, ein Schwelger im Fleiß und der Arbeit seiner Vorfahren."

Der Vater war stehengeblieben. Er nahm den Knaben bei beiden Händen und sah ihm, wie er bei scharfem Ansehen zu tun pflegte, über die goldene Brille tief in die Augen. Dann fuhr er fort:

„Was du heute gesehen hast, das ist das Ende einer einstmals großen Herrlichkeit. Die das alles gebaut und geschaffen haben, waren tüchtige Menschen. Deren Namen zu tragen, darauf darfst du wohl stolz sein. Aber der Gedanke an jene, die nachher den mächtigen Bau haben verfallen und verkommen lassen, und die den gleichen Namen tragen, der sollte dich einfach und bescheiden machen. Die Eigenschaften beider tragen wir in unserem Blut – sorgen wir, daß dereinst unsere Nachkommen in unserem Wirken die besseren der Vorfahren erkennen können. Der Sproß eines alten Stammes wird von den Mitmenschen schärfer geprüft. Es wird mehr von ihm verlangt, und er wird heftiger getadelt, falls er strauchelt. Nicht ein Freibrief für höheren Lebensanspruch ist der Name; er ist die Verpflichtung, seiner wert zu bleiben!"

Noch niemals hatte Franz den Vater so ernst sprechen gehört. Nach Kinderart wirkte auf ihn weniger die in den Worten liegende

Wahrheit als das Bewußtsein von dem im Dienst der leidenden Mitmenschen von früh bis in die Nacht beschäftigten Mann, daß seine Taten, sein Leben diesen Worten bis ins kleinste entsprachen. Liebe und Verehrung überwältigten ihn, er wollte in heißer Bewegung die Vaterhand küssen. Das aber lag dem kernigen Westfalen nicht; er nahm den Knaben in die Arme und zog ihn still an sich.

In engere Beziehung zum Kloster kam Franz gar bald nach seinem Eintritt ins Progymnasium durch „Vatter Kräpps". So hieß ein schon älterer Mitschüler, der aber trotz seiner Jahre und seines reifen Aussehens noch nicht über die Sexta hinausgekommen war. Er war das Zerrbild eines Knaben. Auf ungeheuer großen, breiten, weit auswärts stehenden Füßen stützte sich ein dünnes, kraftloses Beinwerk, das einerseits wieder ungeheuere Hüften und einen mächtigen Brustkasten trug mit Armen, die bis an die Knie reichten. Die ganze groteske Erscheinung krönte das Haupt eines Jupiter, nur der Bart fehlte. Dieser Gnom, dessen Seele die Sanftmut und Güte selbst war, hatte es schon vor seinem Eintritt in die Lateinschule als Armenschüler – sein Vater war ein kinderreicher Schneidermeister – verstanden, sich im Kloster nützlich, ja unentbehrlich zu machen. Er wußte meisterhaft Geschichten zu erzählen und hatte sich dabei eine salbungsvolle Art zu sprechen angewöhnt, weit über seine Jahre hinaus. So hatte seine Erscheinung und sein Auftreten etwas Gesetztes, Würdiges, weshalb er schon früh den Spitznamen „Vatter" trug.

Warum seine Wahl bei der Versorgung des Klosters mit niederen Hilfskräften unter anderem auch auf Franz fiel, darüber ist sich dieser nicht klar geworden. Kurzum, er wurde eines Tages vom Vatter aufgefordert, im Nachmittagsgottesdienst feierlichster Art das Weihrauchfaß zu tragen. Nachher gäbe es Bier und Butterbrot! Paters Bier und Paters Brot waren berühmt im ganzen Städtchen, wobei aber zur Verhütung lukullischer Vorstellungen gleich gesagt werden mag, daß man vor einem halben Jahrhundert noch recht bescheidene Anforderungen an Bier überhaupt stellte. Natürlich sagte Franz zu. Und so kam er bald in ganz nahen Verkehr mit dem Kloster und seinen Bewohnern.

Viel mehr noch als die gelehrten Patres zogen ihn die dienenden Brüder an: der Bruder Schreiner, wenn er in seiner Werkstatt hobelte, der Bruder Schuster beim Anfertigen und Ausbessern der Sandalen, die die jüngeren Mönche jahraus, jahrein auf den bloßen Füßen trugen, vor allen aber der Bruder Maler, der nicht nur in der Kirche, auf Gängen und in den Zellen anstrich, sondern sich auch in der Malkunst betätigte. Er hat nicht nur den Leidensweg des Heilandes in den verschiedenen Stationen mit den lebhaftesten Farben gemalt – sein Ehrgeiz ging weit über das Herkömmliche hinaus.

Zu damaliger Zeit waren in Japan Christenverfolgungen ausgebrochen. Man hatte bei der Gelegenheit eine große Anzahl von Franziskanermönchen an den Galgen geknüpft, gegeißelt und gekreuzigt. Diese Vorgänge brachte der Bruder Maler auf die Leinwand. Je krasser und blutiger, desto besser. Und je länger die Reihe der an dem Galgen baumelnden Menschen war, desto größer war nach seiner Meinung die malerische Wirkung. Dabei hatte der Künstler noch niemals einen Erhängten gesehen; er malte alles aus der Phantasie. Seine Bilder befinden sich wahrscheinlich heute noch in der Klosterkirche.

Franz wurde mit lebhaftem Ekel an den schrecklichen Eindruck, den der Anblick des Selbstmörders, der durch den Strick geendet, in ihm hervorgerufen hatte, erinnert, als eines Tages der Bruder Schuster in die Malerzelle trat und es lebhaft tadelte, daß die erhängten Mönche nicht die Zunge herausstreckten.

Das ginge nicht, warf der Maler ein, das sähe zu schrecklich aus. Er wollte ja keinen Abscheu, er wolle Mitleid mit den Opfern der Grausamkeit erwecken und ihr frommes Dulden zur Ehre Gottes hervorheben. Darum habe er ja auch selbst den Gegeißelten und Gekreuzigten ein friedliches Antlitz gegeben. Und nun sollten die Gehängten die Zunge herausstrecken? – Nein!

Ja, das müsse er wissen; aber lebenswahr würden dann die Bilder nicht wirken. Damit empfahl sich der Bruder Schuster, der sich stets gern an seinen Mitbrüdern rieb.

Es kam noch ein besonders schöner Tag im Kloster für Franz. Das war, als einst der Bruder Organist ihn aus der Sakristei holte und ihn mitnahm auf die Orgelempore. Die war Franz zwar recht vertraut; denn er hatte oft genug die Bälge getreten und seine kindliche Freude daran gehabt, auf dem Tritt des Blasebalges in die Tiefe zu fahren. Heute aber war es anders. Zum Bälgetreten war ein Bruder da; er selbst sollte zur Orgelbegleitung singen. Er hatte eine gute Stimme und sang gern; aber allein, zur leisen Orgelbegleitung, in der zwar ganz leeren Kirche, das war etwas Neues. Zunächst einmal ein bekanntes Weihnachtslied: „O selige Nacht". Der Bruder Organist setzte mit ein, brummte dann noch ein wenig mit, und mit einemmal hörte Franz seine Stimme ganz allein in dem weiten Raum, während die Orgel leise begleitete. Es war ihm, als höre er fremde Klänge. Niemals hätte er geglaubt, über so starke, die ganze Kirche füllende Töne zu verfügen. Er freute sich unendlich, wie der gewaltige Raum und die Orgel seine Stimme zu verdoppeln, zu verdreifachen schienen.

Als das Lied zu Ende war, zeigte ihm der Organist seine Zufriedenheit und tadelte natürlich auch: „Ich hab' dir mit der Orgel oftmals nachgegeben, wenn du die Töne zu lang dehntest. Das kann ich im Ernstfall nicht; da mußt du dich nach den Noten richten. Wir müssen das noch üben, aber ich hoffe, es wird gehen."

Nun übte Franz für die Abendgottesdienste in der Fastenzeit in der Zelle des Organisten zur Begleitung der Geige vielerlei lateinische Vorträge, von denen ihm manche fest im Gedächtnis haften geblieben sind. Am tiefsten erfaßten ihn die Klagen des Jeremias, und unvergeßlich ist ihm die Stunde, als er in der von Andächtigen gefüllten Kirche zum erstenmal das *„Incipit lamentatio Jeremiae"* singen durfte. In der kahlen Klosterzelle hatte er es mit dem Mönch noch einmal geübt. Dann drang Glockengeläute in den schwach erleuchteten Raum. Es war Zeit, die Orgelempore aufzusuchen. Alles flog an dem Knaben, als er an der Hand des Mönches durch die dunklen Gänge schritt, an deren Eckpunkten armselige Öllämpchen gleichzeitig vor einem Heiligenbild und zur notdürftigsten Erleuchtung des Ganges brannten. Die kleinsten Vorsprünge aus der Mauerfläche warfen riesenlange Schatten an der Wand entlang. Nun ging es scharf links um die Ecke, eine steile Treppe hinauf.

Dann fand sich Franz atemlos vor Erregung neben der Klaviatur der Orgel stehend, von wo aus er mechanisch den Vatter beim Bälgetreten aufsteigen und niederfahren sah.

Es wurde eines jener im schaurigsten Moll gehaltenen, melodielosen Fastenlieder gesungen, die Franzens musikalischem Sinn schrecklich waren. Diese Mißtöne gaben seiner Erregung eine andere Richtung: „Plärrt nur – wartet nur, wenn ich an die Reihe komme, dann wird es anders!" Hieran beruhigte er sich und freute sich auf sein Herankommen.

Aber als es nun so weit war und der Organist ihn vorzog, so daß er, dem Inneren der Kirche voll zugewendet, in die von wenigen Lichtern durchsetzte dunkle Tiefe sah, wo Kopf an Kopf, die andächtige Menge wie das Chaos auf ihn wirkte, als er nach oben in das jetzt ganz im Dunkel verborgene, sonst so schöne Kreuzgewölbe wie in die endlose Finsternis hineinblickte, da schnürte es ihm eigen die Brust zusammen; und einen Augenblick hatte er das Gefühl, als würde ihm das Herz stillstehen.

Er kannte das Vorspiel ebenso genau wie Text und Melodie des Klagegesanges. – Nun noch drei Takte, nun noch zwei, noch einer. Dann schwieg die Orgel bis auf eine leichte Begleitung der Vox humana. Der Mönch stieß Franz leicht an, setzte eine Oktave tiefer, mit leiser Stimme ein, und – ganz verwischt und zerquetscht kam das *„Incipit"* aus des Knaben Munde. Doch schon beim zweiten Wort, *„lamentatio"*, dessen volle Vokale ihm leichter lagen, hatte er die Empfindung, als bekäme er Antwort aus der Tiefe und Ferne. Das berauschte ihn förmlich. Er wähnte sich bald ganz allein im leeren Raum und sang den Klagegesang des Propheten mit einer wonnigen Freude weiter, ohne auch nur ein einziges Mal dem ersten Anfall von Furcht wieder zu erliegen.

Der Gesang war zu Ende. Klagend setzte die Orgel die Melodie fort, schlang die Tonsätze durcheinander, ließ sie in banger Frage ausklingen: „Wird uns der Erlöser kommen?" Dann noch ein Gebet von der Kanzel: Die Abendandacht war zu Ende. Der Organist stieg mit dem Knaben die steile Treppe herunter, nachdem er die spärlichen Lichter auf der Empore gelöscht hatte: „Junge, Junge, hast du schön gesungen!" Damit legte er ihm die Hand auf die Schulter und lachte ihm zu. „Aber hier und da hast du die Töne zu lang gezogen; das mußt du in Zukunft vermeiden: Eine halbe Note ist eine halbe und darf und soll keine ganze werden. Na, das lernen wir noch. – Gute Nacht!"

Auf Wunsch des Mönches hatte Franz die Vorübungen und die Tatsache, daß er in der Abendandacht vorsingen sollte, geheimgehalten. Es war ihm schwer genug geworden, selbst der Mutter nichts zu sagen. Nun sollte er bald erfahren, daß „des Lebens ungetrübte Freude keinem Sterblichen zu teil wird". Noch vor dem Abendessen fragte die Mutter, die auch in der Abendandacht gewesen war, wer denn so schön von der Orgel gesungen hätte; ob das einer von den Studenten gewesen wäre. Und als Franz, rot übergossen, in strahlendem Glück antwortete, das sei er selbst gewesen, da stieß er auf ungläubiges Kopfschütteln. Die Mutter glaubte ihm nicht recht. „Und von den Übungen hast du kein Wort chesagt?" Das war so ganz gegen Franzens mitteilsame, offene Art, daß es der Mutter mit Recht auffallen mußte.

Zwiespältig, zerrissen ging er zu Bett. Was nützte es ihm, daß der Vater ihn am nächsten Tag in seinen vollen Glanz einsetzte, indem er, von einem Besuch im Kloster zurückkehrend, die Frage an ihn richtete: „Und du hast gestern abend in der Fastenandacht vorgesungen?" – Die Freude war verdorben! Es sollte nicht die einzige derartige Erfahrung in seinem Leben bleiben.

XI.

Es wird höchste Zeit, wieder von anderen Ereignissen in Franzens jungem Studentenleben zu berichten. Er könnte sonst zeitweilig in den Verdacht geraten, ein Tugendbold geworden zu sein, das Schlimmste, was einem frischen Jungen widerfahren kann!

Außer den Andachten in der Fastenzeit hielt das Kloster während des Maimonats Abendandachten zu Ehren der Mutter Gottes. Sie begannen um acht Uhr und dauerten etwa eine Stunde. In dieser Zeit war ein der Himmelskönigin besonders geweihter Altar festlich ausgeschmückt. Die frommen Frauen aus Stadt und Land strebten in die Kirche, und – nur wenige Männer, diese aber ausnahmslos von besonderer Frömmigkeit. Auch die Zöglinge der Lateinschule waren verpflichtet, an diesen Gottesdiensten teilzunehmen. Doch wurden sie nicht, wie sonst üblich, im Zuge und unter Aufsicht hingeführt. Es wurde vielmehr vertraut, daß unter Mitwirkung des Hauses ein jeder von selbst seiner Pflicht genügen würde.

Selbstverständlich drückte sich die Jugend in dem nur ganz spärlich, meist nur von mitgebrachten Wachsstöcken erhelltem Teil der Kirche hinter dem schon früher erwähnten Eisengitter herum. Ihr ganzer Sinn war wenig auf den Ernst der Andacht bestimmt. Nach Schluß des Silentium trieb man sich spielend und lärmend in der Kirche umher. Ein engerer Teil, zu dem auch Franz gehörte, und der später, nachdem auch Heinrich und die Vettern Roggenkamp die gelehrte Schule besuchten, auch Studenten geworden waren, wieder das ganze, nichtsnutzige vierblättrige Kleeblatt umfaßte, aber plante Streiche.

Da wurde der Anfang des Lenauschen Gedichtes: „Lieblich war die Maiennacht, Silberwölkchen zogen“ mit Beziehung auf die Maiandacht solange falsch zitiert, bis die Geschichte Franz von seinem Ordinarius Pütz eine gehörige Ohrfeige eintrug. Er konnte gar nicht anders als „Lieblich war die Maiandacht" aufsagen. Und da diese mit all den Torheiten, die dort von der Jugend getrieben wurden, den Lehrern viel Ärger verursachte, so fiel der Schlag recht unsanft aus. Es war übrigens noch eine Entgleisung vorhergegangen, deren Held Franz gleichfalls gewesen war. Aus den Perserkriegen gegen die Griechen sollte Franz den Teil hersagen, der sich mit der Durchstechung eines Teils des Chersones beschäftigte. Der Kaiser ließ ihn durchstechen, damit seine Flotte den um das Vorgebirge Athos ständig tobenden Stürmen entgehen sollte. Franz hatte aber nicht „präpariert", wie es im Sprachgebrauch der Klasse hieß, und mußte sich nun auf Vorsagen verlassen. Sein Hintermann flüsterte ganz richtig: „Er ließ den Athos durchstechen." Franz verstand aber falsch und bezeugte gleichzeitig, daß er von dem Vorgang auch nicht den „leisesten Schimmer" hatte, indem er stolz und laut vortrug: „Er ließ zuvor den Athos totstechen." Schallendes Gelächter der ganzen Klasse riß auch den Ordinarius mit, und so kam Franz mit einer verächtlichen Gebärde davon. Die „Maiandacht" aber verhalf ihm zu dem wohlverdienten Jagdhieb.

Ein ähnliches Versprechen, das glücklicher ablief, mag hier gleich Erwähnung finden, obgleich es einige Jahre später vorkam. Franz wurde öfter dazu ausersehen, bei der Feier des Jahresschlusses oder zum Geburtstag des Königs ein Gedicht vorzutragen. Diese Feier fand in der Aula statt. Die Angehörigen der Schüler, die städtischen Honoratioren, die Mitglieder des Magistrats, das Kuratorium, wurden dazu mittels eines „Programmes" eingeladen. In Wirklichkeit war das Programm ein Heft mit einem Schulbericht und dem mehr oder minder lichtvollen Aufsatz eines der Herren Professoren, das am Ende und sozusagen ganz nebenbei auch die Hauptstücke der zu erwartenden Schulfeier enthielt. Aber das Ding, das in alten Zeiten vielleicht ein einfacher Zettel mit einer Einladung zur Schulfeier gewesen war, hatte trotz seiner wesentlichen Veränderung den alten Namen behalten und gab so kritischen Köpfen unter den Schülern, wenn sie im Griechischen so weit waren, das „Programm" übersetzen zu können, Anlaß zu allerlei tiefsinnigen Bemerkungen.

Die Lehrer in meist zu eng gewordenen Fräcken und himmelhohen Zylindern mit kleiner Krempe, wie sie damals üblich waren, zogen räuspernd an ihren weißen Handschuhen, die nicht recht über die ihrer nicht gewohnten Hände wollten, traten unruhig auf den Gängen und in der Aula umher, empfingen die Gäste, führten sie an ihre Plätze, bis die Stunde schlug.

Allein mit dem Anfangen hatte es gute Weile; denn die Honoratioren zeichneten sich nicht durch Pünktlichkeit aus. Und bevor der Herr Bürgermeister und der Herr Pastohr, der Abt und der Kreisgerichtsdirektor da waren, konnte man doch nicht anfangen. Wohl ging der eine oder andere befrackte Lehrer mit der Uhr in der Hand fragenden Blickes auf den Herrn Rektor zu. Der aber schüttelte bestimmt mit dem Kopf: „Wir müssen noch warten!"

Endlich war aber alles beisammen. Das letzte Schurren mit den Stühlen, noch ein Räuspern, dann begann die Feier. Franz hat bei den verschiedenen Gelegenheiten, wo er ein Gedicht vorzutragen hatte, von alledem, was sich vor seinem Vortrag begab, wenig behalten. Er hatte immer Lampenfieber und spannte, wie man beim Theater sagt, auf sein Stichwort. War er aber erst im Vortrag drin, dann packte ihn die Sache, und er sah frei über die Versammlung fort. In diesem hier zur Besprechung stehenden Fall hatte er Schenkendorfs Lied an das Vaterland vorzutragen:

Wie mir Deine Freuden winken,
Nach der Knechtschaft, nach dem Streit!

Dieses Lied enthält eine Strophe:

Alte Sünden müssen sterben
In der gottgesandten Flut,
Und an einen sel'gen Erben
Fallen das entsühnte Gut.

Nach den gelegentlichen Probevorträgen hatten die Mitschüler ihm so lange eine Variante vorgesagt, und er selbst hatte sie im

Übermut so oft wiederholt, daß sie ihm weitaus geläufiger war als das Wort des Dichters. Und richtig, in der Hitze des Gefechtes deklamiert er tapfer darauf los:

Alte Sünder müssen sterben.

Sein Blick sucht unwillkürlich den des Ordinarius. Der lehnt an einem Türpfosten und macht ein steinernes Gesicht. Das gibt ihm ein Gefühl der Wurschtigkeit: Nur nichts merken lassen! Und die einen Augenblick aufgetauchte Neigung zur Verbesserung, die die Sache natürlich erst schlimm gemacht haben würde, wird tapfer unterdrückt.

Niemand von den Geladenen hatte etwas gemerkt. Die meisten mochten es für ganz natürlich und gerecht halten, daß alte Sünder sterben müssen – erlebten sie es doch alle Tage.

Aber auch der klugen und immer aufmerksamen Mutter war der Fehler entgangen. Die war stolz auf ihren Filius und froh, daß alles ohne Stocken und in der richtigen Betonung vorgetragen war.

Freilich beim Ordinarius gab es noch etwas zu hören. Er schlug den linken unter den rechten Arm, stützte diesen darauf und knurrte, die Hand am Mund – was immer ein Zeichen des Ärgers war –, zwischen den Zähnen hindurch:

„Es ist ja nun wohl gut gegangen; aber, was ihr mit der Verballhornung schöner Dichterworte für Elend anrichten könnt, das seht ihr nicht ein. Ihr habt alle die Neigung zu diesen Wortverdrehungen; laßt ab davon! – Ihr zieht sonst, wie so viele Esel, das Größte in den Staub; und nichts bleibt heilig!“

Der erste und zugleich durch sein Alter ehrwürdigste unter den geplanten Streichen war die Färbung des Weihwassers mit Tinte. In jeder katholischen Kirche befindet sich an den Eingängen ein Kessel mit geweihtem Wasser. Die Eintretenden tauchen zum Teil die Fingerspitzen hinein und machen dann mit der Hand das Zeichen des Kreuzes. Auf diese ist die Färbung nicht berechnet. Sie richtet sich auf solche Kirchgänger, die, wie viele Landleute, die Gewohnheit haben, fast die ganze Hand hineinzutauchen und sich dann mit dem Wasser das Gesicht zu besprengen.

Der erste Versuch, heimlich und in klemmenden Entdeckungsnöten unternommen, hatte einen völligen Mißerfolg. Wie sollte auch ein kleines Fläschchen Tinte an dem Inhalt des gewaltigen Kupferkessels irgend eine sichtbare Wirkung hervorbringen! Bei Schluß der Maiandacht versammelten sich die Verschwörer unter der ersten Öllaterne, um die Gesichter der aus der Kirche kommenden Leute zu mustern. In der ohnehin spärlichen Beleuchtung war auch nicht das geringste Auffallende zu sehen. Und das war gut! Denn ein heller Kopf unter ihnen sagte nachher lachend: „Na, det is warrafftig chot, det nix te ssein is; ssüß hären ssei us chliek chehatt. – Sso dumm ssind deï Lühe ok nich, det ssei det nich merkt, wann wi ehr sso driest in't Chessicht kiekt!“

Also die Sache mußte anders gemacht werden! Zunächst wurde ein größerer Vorrat von Tinte gesammelt. Das war nicht leicht; denn deren gab es sowohl zu Hause wie in den in die Holzbänke der Schulräume eingelassenen und mit Blechklappen geschützten Töpfchen – „Tintepott“ hießen sie im Schülerdeutsch – immer nur in kleinen Mengen.

Es dauerte über eine ganze Woche, bis eine Weinflasche voll der schwarzen Tunke gesammelt war. Nun mußte sie aber auch ausreichen, den Weihwasserkessel gehörig zu färben. Als aber der Attentäter diesen untersuchte, fand er ihn bis oben mit geweihtem Wasser angefüllt. Er kehrte unverrichteter Dinge zurück mit der Meldung, es ginge nicht.

„Och,“ warf ein Schlauer ein, „worüm heß du em nich utchechotten!“ Das wollte der Verschwörer nicht. Geweihtes Wasser wollte er nicht fortgießen, dagegen sträubte sich sein Gewissen. Doch fand sich ein anderer, der nun mit der nach Möglichkeit verborgenen Flasche den schweren Gang unternahm. Es dauerte lange, bevor er wiederkam. In seiner Angst hatte er aber, wie sich herausstellte, den vollem Kessel erst hinter dem nahem Marienaltar halb ausgegossen, nachdem er die Tinte hineingefüllt hatte.

„Oh, oh, du büs en Käl!“ schallte es tadelnd und bedauernd im Kreise. Aber bei vorsichtiger Prüfung ergab es sich, daß die Brühe schwarz genug, und daß auch noch genug im Kessel war.

Nun zerstreuten sich die Verschwörer nach allen Richtungen. Franz gesellte sich zu dem Tapferen, der die Tat vollbracht. Auf seine Frage, warum er denn das Wasser hinter dem Altar verschüttet habe, erfuhr er: Ja, das sei geweihter Boden; da täte er keine Sünde, wenn er das Weihwasser dahin gösse. Daß die Verunreinigung selbst eine Sünde sein könne, darüber machten sich die Jungen kein Kopfzerbrechen.

Aber nun: wo sich der Früchte der Verschwörung freuen? Denn die wollte man doch auch genießen. Doch nur in völliger Sicherheit! Und so verteilte man sich, nachdem man vorsichtig aus der Andacht herausgeschlichen, und stellte sich zu zweien an besonders erleuchteten Stellen auf: vor der Post, vor dem Eingang eines Gasthauses und vor der Apotheke, wo es immer am hellsten war. Man war aber äußerst vorsichtig geworden und hütete sich, ein besonderes Interesse zu zeigen. Wirklich kamen die Verschworenen auch auf ihre Rechnung. Ein jeder hatte die Freude, die eine oder andere Bauernfrau mit dunkel gesprenkeltem Gesicht zu sehen. Franz und Heinrich aber erlebten noch eine ganz besondere. Kaum, daß sie mit der Mutter und den Geschwistern beim Abendbrot saßen, da öffnete sich die Tür, und Anneken Strübbers trat herein.

„Frau Dokterin – chon Owend tessamen –, ik woll doch noch es frogen – “, aber weiter kam sie nicht. Ein tolles Gelächter empfing sie; und die Mutter fragte erstaunt:

„Main Chott, Anneken, wu sseih chit ut?!“

Ja, da war viel zu fragen: Das ganze Gesicht und die hellen Bänder ihrer Haube zeigten schwarze Punkte. Auf der rechten Backe hatte sie die Flüssigkeit verwischt – dazu ihre schwarze rechte Hand!

Niemand kam auf den Gedanken, daß das gefärbte Weihwasser die Veranlassung zu dieser Entstellung sei, außer den beiden Eingeweihten. Aber alles wälzte sich vor Lachen:

„Nun sseid doch bloß ruhig! – Kiek chit doch es in ’n Speigel, Anneken!“

Der hing zufällig in guter Beleuchtung. Sie starrte hinein:

„Main Chott, main Chott, wu kann mi sso wat passieren! Un dormet bün ik in de Kärke chewäßt! Det mot ik bichten, det mok ik bichten. – Nu wi 'k awer ähst waschen; un deï s-chönen Bänder – chans kapot; nu mo'k ähst noh Hus. – Chon Nacht!“

Damit verschwand sie schleunigst. Das Abendbrot aber verging unter weiterer Fröhlichkeit. Und als der Vater schließlich hereintrat:

„Sind die Kinder noch so spät auf?!“, da wurde ihm die Geschichte erzählt. Und sein Verdacht traf – vielleicht gedachte der eigenen Jugendstreiche – gleich das Richtige:

„Jungens, Jungens, da seid ihr doch wohl nicht beigewesen?“ Aber Franz und Heinrich hüteten sich, ihren Triumph zu zeigen; sie schlugen den Dummen an den Hals und gingen bald zu Bett, selig, daß der Anschlag gerade ihre Todfeindin so herrlich mitgetroffen hatte.

Am anderen Tage war die Geschichte natürlich heraus. Nachdem die Beschwerden an das Kloster gekommen waren, hatte man die Tinte im Weihwasserkessel entdeckt. Das konnten nur die Studenten gewesen sein. Es gab die übliche Untersuchung. Sie brachte kein Ergebnis, denn gleich der erste vernommene Verschwörer, hatte, tief beleidigt, daß man bei jeder solchen Gelegenheit immer gleich auf die Studenten riet, die Gesellen verdächtigt. Und da diese tatsächlich auch allerlei Unfug trieben, so wurde die Inquisition unsicher, vollends, als der Apothekersohn, den wohl der Provisor klug gemacht hatte, einwarf: „Es ssei doch chahnich ssicher, daß es Tinte chewesen sei: das könne auch Polier- oder Druckerschwärze chewesen ssein.“

Die Wichtigkeit der Sache schien nicht groß genug, um eine chemische Untersuchung zu veranlassen. Zudem hatte der dienende Bruder in seiner Empörung den ganzen Inhalt des Weihwasserkessels fortgegossen. Er war weniger ängstlich gewesen und hatte den Kessel einfach draußen vor der Kirche umgestülpt – und so verlief die Geschichte im Sand.

Hätte das vierblättrige Kleeblatt den ganzen Streich nur auf Anneken Strübbers gemünzt gehabt – die Freude hätte nicht größer sein können, als sie es jetzt war.

Jedoch der Mai war lang; volle vier Wochen wurden die Andachten fortgesetzt. Es dämmerte schon von neuen Streichen. Der Urheber eines solchen war aber merkwürdigerweise kein Student. Es war Hendryk, Hendryk, der biedere Kutscher! Nicht, daß er zu einem Unfug unmittelbar aufgehetzt hätte. Aber aus Anlaß der Weihwassergeschichte erzählte er Franz und Heinrich einen Streich: Daß es seines Wissens auch schon vorgekommen sei, daß man die Frauensleute in der Kirche mit den Röcken aneinandergenäht habe.

Das schlug ein, das mußte man auch machen! – Aber vorerst nur nichts sagen, und nicht so viele ins Vertrauen ziehen wie bei der ersten Geschichte. Freilich, ohne Aufsehen zu erregen, konnte einer immer nur zwei Röcke zusammennähen, wenn er hinter zwei Frauen kniete. Aber dann wurde die Reihe nur kurz. Einer konnte zwei nähen, zwei drei, drei vier und vier fünf, wenn es eine zusammenhängende, richtiger zusammengenähte Reihe werden sollte. Und das mußte es, dann war der Spaß um so größer. So kam es ganz von selbst, daß der Streich unter dem vierblättrigen Kleeblatt ausgeheckt wurde. Die waren einer des anderen sicher. Da war kein Plaudern zu befürchten; und so wurde zur Ausführung geschritten. Das erste, was nötig war, waren Nähnadeln. Die wurden also zusammengesucht, und es wurde in harten Stoffen heimlich Probe genäht. Das Ergebnis waren zerstochene Finger; denn ohne Nähhut und mit dem nötigen Ungeschick stachen die Dinger nach hinten beinah ebenso wie nach vorn. Man kam zu der Überzeugung, daß mit einem dünnen Faden auch nicht recht etwas auszurichten sei. Der mußte vielmals durchgezogen werden, bevor etwas Haltbares zustande kam; schließlich würde er doch reißen, sobald die Weiber auseinandergehen würden. Nun plünderte Franz den Stopfkorb der Mutter. Er erbeutete drei dicke Stopfnadeln und ein Knäuel Wolle. Aber er sollte schnell erfahren, wie nah die Entdeckung war. Denn noch an demselben Tag nach dem Abendbrot klagte die Mutter, als sie ihren Korb durchmusterte:

„Ich weiß doch chahnicht, wo immer alle meine Stopfnadeln bleiben – und die Wolle für Vaters Strümpfe ist auch fort!“

Blutrot übergoß es Franz bei diesen Worten. Aber er saß zum Glück im Schatten; und die Mutter hatte nur Verdacht auf die Schwestern, die ihn dieses Mal im Vollgefühl ihrer Unschuld entschieden abwehrten. Das war also gut gegangen. Drei Nadeln hatte man, die vierte wurde gleichfalls auf unehrlichem Weg beschafft, und nun konnte die Sache losgehen.

Unauffällig ging einer nach dem anderen in die dunkle Kirche, wo die andächtige Menge gerade eine Litanei betete. Aus der Tiefe des Chores schallte die Stimme des vorbetenden Mönches. „Erbarme dich unser!" oder „Bitte für uns!" tönte es vielstimmig aus der Menge zurück. Franz war der Verabredung gemäß der letzte. Heinrich, Wilhelm und Jans knieten schon. Aber es hatte sich nicht günstig getroffen. In der letzten Reihe der Betenden knieten auf dem harten Steinpflaster nur drei Weiber. Und einzig allein gegen die letzte Reihe konnte das Attentat vollführt werden, wollte man sich nicht unmittelbarer Beobachtung aussetzen. Franz sah aber nur zwei Knaben hinter den Weibern knien, er wandte sich um. Da stand noch eine dunkle Gestalt ganz hinten an die Kirchwand gedrückt. Es war Jans. Als der ihm winkte, schlich er zu ihm hin. Die beiden beobachteten nun, was vor ihnen vorging. Die drei Frauen knieten nicht weit von einander. Von den beiden äußeren fluteten die weiten Röcke seitwärts über das Pflaster. Die Köpfe hatten sie tief gesenkt und murmelten offenbar in heiligem Schauer die Antwort der Litanei mit: „Bitt' für uns!"

Nicht weniger tief gebeugt und offenbar ebenso andächtig senkten aber auch Heinrich und Wilhelm ihre Häupter zur Erde. Es war beim besten Willen nicht zu sehen, ob ihre Hände irgendwie beschäftigt waren.

„Ssei neiht jo chahnich!" flüsterte Jans in Franzens Ohr. Bevor der seiner Meinung Ausdruck geben konnte, erhob sich Wilhelm und ging vorsichtig auf den Ausgang zu. Jans und Franz folgten ihm. Als sie alle drei draußen waren, ergriff Wilhelm atemlos Franzens Hand:

„Häw ik 'ne Angst chekreïgen. Ik dacht, det wären andere! – Nu is't chot, det chit det ssind!"

Jetzt erschien auch Heinrich, strahlend:

„Na, ik häw ssei chot aneïn cheneiht!“

Eine Weile erfreute sich das Vierblatt des gelungen Streiches. Dann gingen alle vier wieder nacheinander in die Kirche, aber jetzt auf die andere Seite des Schiffes, von wo sie die so ahnungslos Verbundenen beobachten konnten, und beteten mit, „daß sich die Balken bogen“.

Die Orgel setzte ein, brausend erschallte der Marianische Lobgesang; der Gottesdienst war zu Ende. Aus der vorderen Kirche strebten schon Leute nach dem Ausgang. Auch im dunklen Hinterschiff erhoben sich Frauen von den Steinfliesen, strichen ihre Kleider zurecht, machten mit dem Kreuzzeichen noch einen Knicks zum Altar hin und wandten sich zum Fortgehen.

Da gab es plötzlich in der letzten Reihe eine Unruhe; es wurde laut gesprochen: „Lot mi los!“ „Och, wat – lot du *mi* los!“ Die Rufe wurden lebhafter. Andere mischten sich ein; sogar ein Regenschirm wurde erhoben. Man zerrte, riß – da wurde ein Weib frei, die beiden anderen gerieten aber erst recht aneinander; sie griffen sich regelrecht an und kamen zum Schluß beide zu Fall. Erst verhaltenes Lachen einiger Umstehender, dann ernster Tadel über ein solches Benehmen in der Kirche. Schließlich wurden die Kämpfenden herausgebracht. Aber aneinandergebunden waren sie noch immer, bis sie von der Straße in ein Haus traten und hier endlich bei Licht und unter kritischen Augen der Grund der Tragödie entdeckt wurde.

Das Vierblatt hatte sich rechtzeitig unter die die Kirche verlassenden Mitschüler gemischt und nun, in voller Sicherheit, seiner geradezu wilden Freude über den gelungenen Streich keinen Zwang auferlegt. Wo alle lachten, da durften sie auch lachen. Darin konnte keiner etwas finden. Am folgenden Morgen ging die Geschichte wie ein Lauffeuer durch die Stadt. Eine Prügelei unter Frauen nach der Maiandacht in der Kirche: So etwas war noch nicht dagewesen! Der Anlaß dazu trat dabei ganz in den Hintergrund; wohl, weil niemand recht wußte, was eigentlich vorlag. So kam auch zur Verwunderung des Vierblattes keine Untersuchung in der Schule, obgleich die Neigung zu solch Inquisitionen stets groß war. Böse Mäuler behaupteten, die Professoren täten auch einmal etwas anderes in dem ewigen Einerlei des Stundengebens.

Und doch durchfuhr Franz und Heinrich ein heißer Schreck, als die Schwestern erzählten, was sich zu Hause begeben hatte, während sie in der Schule waren. Dort war nämlich eines der beteiligten Bauernmädchen erschienen, um dem Herrn Doktor eine Krankenbestellung auszurichten. In der Küche, die in jenen einfachen Zeiten auch als Wartezimmer diente, hatte sich Anneken Strübbers, der die Fama die Namen der zusammengenähten Bäuerinnen bereits zugeweht hatte, an sie herangemacht. Denn das Schwatzen ging ihr nach wie vor über die Arbeit. Sie ließ sich natürlich die Stelle im Kleid zeigen und rief mit einemmal laut: „Kiek es, kiek es! – Det is jo deï sselwige Wulle van den Här Dokter ssine Strümpe! Nee, det söll me doch chahnich seggen!“

Die Mutter im anstoßenden Kinderzimmer hatte Annekens Unterhaltung wohl gehört. Das war ihr aber über allen Spaß, daß die Strümpfe ihres Mannes noch in den Weiberklatsch hineingeraten sollten. Sie trat in die Küche, nahm Anneken den Wollfaden, auf den sie die runden Gläser ihrer Brille unentwegt richtete, gewandt aus der Hand und sagte scheinbar gleichmütig:

„Ssökke Wulle chefft et woll in de Stadt mehr as den Här ssine Strümpe. Deï is in jeden Laden te kopen.“ Damit holte sie Anneken wieder zu ihrer Flickarbeit und schnitt ihr weiteres Eingehen auf den Klatsch ab.

Nachher hat sie aber doch zu den Schwestern gesagt: „Merkwürdig ist das doch, daß diese Wolle in dem Rock ssaß, wo mir doch vor einiger Zeit das Knäuel aus dem Stopfkorb fortgekommen ist! – Aber ssagt den Jungens nichts davon!“

Die gute Mutter! Sie ahnte vielleicht Zusammenhänge; aber sie traute sich bei ihrer großen Frömmigkeit nicht, die Sache durchzudenken. Der Gedanke, daß ihre Knaben bei einem solchen Streich in der Kirche beteiligt gewesen sein könnten, wäre ihr recht schmerzlich gewesen. Sie wies ihn weit ab.

XII.

An dunklen Abenden wurde der ruhige Bürger manchmal durch einen Unfug aus seinem Behagen aufgestört, der unter der Bezeichnung „Blinde Müse jagen“ bekannt und verhaßt war. Es wurden zwar keine blinden Mäuse gejagt; es gab auch keine, die jagten. Ausgerechnet nichtsnutzige Studenten waren es, die heimlich die Schelle an der Haustür mißliebiger Leute zogen und dann schleunigst hinter irgendeiner guten Deckung verschwanden.

War es dann nur das Dienstmädchen, das vergeblich die Tür öffnete, so war die Freude gering. Am größten wurde sie, wenn der Hausherr selbst erschien und dann seinem Herzen Luft machte über den Narrenpossen, der ihm gespielt war.

Für die Schüler hatte der Unfug einen doppelten Reiz. Einmal war es in der Zeit der frühen dunklen Abende verboten, nach fünf Uhr das Haus noch zu verlassen. Es bedurfte also besonderer List, den Eltern und etwaigen Geschwistern gegenüber unbeobachtet ins Freie zu kommen. Man mußte sich auch vorher über ein Stelldichein verabredet haben; denn allein machte die Geschichte keinerlei Spaß. Mit Gleichgesinnten mußte man sich des Erfolges freuen können.

Dann aber war, wie gesagt, die Freude an dem Unfug selbst ein ganz ungeheures Vergnügen. Vielleicht wegen der damit verbundenen Gefahr. Denn wenn einer dabei erwischt worden wäre, so hätten die Fäuste des erbosten Hausherrn ihn erbarmungslos bearbeitet. Von einigen Bürgern war es bekannt geworden, daß sie sich nebst einigen Helfern mit guten Prügeln bewaffnet im Hausflur aufstellten, um den Quälgeistern einen gehörigen Denkzettel zu geben. Hier wurde mit wahrhaft teuflischer Bosheit verfahren.

Zunächst wurde einmal geschellt; dann freute man sich über die zornigen Kraftausdrücke und die zum Himmel gesandten Flüche.

Nun wußte man: Sie werden aufpassen! Da mußte einer in den Löwenkäfig hinein. Mit einem Korb am Arm, falls der Gequälte ein Bäckermeister war, oder mit einem Gegenstand zum Ausbessern, falls es ein Tischler oder Schlosser war, ging einer der Verschworenen ganz harmlos, aber mit stoischem Mut gewappnet an die gefährliche Tür – und zog die Schelle. Wie der Blitz flog die Tür auf, und drohend geschwungene Stöcke unterstrichen böse Worte. Alles aber prallte an dem ruhig vorgebrachten Anliegen ab, und lebhafte Entschuldigungen mußten die angebliche Angst des Besuchers wiedergutmachen.

Ein andermal hatte einer der Verschwörer sich des Schuhzeuges entledigt und verübte das Attentat zum zweiten Mal, indem er sich sofort nach dem Ziehen der Schelle zur Flucht wandte. Stürzte dann der Meister heraus, so flohen aus allen möglichen, nicht zu nah gelegenen Verstecken schwarze Gestalten. Das machte den Zornigen stutzig; und bevor er sich besonnen, wen er verfolgen sollte – sie waren stets alle flinker als er –, war die Straße leer. Und er stand mit geballter Faust allein unter dem dunklen Himmel.

Gelegentlich kam auch der Zufall den Unheilstiftern zu Hilfe: Nachdem sie einmal geschellt hatten, warteten sie in Geduld. Dann war es ein harmloses Dienstmädchen oder gar ein zu Besuch erscheinender Nachbar, über den sich der Stock schwang.

So etwas ließ sich natürlich nicht alle Tage machen. Es hätte auch völlig seinen Reiz verloren. So verstrich zwischen den Abenden, wo die „blinden Müse“ gejagt wurden, stets längere Zeit, in der die Gemüter der Heimgesuchten sich wieder beruhigen konnten.

Eine andere Art abendlichen Unfugs aber hat viele Wochen die Stadt beunruhigt und eine solche Aufregung verursacht, daß man die Attentäter halb totgeschlagen hätte, wären sie den Rächern in die Hände gefallen. Dieser nichtsnutzige Feuerzauber hatte für die Knaben, die die ganze Gefahr nicht übersahen, einen unwiderstehlichen Reiz. Er war groß geworden, als die Knaben gelernt hatten, aus Schießpulver allerlei kleines Feuerwerk herzurichten, das man nach dem Zischen beim Verbrennen „Ssiesemänneken“ nannte.

Das in Rede stehende Ssiesemänneken war ein teuflisches Ding. Es bestand aus einem schön rund erhaltenen Strohhalm, dessen unteres Ende vor dem Knoten abgeschnitten, also offen war, während das obere noch den Knoten trug. In den Halm wurde ein wenig Pulver geschüttet; mittels eines feinen runden Stäbchens etwas angefeuchtetes Pulver nachgeschoben, wieder trocken nachgefüllt, angefeuchtetes nachgeschoben, und so abwechselnd weiter, bis der Halm voll war. Je öfter trockenes mit feuchtem Pulver wechselte, desto besser war die so hergestellte Höllenmaschine. Das untere Ende füllte trockenes Pulver; der Verschluß wurde durch ein Stückchen Zunder hergestellt, das gleichzeitig als Zünder diente.

Diese Ssiesemännekes, denen derselbe Gedanke zugrunde liegt wie im regelrechten Feuerwerk den „Fröschen", wurden in den „Sandbergen", dem beliebtesten Ausflugsort der Jugend, so oft hergestellt, wie die Mittel zur Beschaffung von Pulver vorhanden waren. Es galt als ungeheuer forsch, den Strohhalm in der Hand zu halten, bis das Pulver sich entzündet hatte, um ihn dann erst in die Luft zu werfen. Hier fuhr das Ding unter Zischen, Fauchen und Sprühen im unwahrscheinlichsten Zickzack hin und her, bis es sich irgendwo festbohrte und verpuffte.

Wie so mancher Ursprung eines genialen Gedankens spurlos in den Fluten der Vergessenheit versunken ist, so hat sich auch in diesem Fall keine Kunde erhalten, wer zuerst auf den Gedanken kam, diese Dinger zum Schrecken der Philister zu verwenden.

Die landesübliche Bauart der Fenster verlangte in der Fensterbank eine Rinne, in dieser ein schräg nach außen gebohrtes Loch, worin ein Metallröhrchen eingelassen war. Diese einfache und sinnreiche Vorführung hat das Unglück, meistens mißbraucht zu werden. Ursprünglich einzig und allein für den Abfluß der an der Innenseite der Fenster niedergeschlagenen Feuchtigkeit bestimmt, veranlaßt sie geniale Tischler, die Fenster möglichst undicht herzustellen, weil ja das Röhrchen auch das von außen kommende Regenwasser abführen könnte. Aber das nicht allein, das Loch mit dem Röhrchen wird von denselben klugen Leuten auch meist an dem höchsten Punkt der Rinne angebracht, obgleich das Wasser immer noch die Neigung hat, nach unten zu laufen. So rinnt es denn auch meistens an den beiden Fensterecken in die Stube, nicht etwa tropfenweise, nein, heimtückisch an der unteren Fläche der Fensterbank entlang und dann in die Tapete. Da das Röhrchen auf diese Weise nicht vom Wasser durchspült wird, so ist es natürlich gar bald verstopft.

Diesen Übelstand hatte das in Vergessenheit geratene Genie unter der „Rasselbande“, wie der erboste Philister sagte – den Knaben, wie der ruhigere Chronist sagt – entdeckt. Es ersann und fand Abhilfe. Dort, wo seine Kur zum Besten der Mitmenschen Anwendung finden sollte, reinigte es an dunklen Abenden mittels eines Stäbchens – vermutlich desselben, das zum „Laden“ des Ssiesemännekens gebraucht wurde – das Abflußröhrchen. In dieses führte es mit dem Knoten nach vorn das vorher in einem sicheren Winkel bereits entzündete Ssiesemänneken ein und harrte nun inmitten seiner Spießgesellen im Schatten des Nachbarhauses auf den Erfolg.

Es war ein glückliches Zusammentreffen, daß alle die Umstände, die der Feuergefährlichkeit des Unfugs die Spitze abbrachen, auch den Zwecken des Unternehmens dienten. So war es ganz zwecklos, das Geschoß in einen Raum zu entsenden, der augenblicklich ganz leer war, oder wo ein Vorhang dem Brander den freien Flug verwehrt hätte. Am schönsten wäre es gewesen, ihn in eine Stube fliegen zu lassen, wo recht viele Menschen im Schummern saßen. Aber das war zu gefährlich. Denn dann waren die Fensterläden noch offen; und gar zu leicht konnte man aus der Stube beobachtet werden.

Sobald das fauchende Ding nach hinten Feuer spie und vorwärts flog, zeigte ein lebhaftes Aufkreischen, das Poltern von umgeworfenen Stühlen die erstrebte Beunruhigung im Innern an. Und auf den Zehenspitzen stob die Verschwörerbande auseinander, um sich am verabredeten Ort, vor den Toren oder auf dem „abgebrannten Platz“, einer wüsten, von Menschen gemiedenen alten Brandstätte innerhalb der Stadt, wieder zusammenzufinden.

Es war das wirklich ein heilloser und gefährlicher Unfug. Es ist Franz heute noch ein Rätsel, daß er unentdeckt blieb, obgleich er mehrere Wochen andauerte. Er schlief ein, nicht aus Furcht vor Entdeckung oder der bis zu sinnloser Wut gesteigerten Erregung der Stadtbewohner, sondern weil die Jugend *novarum rerum cupida*, unbeständig ist, und sich schnell anderen Dingen zuwendet.

Eine andere Art der Ssiesemännekes sei lediglich der Vollständigkeit halber erwähnt, denn sie war durchaus harmlos und kostete nur viel mehr des teuren Pulvers als die erstere. Ein viertel Pfund dieses Zündkrautes wurde feucht angerührt, zu einem Kegel geformt, auf einen Stein oder ein Brettchen gesetzt. Mittels eines Stäbchens wurde von oben nach unten ein Loch hineingestoßen und mit trockenem Pulver aufgefüllt. Das gab dann nach dem Anzünden, besonders im Dunklen, einen hübschen Sprühteufel und – oftmals verbrannte Hände. Mancher der ehemaligen Spießgesellen hat lange Jahre hindurch Pulverkörner in der Haut der Hand getragen. Mitten auf Franzens Stirn sitzt heute noch ein solches und erinnert ihn daran, wie sein Schutzengel ihn besonders behütete, als er einst ein nicht recht brennendes Ssiesemänneken anzublasen versuchte.

Ein anderes Spiel mit dem Feuer hätte zu einem großen Hausbrand führen können. Es blieb aber dank der Geistesgegenwart der Wirtschafterin Jenny bei der Zerstörung eines Zimmers.

Franz und Wilhelm, die häufig miteinander Schach spielten, waren durch die Güte des Großvaters zu einigem Gelde gekommen, das zur Beschaffung von neuen Schachfiguren dienen sollte. Beim Besuch des Ladens für den Ankauf der Figuren – er gehörte einem Buchbinder, der auch Bücher und Schulgeräte verkaufte – bekam Wilhelm ein unscheinbares Heftchen zu Gesicht, mit dem er sogleich zu Franz hineilte: „Bosko, Philadelphia, Penetti oder der allgewandte Taschenspieler“ lautete der Titel in schlechtem Druck auf grauem Papier; es kostete nur einen Groschen. Die gewünschten Schachfiguren fanden sich dagegen nicht. So beschloß man, da man ja sehr reich war, diesen zu opfern, und eilte gemeinsam in das elterliche Haus, um Kopf an Kopf das unverständliche, törichte

Zeug durchzulesen. Allerlei Taschenspielerstücke waren darin erklärt. Aber damit vermochte man, selbst wenn die Angaben richtig gewesen wären, noch kein einziges auszuführen; denn die dazu erforderliche Hand- und Fingerfertigkeit fehlte ganz und gar.

Eine Geschichte aber sah so aus, als wenn sie durchaus keine Schwierigkeiten verursachen könnte. „Orpheus in der Unterwelt" war sie überschrieben: „Man nehme so und so viel Spiritus, so und so viel Äther usw., mische darin die und die Ingredienzien in Pulverform, lasse auf dem Ganzen ein Nachtlicht schwimmen, zünde es an; dann werden die um das Licht sitzenden Personen in einer eigenartigen, ganz geheimnisvollen Beleuchtung erscheinen, als seien sie Seelen in der Unterwelt."

Das machte einen gewaltigen Eindruck auf die Knaben. Das Nachtlicht war ihnen recht geläufig; denn zu damaliger Zeit diente in vielen Schlafstuben ein auf gewöhnlichem Rüböl schwimmendes Korkschiffchen, das einen kleinen Docht trug, zur Beleuchtung. Ja, und neunzehn Groschen hatte man ja noch. – Da blieb für die Schachfiguren gewiß genug übrig, wenn man jetzt den Spiritus, den Äther usw. kaufte. Also auf zur Tat! Aber als alles eingehandelt war, ging auch der letzte Groschen zu Ende. Das war zwar schlimm; denn der Großvater würde sich bestimmt die Schachfiguren zeigen lassen. Na, da mußte eine Ausrede gefunden werden.

Es war auch nicht ganz leicht, den forschenden Fragen des Provisors in der Apotheke zu entgehen. Aber als Franz bestimmt angab, der Äther solle zur Tötung von Schmetterlingen dienen, zu welchem Zweck er schon oftmals welchen geholt hatte, da beruhigte sich der Mann und meinte nur, das sei aber sehr viel. Der Spiritus und die Pulver erregten weniger Mißtrauen.

Schließlich war alles beisammen. Den Abend konnten die Knaben aber für die Ausführung des Planes nicht erwarten. So wurden am hellen Tag die Läden geschlossen, und der Hokuspokus konnte losgehen. Unter einem Vorwand wurde eine kleine Schüssel aus der Küche geholt, der Spiritus, der Äther hineingegossen, das Pulverzeug hineingeschüttet und das Ganze sorgsam umgerührt, bis alles aufgelöst war. Nun wurde das Nachtlicht daraufgesetzt. Es schwamm; vorsichtig wurde der Docht entzündet und die Kerze, bei deren Schein man bisher gearbeitet hatte, gelöscht. Zunächst ging alles gut, nur der Docht zeigte eine verhängnisvolle Neigung, nach unten zu brennen. Plötzlich sprang eine große Flamme auf; die ganze Schüssel brannte. Na, davon stand freilich in dem Wunderbuch nichts; aber das hätte man sich ja sagen können – so klug war man nun plötzlich auch.

Die geheimnisvolle Beleuchtung der beiden Beobachter blieb aber völlig aus: Im Gegenteil, einer sah den anderen in strahlender Helligkeit. Indes das Bleiche, Gespensterhafte sollte bald kommen. Denn mit einemmal begann der Inhalt der Schüssel höher und höher zu steigen; er brodelte, lief brennend über, lief über den Tisch, von diesem herunter über den Fußboden und, einer Unregelmäßigkeit der Dielen folgend, auf den Bücherschrank zu. Dort fand das Feuer an dem trockenen Holz und dem Papier weitere Nahrung – nicht lange, und der Schrank brannte lichterloh. Nun sah einer den anderen so bleich und gespensterhaft, wie es nur gewünscht werden konnte: Bosko, Philadelphia, Penetti hatte seinen Triumph!

Mit allem, was zur Hand war, versuchte man das Feuer auszuschlagen; dabei geriet die Schüssel ins Wanken. Läden und Fenster hatte Franz, um der Erstickung zu entgehen, schon aufgerissen; jetzt stieß Wilhelm die Tür auf und eilte in die Küche nach Wasser. Natürlich konnte der Wirtschafterin die große Erregung des Knaben nicht entgehen. Sie folgte also Wilhelm eilends, um beim Anblick der brennenden Stube die Hände über dem Kopf zusammenzuschlagen und einen lauten Schrei auszustoßen.

Jedoch dabei beließ sie es nicht; dazu war sie eine viel zu tüchtige Person. Sie lief in die Küche zurück, ergriff eine Bratpfanne und einen mit Wasser gefüllten Eimer. Die eiserne Bratpfanne deckte sie auf das brodelnde Feuer der Unterwelt; mit dem Wasser löschte sie, so gut es ging, den brennenden Schrank und die Dielen. Schnell hatte sie ihre Schürze abgebunden; sie tauchte sie in den Rest des Wassers und schlug damit das Feuer aus, das jedoch an vielen Stellen immer wieder aufflammte. Mit Hilfe eines zweiten

Eimers aber, den Franz holte – es war ein Glück, daß er im dritten Stockwerk, in dem sich die Geschichte abspielte, vorhanden war, denn Wasserleitungen gab es damals noch nicht im Städtchen –, gelang es, des Feuers Herr zu werden.

Nun aber waren die beiden Geister aus der Unterwelt durch die ausgestandene Angst und die Hitze in eine ganz andere Färbung geraten, als sie der Versuch vorschrieb. Schweißtriefend und brennend rot standen beide atemlos in dem rauchenden, schwarzgebrannten Zimmer.

Glücklicherweise hatte die Bratpfanne die Schüssel gut verschlossen; das höllische Feuer war erloschen. Aber als Jenny die Pfanne abdeckte, mußte ihr ein mephistischer Dunst in die Nase steigen; sie prallte zurück, sah mit großen Augen die Knaben fragend an: „Wat is *det*?!"

Nun wurde ihr die ganze Sache umständlich erzählt und sie schließlich himmelhoch gebeten, doch ja nichts von der Geschichte zu sagen. Das lehnte sie zwar energisch ab, aber das gute Frauenzimmer hat doch brav geschwiegen. Der Onkel war auf weiter Geschäftsreise und kehrte erst nach Monaten zurück. Und als er wiederkam, da stand fast derselbe Schrank und derselbe Tisch wieder im Arbeitszimmer der Kinder wie vorher, aber auch gar nichts ist von dem Brand ruchbar geworden.

Am Abend des Unglückstages aber saßen Franz und Wilhelm vor dem Herd in der Küche und steckten ein Blatt nach dem anderen von dem Heft „Bosko, Philadelphia, Penetti" in das lodernde Feuer. Sie trauten dem Hokuspokus nicht mehr und waren um eine bittere Lebenserfahrung reicher geworden.

Zu dieser Zeit war Franz in das Alter getreten, wo die Jugend die ersten Rauchversuche zu machen pflegt. Die beste Gelegenheit hierzu fand sich, als der Vater eine kleine Erholungsreise angetreten hatte. Ein Stück spanisches Rohr war das erste untaugliche Objekt. Das Vierblatt war zusammen; wie die Friedenspfeife der Indianer ging das gewaltig stinkende Rohr von Mund zu Mund. Der Beifall war gering, so forsch die Geschichte auch aussah. Dem Rohr folgte in einer irdenen Mutzpfeife, die für wenige Pfennige erstanden wurde, der gar nicht so übel riechende Zunder, mit dem erwachsene Raucher den Tabak in der Pfeife zu entzünden pflegten. Er sagte auch nicht zu.

Da brachte Vetter Jans eines Tages eine richtiggehende Zigarre an, die er in einer verlegten Zigarrentasche seines Vaters gefunden und gemaust hatte. Das Deckblatt war mehrfach zerbrochen; aber es wurde mit Spucke wieder zusammengeleimt. Nun ging das Rauchen los. Es war im Oltgraveschen Garten, im sogenannten Blumental.

Ja, das schmeckte doch ganz anders als das frühere Zeug! Trotzdem begnügten sich die drei Jüngeren mit wenigen Zügen. Franz aber hielt, stolz wie ein Spanier, die Zigarre zwischen Zeige- und Mittelfinger der linken Hand. Sie hatte zwar schlechten Zug; denn die Spucke hatte nicht lange vorgehalten; aber da mußte man eben ziehen, tüchtig ziehen. – Und Franz zog, zog so lange, bis ihm der kalte Schweiß ausbrach und er sich abgeschlagen und matt auf den Boden sinken ließ.

Mit Mühe brachten ihn Bruder Heinrich und die Vettern nach Hause. Es war Ehrensache, nichts zu verraten; und so bekam die Mutter keinen geringen Schrecken, als ihr der Älteste welk wie Blatt im Herbstwind ins Haus geschafft wurde. Natürlich hieß es: Sofort ins Bett! – Heinrich, Wilhelm und Jans folgten betrübt hinterdrein. Ihnen war gar nicht wohl bei dem Anblick des anscheinend todkranken Franz. So hatten sie sich auch bei einem Anfänger im Tabakgenuß die Folgen nicht vorgestellt. Es sollte ihnen noch recht schwül werden.

Sobald die Mutter Franz im Bett geborgen hatte, begann das Examen.

„Was habt ihr denn chemacht?“ fragte sie mit stark verschnupfter Stimme.

„Nix!“

„Wo sseid ihr denn gewesen?“

„Draußen!“

„Wo draußen?“

„Im Charten!“

„In welchem Charten?"

„Im Blumental!"

„Ja, was habt ihr denn da chetan?"

„Nix!"

„Na – aber von nix kann man doch nicht sso krank werden!"

In all seinem Elend vermochte Franz doch den besorgten, ärgerlichen Fragen der Mutter zu folgen. Er hörte die zögernden Antworten und stand Todesangst aus, daß die Untersuchung die Wahrheit ans Licht bringen würde. Doch die schien zu Ende zu sein. Da der Vater nicht da war, so fühlte die Mutter doppelte Verantwortung. Sie schickte Heinrich zum Arzt. Da war im Städtchen noch ein steinalter Herr: der Doktor Segerbondi. Er war zu Hause, wo er eigentlich immer war, und folgte Heinrich auf dem Fuß.

Franz mußte sich aufrichten, die Zunge zeigen. Den goldenen Knopf des Spazierstocks an der Nase, prüfte der Arzt durch die Gläser der Hornbrille sorgfältig den Belag. – Wäre er nicht selbst ein Kettenraucher gewesen, so hätte seine Nase ihm den rechten Weg zeigen müssen. Aber er roch ebensowenig etwas wie die Mutter mit ihrem Schnupfen.

Die Untersuchung des Pulses ergab beschleunigten Herzschlag. Beim Druck auf die Magengegend zeigte sich erhebliche Empfindlichkeit:

„Bist du chefallen?"

„Nein!"

„Bist du stark chelaufen?"

„Nein!"

„Wißt *ihr* nicht, was ihm passiert sein kann, oder sseid ihr nicht bei ihm cheweßen?"

„J-a! – Bei ihm ssind wir wohl chewesen; aber wir wissen auch nix!"

„Na, er kann doch nicht aus heiteren Himmel so krank werden. Hat er etwas chegessen – hat er was chetrunken?"

„Nein!"

„Merkwürdig!" brummte der alte Herr. Aber Franz sollte zunächst im Bett bleiben. Er wolle gegen Abend wiederkommen.

Unten, bei der Verabschiedung von der Mutter, machte der Doktor ein bedenkliches, wichtiges Gesicht: „Wenn da mir nur nicht etwas S-chweres im Anzug ist – ich kann mir da char keinen Vers drauf machen. Zum Abend will ich noch mal nachssehen."

Nun kannte die Mutter die wichtige Art des alten Herrn gerade so gut wie die übrigen Stadtbewohner. Und wenn es nicht ihr eigen Fleisch und Blut gewesen wäre, so würde sie die Worte des Arztes nicht ernstgenommen haben. So aber machte sie sich allerlei Sorgen.

Als sie am Fenster stand und in unsicheren Gedanken hinausschaute, da kam schweren Schrittes Ohme Halswitt dahergegangen. Er grüßte hinein. – Der bekam bei seinem vertrauten Verkehr mit den Knaben vielleicht heraus, was ihr nicht gelungen war. Sie winkte ihm schnell; und er trat ein: Ob er nicht einmal nach oben gehen wollte zu Franz und herauszubringen suchen, wovon der Junge so krank geworden. Das wollte er gerne tun. So stieg er allein die Treppe hinauf: „Ähst rechts und dann links!" rief ihm die Mutter noch nach. Bei Franz, den Heinrich und die Vettern allein gelassen, war mittlerweile die Allheilerin Natur tätig gewesen. Eine gewaltige Eruption hatte seinen Magen befreit. Erleichtert lag er unter der Decke.

Da trat Ohme Halswitt herein, sah den Knaben daliegen, schnüffelte mit der Nase umher, öffnete hastig das Fenster:

„Junge, wat stinkt det hier?! Un det rückt jo dorbi sso noh Tabak: Du heß chesmökt!"

Das sei richtig, stammelte Franz; aber er möchte es um Gottes Willen nicht der Mutter sagen.

„Wat?! – Nich din Moder sseggen?! Det ssei ssik widder ängstigt! Nee – det bell di nich in! Nu cheïht't di wier chot – wat? Is nix sso fein chesponnen – es kommt doch an die Sonnen. Na, nu sslop di chesund!"

Unten öffnete er die Tür zum Wohnzimmer, steckte seinen Kopf hinein:

„Frau Dokterin, hei het chesmökt. Awer nu is't d'r all wier ut. Un dor bowen mot de Magd met en Wischdauk hen. – Adjüs ok!"

XIII.

Das Verhältnis der „Studenten“ zu den „Professoren“ war im allgemeinen erfreulich. Eine Ausnahme machte nur der Religionslehrer, der bei den meisten Schülern recht unbeliebt war. Nicht wegen seines geistlichen Standes. Denn mit einem anderen Lehrer, der auch der Geistlichkeit angehörte, wie mit den Insassen des Klosters stand die Schule auf dem freundlichsten Fuß.

Dieser Lehrer war ein kleiner Mann mit einem weichlichen Gesicht und einem ungeheuren Bauch, den er wie eine Trommel vor sich hertrug. Er mußte eine geradezu vergiftete Phantasie haben; denn er witterte in jedem harmlosen Streich der Jugend stets die größte Sündhaftigkeit. Vor allem war es das sexuelle Gebiet, das sechste Gebot, in dessen gemutmaßten Übertretungen er unausgesetzt umherschnüffelte.

Einst hatten die Knaben einen ganz bescheidenen, harmlosen Streich ausgeheckt, indem sie eine neu aussehende Tüte mit Sand füllten, sie sorgfältig in kunstvollen Falten verschlossen und sie auf einem belebten Teil der Straße niederlegten. Das geschah besonders gern an Markttagen. Neben die Tüte wurde ein klein wenig Mehl geschüttet, so daß es so aussah, als sei dieses beim Fallen herausgestaubt. Dann stellte oder setzte sich die lose Gesellschaft nicht zu weit davon entfernt und beschäftigte sich scheinbar mit ganz anderen Dingen, hielt aber die Tüte scharf im Auge. Es war im hohen Maße unterhaltend, wie sich die verschiedenen Leute dieser Tüte gegenüber benahmen. Kam einer der Honoratioren: Der sah wohl danach hin; dann ging er aber entschlossenen Schrittes weiter. Es ziemte sich für einen Herren der Gesellschaft nicht, im Angesicht der Jugend sich um eine am Boden liegende Tüte zu kümmern. Wer weiß, was er getan hätte, wenn er sich unbeobachtet gewußt hätte!

Kam ein Volksschüler in die Nähe, dann wurde er unter entsprechenden Drohungen ernstlich verwarnt, die Tüte ja liegen zu lassen, wenn er nicht Hiebe besehen wollte. Bei einem besonders kecken Jungen aber mußte von vornherein dafür gesorgt werden, daß er die Tüte nicht etwa mit dem Fuß fortschleuderte und dann das Weite suchte. Denn die betrieben den Unfug auch gelegentlich und wußten die Sache gleich richtig zu deuten.

Näherte sich aber eine Bauersfrau oder eine Frau aus dem Volk, so wurde meist ein schöner Erfolg erzielt. Wenn sie vielleicht auch einen Schabernack ahnte, so war sie doch zu neugierig, um an der Tüte vorbeizugehen. Sie hob das Ding auf, öffnete es, um es dann scheltend fortzuwerfen. Ein vielstimmiges Gelächter begleitete sie auf ihren ungewöhnlich schnell fortgesetzten Weg.

An einer anderen Stelle wurde der Streich mit einer neugefüllten Tüte wiederholt, bis man von der Sache genug hatte.

Der Klatsch trug diesen harmlosen Streich auch dem vorgenannten Lehrer zu, der sich des Spitznamens „de Pape" erfreute. Der machte den Scherz aus eigener Machtvollkommenheit zum Gegenstand einer Untersuchung, die zwar völlig ergebnislos, aber mit einer gewaltigen Pauke schloß: Alle Strafen der Hölle ließ er auf die Lügner regnen, die nicht die Wahrheit sagen wollten, die auf den Straßen friedliche Leute zum Narren hätten usw. Auf solche Weise machte er aus einer Mücke einen Elefanten.

Noch ganz anders aber wütete er, wenn er, seine eigene schmutzige Phantasie auch bei anderen voraussetzend, *in sexualibus* arbeitete. Er konnte unmöglich jeden Verkehr der Knaben mit den gleichaltrigen Mädchen verhindern. Da waren Vettern und Basen; die Knaben hatten Schwestern, deren Freundinnen ins Haus kamen. Es war selbstverständlich und natürlich, daß da miteinander geplaudert und gescherzt wurde. Aber alles das wollte der Mann verbieten und verhindern. Untersagte er doch den Knaben, eine ganze Straße zu betreten, nur weil eine dort von Klosterfrauen geleitete Erziehungsanstalt war. Selbst für die in dieser Straße wohnenden Knaben hatte er verboten, an dem Nonnenkloster vorüberzugehen. Sie sollten alle möglichen Umwege machen, um zu dem Hause ihrer Eltern zu gelangen. Wie muß diesen überernährten

Mann sein Fleisch gepeinigt haben, daß er bei Kindern, die noch nicht einmal in die Pubertätsjahre eingetreten waren, die eigenen sündigen Gedanken voraussetzte! In ganz besondere Unruhe geriet er, wenn der Winter die überschwemmten Wiesen in der Umgebung der Stadt mit blinkendem Eis überzogen hatte und nun an freien Nachmittagen die männliche und weibliche Jugend mit Schlittschuhen und Handschlitten hinauszog, um eine der schönsten und gesündesten Winterfreuden zu genießen.

Am Tag nach einem solchen Nachmittag fehlte einst Heinrich bei Tisch:

„Sollte der Junge nachsitzen müssen?" fragte der Vater. Aber niemand konnte befriedigende Auskunft geben. Erst nach Schulschluß, um vier Uhr nachmittags, kam Heinrich mit Franz zusammen zur Kaffeestunde heim, völlig ausgehungert und schwer gekränkt. Als er gemeldet hatte, daß er von zwölf bis zwei Uhr habe nachsitzen müssen, fragte die Mutter, weshalb.

Da kam es ganz verzweifelt heraus:

„Ik häw ssie chedrückt!"

„Wen hast du chedrückt? und sprich hochdeuts-ch – du weißt doch, daß du nicht Platt sprechen sollst."

„Die Mäd-chen!"

„Was ist das?" forschte die Mutter weiter. „Du hast die Mäd-chen chedrückt?"

Nun warf sich aber eine der Schwestern ins Mittel: „Ich bin ja dabei gewesen, er hat unseren S-chlitten chedrückt. Mariechen vom Markt" – das war ihre Base – „und ich haben drauf chesessen!"

Da mußte die Mutter laut lachen. Also der gute Junge hatte den Schlitten geschoben, auf dem seine Schwester und seine neunjährige Base saßen und dafür wurde er von dem Zeloten mit zwei Stunden Nachsitzen unter Entzug des Mittagbrotes bestraft. Als der Vater die Geschichte erfuhr, geriet er in heftigen Zorn: „Dabei hört doch alles auf! Der Kerl ist wohl – "

„Vater!" fiel die Mutter mit einem Blick auf die frohlockenden Augen der Kinder ein, und so blieb ihm das Wort „verrückt" im Halse stecken.

Es sollte aber bald noch ganz anders kommen. Einige Mitschüler und einige Mädchen waren arg in den bösen Mund des Städtchens geraten. Ob an dem Gemunkel etwas Wahres war und was, das bleibe dahingestellt. Jedenfalls ist es nicht herausgekommen. Aber nach Ansicht des Lehrers sollte und mußte es herauskommen. Zu diesem Zweck horchte er andere Schüler aus. Er ließ sie zu sich kommen und forderte von ihnen unter Androhung von Prügeln, sie sollten sagen, was sie wüßten.

Hierunter befand sich auch Franz. Auf die Aufforderung des Lehrers, nach Schluß des Nachmittagsunterrichtes zu ihm in seine Wohnung zu kommen, begab er sich dorthin. Unterwegs zerbrach er sich den Kopf, was er wohl angestellt haben könnte; denn etwas hatte er immer auf dem Kerbholz. Aber er kam nicht auf den richtigen Gedanken.

In der Stube empfing ihn der Lehrer mit der Eröffnung: Es seien da zwischen einigen Schülern und Mädchen unzüchtige Dinge vorgekommen. Er wisse wohl, daß Franz nicht selbst daran beteiligt gewesen sei; aber er wisse auch, daß Franz von diesen Dingen Kenntnis habe. Einige der Beteiligten hätten schon gestanden, aber wahrscheinlich nicht alles. Da sei Pflicht der Mitschüler, der Wahrheit zum Siege zu verhelfen. – In diesen Sinn redete der Mann noch eine Weile weiter, und als er glaubte, Franz hinreichend mürbe zu haben, da forderte er:

„Alsso, nun ssage mir, was du weißt!"

Franz wußte in Wirklichkeit nichts, wenigstens nicht mehr, als daß über diese Geschichte geklatscht wurde, ja, er hatte über das, was eigentlich vorgegangen sein sollte, nicht einmal eine Vermutung. Aber er war in seinem tiefsten Herzen gekränkt, daß dieser Mann, der ein Lehrer der Jugend sein wollte, von ihm klipp und klar verlangte, er solle seine Mitschüler verraten. Das, was jeder anständige Junge als einen bodenlose Gemeinheit ansah, das wurde von ihm jetzt als Schulpflicht gefordert. Blutrot stiegen ihm Scham und Zorn ins Gesicht; und mit bebenden Lippen stieß er heraus:

„Ich weiß nix d'rvon!"

„Waas?!" rief ihm der Lehrer entgegen, „Du weißt nichts davon?

Du *willst* nichts wissen! – Das wollen wir aber mal ssehen. Ich werde dir die Zunge schon lösen!“

Er ging an Franz, der noch an der Tür stand, vorbei, drehte den Schlüssel im Schloß herum, so daß ein Entweichen unmöglich schien, fühlte mit der Hand in einer dunklen Ecke umher und holte eine Rute von Birkenreisern hervor.

„Halt' die Hände auf!“ herrschte er den Knaben an. In diesem war jegliche Besinnung im Schwinden: Erst wurde er zu einer Gemeinheit angehalten; dann sollte er schimpflich bestraft werden, weil er sie nicht begehen wollte – ja, nicht einmal begehen konnte, denn er wußte nichts. Keuchend stand er vor dem Mann, der sein geistliches und sein Lehramt mißbrauchte. Am liebsten wäre er ihm an die Kehle gesprungen. Aber so viel Nachdenken war noch im ihm, daß er sich sagen mußte, der dicke Mann sei ihm an Kräften himmelweit überlegen. Nur das wog er nicht, daß es sein Lehrer war, nicht, daß die geistliche Würde den Mann schützte – das wäre ihm in diesem Augenblick ganz gleichgültig gewesen. Nur die Aussicht, durch Unterliegen noch mehr Schimpf zu erleiden als bisher schon, verhütete einen unmittelbaren Angriff auf seinen Peiniger.

Aber er war fest entschlossen, sich nicht schlagen zu lassen. Zum Schein hielt er die rechte Hand hin, griff der herabsausenden Rute entgegen, entriß sie dem Lehrer, der darauf nicht im geringsten gefaßt war, griff auch mit der linken Hand zu und zerdrehte die Rute mit beiden Fäusten. Sie war schon alt und brüchig, so daß die Stücke im Zimmer umherflogen. Dann warf er den Rest mit einer Gebärde der Verachtung in die Stubenecke.

Völlig sprachlos hatte der Lehrer dem Knaben zugeschaut. Als die Reste in die Ecke flogen, sprang er hinzu und bückte sich, bei seiner Beleibtheit recht schwerfällig, sie aufzuheben – vielleicht wollte er mit dem Rest nun erst recht schlagen. Aber Franz war ihm zu flink: Sich umdrehen, den Schlüssel der Tür fassen und aufschließen, die Tür aufreißen und herausspringen, war alles eins. Die Haustür stand zufällig offen. Und mit einem Satz war er auf der Straße.

Er hörte noch die Rufe des Lehrers: „Halt, halt, willst du wohl hierbleiben!“, aber – die Mütze hatte er im Stich lassen müssen, wie Joseph den Mantel – er hörte nicht und strebte mit bloßem Kopf, was nicht weiter auffiel, weil die Knaben vielfach barhaupt gingen, dem Elternhause zu. Hier suchte er sogleich den Vater auf, der glücklicherweise daheim war, und erzählte ihm ganz unter dem frischen Eindruck des Erlebten das Geschehene.

Der Vater schäumte. Hatte er sich damals schon über die Torheit geärgert, Heinrich nachsitzen zu lassen, weil er seine Schwester und seine Base im Schlitten geschoben hatte, so war heute das Faß zum Überlaufen voll. Er hielt Franz an, in seinem, des Vaters, Zimmer zu bleiben und niemanden etwas von der Sache zu sagen. Dann begab er sich zu dem eigenartigen Erzieher. – Was dort verhandelt wurde, das ist sicher nicht sanft gewesen.

Bei seiner Rückkehr sprach der Vater:

„Ich kann dich nicht loben, ich kann dich aber auch nicht tadeln. So etwas wird nicht wieder geschehen. Aber ich habe mit dem Lehrer abgemacht, daß nicht über die Sache gesprochen wird. Nun muß ich mich auf dich verlassen, daß du mich nicht wortbrüchig machst!“

Das versprach Franz schweren Herzens; denn er hätte gar zu gern die Geschichte in aller Leute Mund gebracht. Sein Haß gegen den Lehrer und der ihm angetane Schimpf brannten wie Feuer in seiner jungen Seele. Aber er hat das Versprechen gehalten, obgleich allerlei Klatsch aufkam. Den lieben Nachbarn war es nicht entgangen, daß Franz spornstreichs der Lehrerbehausung entwichen und gleich darauf der feste Schritt seines Vaters sich dieser schnell näherte. So kam es zu allerlei Anzapfungen von seiten seiner Mitschüler; aber Franz hielt dicht.

Daß auf der anderen Seite nichts verlautete, dafür sorgten wohl die väterlichen Vorhaltungen, die es an Deutlichkeit sicher nicht hatten fehlen lassen, und – die nahe Verwandtschaft mit dem Großvater Roggenkamp. Mit einem so einflußreichen Mitglied des Magistrats und des Kuratoriums geriet man am besten nicht auf einen gespannten Fuß.

Tatsache ist, daß Franz niemals wieder unter Tücke dieses Schulmannes, wie er nicht sein soll, zu leiden hatte. Er blieb mit ihm für alle Zukunft sozusagen äußerlich auf einem unpersönlichen Fuß; innerlich haßte er ihn gründlich.

Aber als unbeteiligter Dritter erlebte und hörte er noch einige Geschichten mit, die hier ihren Platz finden mögen.

Vor dem Frühgottesdienst in der Franziskanerkirche, mit dem jeder Tag begann, versammelten sich die Gymnasiasten auf der Straße, wo diese auf den Markt führte. Hier stand der Gasthof des Städtchens, der bei seinem bisherigen, einfach denkenden Besitzer ein Schild trug mit der Bezeichnung „Gasthof von König". Er war in andere Hände übergegangen. Der Neuzeit entsprechend wurde er „neu renoviert". Dabei erfuhr auch die nach der Straße gelegene Hauswand einen Umbau.

Als die Studenten eines Morgens davor standen, war der Anstreicher gerade mit einem Gesellen dabei, um einen auf einem Untersatz stehenden Adler von Gips die Umschrift zu entwerfen, die „der Neuzeit entsprechend" natürlich „Hotel König" lauten sollte. Dabei war ein Schlaukopf auf den Gedanken gekommen, man müsse die getrennten Silben, anstatt hintereinander, kreuzweise lesen. Ein wieherndes Gelächter war die Antwort auf diesen Witz, denn das war in jedem Fall etwas für die übermütigen Buben.

Mit Mühe bekam man die Gesichter in die nötigen ernsten Falten, als der Aufsicht führende Lehrer erschien und alles ihm in die Kirche folgte. Die erste Stunde gehörte für die Klasse, in der die Geschichte spielt, dem Religionsunterricht. In einer der hinteren Bänke glaubte man sich vor Überraschung sicher. Einer der Platzinhaber malte auf einen Zettel die neu erdachte Inschrift und brachte dadurch seine Nachbarn natürlich zum Lachen.

Wie der Blitz war der Lehrer vom Katheder herunter; und es gelang ihm, den Zettel, zwar in stark zerknittertem Zustand, zu erbeuten. Triumphierend zog er sich auf das Heiligtum seines Katheders zurück, entfaltete des Papier und starrte eine Weile verständnislos darauf hin. Dann aber ging ihm wohl ein Licht auf über die gewollte Lesart. Er knüllte den Zettel zusammen, warf ihn im

Zorn zur Erde und trat mit den Füßen darauf herum. Der kleine Mann mit dem gewaltigen Bauch würde das niemals getan haben, wenn er auch nur eine leise Vorstellung von der Wirkung seines Verhaltens gehabt hätte. Noch wußte, mit Ausnahme der drei in der hinteren Bank, keiner, was eigentlich los war, und warum der dicke Mann wie ein rodelnder Birkhahn auf dem Papier herumtanzte, wobei die langen Schöße seines schwarzen Rockes aufgeregt mit hin- und herflogen.

Fragend gingen die Augen aus den vorderen Bänken von dem wütenden Schnüffler nach dem Schuldigen hinten an der Wand, als es mit einemmal im durchdringenden Flüsterton: „Honigkötel!" hieß. Da aber war kein Halten mehr. Mit fesselloser Gewalt brach sich ein schallendes Gelächter Bahn. Einige überschrien sich förmlich; sie quiekten in das allgemeine Getöse hinein. Und das alles in der Religionsstunde!

Aber das Lachen hatte sein Gutes. Augenblicklich besann sich der Lehrer auf seine Lage; und da er diesem unwiderstehlichen Gelächter einer ganzen Klasse gegenüber völlig ohnmächtig war, so sah er einen Augenblick aus, als ob er sich besänne. Dann ging er großen Schrittes aus dem Schulzimmer heraus. Das zerknitterte Blatt lag friedlich auf der Erde.

Einen Augenblick trat Stille ein; denn ein jeder ahnte, daß Bedrohliches im Anzug sei. Es wurde erst wieder lebhaft, als der Urheber der ganzen Geschichte seinen Platz verließ, schnell das Papier aufnahm und es in die Kohlenglut des Ofens warf. Denn die einen wollten ihn daran hindern, die anderen spendeten Beifall.

Längere Zeit verging in steigender Unruhe. Dann öffnete sich die Tür, und herein trat mit ernster Miene der Rektor; ihm folgte der Lehrer. Der erstere war ein Mann allgemeinen Ansehens. Er war vielleicht für einen Bildner der Jugend zu gehalten und zu wortkarg. Aber er bot den Schülern auch nicht die geringste Handhabe, wo ihr Witz oder ihr Übermut sich anheften konnte. Dabei war er nicht übermäßig streng. Hätte ein wenig Humor das Charakterbild dieses Schulmannes erheitert: Er wäre ein idealer Lehrer gewesen.

Was er ganz und gar nicht liebte, das war die auf fast allen Schulen derzeit gepflegte Inquisition, das Herumbohren in Kleinigkeiten. Hatten alle gefehlt, so wurden alle bestraft, der Rädelsführer besonders. Das war bekannt, also war die Sache klar. Der Rektor kannte die Jugend auch viel zu gut, um nicht zu wissen, daß keine Autorität den Ausbruch einer erneuten Lachsalve hätte verhindern können, wenn er auch nur den leisesten Hinweis auf das fürchterliche Wort gewagt hätte. So fuhren seine Augen beim Eintreten kurz am Boden hin, wo der Zettel liegen mußte. Offenbar ganz damit einverstanden, daß er verschwunden war, sprach er nur wenige Worte des Tadels über die Störung in der Religionsstunde und verkündete als Strafe: „Die ganze Klasse wird an zwei sonst freien Nachmittagen nachsitzen. Über den Rädelsführer wird außerdem die Lehrerkonferenz befinden." Er bekam einen halben Tag Karzer.

Dann verließ der Rektor das Zimmer, und der inzwischen wieder in Fassung gekommene Religionslehrer setzte die unterbrochene Stunde fort.

Aber die Sache war damit nicht vorbei. Kaum daß die Studenten in der Zehnuhrpause im elterlichen Hause waren, so wurde die übermütige Geschichte erzählt. Um Mittag kannte sie die ganze Stadt. Und der Gasthof hat den Namen behalten über fünfzig Jahre lang und heißt wohl noch heute so.

Ein anderes Vorkommnis hätte bei einem anderen Lehrer vielleicht nicht die gleiche Wirkung gehabt wie bei diesem auf Frömmigkeit und Tugend anderer besonders versessenen Religionslehrer. Es war im Winter. Frischer Schnee war gefallen. Vor dem Gottesdienst hatte man sich schon tapfer mit Schneebällen beworfen. Auf dem in geordnetem Zug zurückzulegenden Weg von der Kirche zum Gymnasium hatte einer der Sekundaner noch schnell eine Handvoll Schnee ergriffen, um womöglich noch einen Ball an sein Ziel zu bringen. Er fand aber keine Gelegenheit dazu. So wußte er keine bessere Verwendung dafür, als den Ball heimlich seinem Vordermann in die Tasche der Joppe zu stecken. Der bemerkte ihn erst, als er schon in der Klasse war.

Nun wurde beim Schluß der Stunde eine Glocke geläutet, deren Seil in das Schulzimmer der Sekunda herabführte. Dem Primus dieser Klasse oblag das Läuten. Unmittelbar neben dem Seil hart am Katheder waren zwei Haken angebracht, an denen die Lehrer Hut und Mantel aufzuhängen pflegten.

Der unfreiwillige Besitzer des in der Wärme naß werdenden Schneeballs hätte diesen zwar leicht beseitigen können, indem er ihn in den Kohlekasten oder aus dem Fenster warf. Statt dessen wählte er, ohne zu ahnen, was er anrichten würde, das Loch in der Decke, durch das das Seil von oben in die Klasse hing. Er traf es aber nicht; und der Schneeball blieb nah bei dem Loch an der Decke haften.

Die Versuche, ihn dort loszulösen, schlugen mangels einer Stange oder eines hinreichend langen Stockes fehl. Während man ratschlagte, was zu tun sei, trat der Lehrer ein. Es war wieder Religionsstunde. Er hing seinen Zylinder und seinen Mantel ahnungslos an die dazu bestimmten Haken und verbrachte, bevor er den Unterricht begann, einige Zeit damit, um eine Unstimmigkeit in den Beichtzetteln von der letzten allgemeinen Beichte her aufzuklären.

Inzwischen begann der Schneeball in der oben im Raum herrschenden Hitze schnell aufzutauen. Er tropfte; und die Tropfen schlugen laut auf den fein gebügelten Zylinder. Schon ging Zucken über manches Gesicht, das aber noch glücklich niedergekämpft wurde. Da der Lehrer nicht auf dem Katheder stand, sondern weiter vorwärts vor der ersten Bank, und als strenger Inquisitor ganz mit seiner Sache beschäftigt war, so merkte er nichts davon und runzelte nur die Stirn, als er bei dem einen oder anderen Schüler Neigung zum Lachen bemerkte.

Die Sache mit den Beichtzetteln konnte nicht aufgeklärt werden. So bestieg der Lehrer das Katheder, um zunächst das übliche Gebet vorzubeten. Kaum, aber hatte er die ersten Worte gesagt: „Komm, heiliger Geist", da löste sich der größere Teil des tauenden Schneeballs von der Decke und fiel klatschend auf den Zylinder, der vom Haken stürzte und in das Zimmer rollte.

Bei der unwiderstehlichen Komik des Vorgangs hätte keine Macht der Erde die Sekundaner im Zaum halten können. Die Sache wurde noch schlimmer, als der kleine, dicke Mann vom Katheder heruntersprang, den rollenden Hut zu fassen suchte, fehlgriff und ihn unter die erste Bank stieß, wo er vor den Füßen der dort sitzenden Schüler liegen blieb. Dienstfertig sprang der Primus auf und überreichte dem Lehrer den Flüchtling. Aber in der ganzen Klasse brüllte es vor Lachen. Einer stieß den anderen in die Seite. – Des Feixens und Prustens war kein Ende.

Die Lage war rettungslos verfahren. Der jähzornige Mann wußte sich keinen Rat. Wieder stürzte er aus Klasse, den Zylinder noch in der Hand. Wieder erschien mit ihm nach einiger Zeit der Rektor. Der Attentäter meldete sich sogleich, obwohl im nahegelegt war, es nicht zu tun. Der Rektor, dadurch zur Milde gestimmt, sprach ruhig und ernst, er wolle ihm glauben, daß er die Wirkung seines Wurfes nicht beabsichtigt habe. – Da wurde er vom Religionslehrer unterbrochen, der bestimmt eine solche Absicht unterstellte. Man merkte dem Rektor an, wie unangenehm ihm diese Unterbrechung vor der Klasse war. Er blieb aber ruhig und führte nur aus:

„Nein, Herr Kollege, wie ich Ihnen schon sagte, die Absicht kann nur gewesen sein, die Öffnung zu treffen; und dann wäre der Ball beseitigt gewesen. Das soll dem Schüler mit Rücksicht auf sein offenes Geständnis nicht angerechnet werden. Aber daß die ganze Klasse den Ernst der Religionsstunde nicht besser gewahrt hat, das verdient Strafe.“

Und diese kam: vier freie Nachmittage mit dem Vater Homer! Du alter, guter Griechenonkel hättest deine Odyssee vielleicht nicht geschrieben, wenn du geahnt hättest, wie sie nach Jahrtausenden die Sekunda unserer guten Stadt an vier langen Nachmittagen von Luft und Freiheit scheiden sollte.

War der Religionslehrer, von einigen Muckern und Musterknaben abgesehen, beim ganzen Gymnasium recht unbeliebt, so wurde er von Franz, wie schon vorher gesagt, geradezu gehaßt. Der konnte es nicht vergessen, daß er ihn unter Androhung von Prügeln zum schlimmsten Verrat seiner Mitschüler hatte anstiften wollen. Und das spätere feige Verhalten des Lehrers einem Schüler gegenüber, der ihm die Rute in der Hand zerbrochen hatte, das äußerlich Unpersönliche der Beziehungen, fügten zu diesem Haß noch ein gut Teil Verachtung.

Bei solcher Gesinnung erlebte er eines Tages eine wilde Freude, als er in Gesellschaft einiger Mitschüler nachmittags in der Stunde zwischen dem Schulschluß und dem Silentium einen Spaziergang um die Stadt machte. Die alte Stadtmauer mitsamt den Toren war damals noch erhalten. Der Graben zwischen der Mauer und dem Wall, die ehemalige äußere Verteidigungslinie, aber war schon in Gärten umgewandelt, wie auch das Land außerhalb des von hohen Pappeln beschatteten Walles Garten an Garten trug, deren Eingänge alle auf den Wall mündeten. Wunderlicherweise trug der alte Stadtwall den Namen „Promenade“; und die Gärten zwischen Mauer und Wall, also der alte, inzwischen stark eingedämmte Graben, welch letzterer die „Gräfte“ genannt wurde, hießen der Wall.

Einen dieser an die Promenade stoßenden Gärten hatte der Religionslehrer erworben. Der Nachbargarten gehörte einem hünenhaften Schmied mit Namen Düvel, der jedoch im Gegensatz zu diesem Namen, wenn er nicht schwer gereizt wurde, die Gutmütigkeit selbst war. Als die Knaben sich den Grundstücken näherten, vernahmen sie heftige Wortwechsel, und da sie die Stimme des Religionslehrers gar zu gut kannten, so pürschten sie sich vorsichtig näher, hielten sich aber in Deckung der alle Gärten umgebenden Hecken.

Es handelte sich offenbar um einen Grenzstreit. Der Schmied sollte seine Hecke, die noch klein war, über die Grenze hinaus auf das Nachbargrundstück gepflanzt haben. Möglicherweise war das richtig; denn der Schmied geriet in große Wut. Und als der neue Besitzer gar mit dem Gericht drohte, da hob er die Faust empor und rief:

„Na, dann man tau! Chottes Barmherzigkeit un Papen Bechierigkeit, deï durt büs in Ewigkeit!“

Mittlerweile hatten die Knaben sich nach und nach vorwärts geschoben und standen nun an der niedrigen Gartenpforte, über die sie mit großem Interesse auf die Streitenden schauten.

Der Lehrer wandte sich schnell von seinem Nachbarn ab und bekam so die Schüler zu Gesicht. Diese zogen ihre Mützen und wollten langsam weitergehen. Aber sogleich hörten sie ihre Namen rufen, und der Lehrer trat auf sie zu.

„Habt ihr nicht gehört, was der S-chmied Düvel vorhin für beleidigende Worte chegen mich gebraucht hat?"

Keiner antwortete. Er wurde dringlicher, fragte die einzelnen:

„Hast du nicht chehört, was er chesacht hat? – Du nicht? – Auch du nicht?"

Verneinendes Kopfschütteln.

„Ich habe nur das Wort ‚Ewigkeit' verstanden, wenn ich mich nicht verhört habe ..." antwortete Franz als letzter mit teuflischer Bosheit.

Er schwamm im Gefühl befriedigter Rache.

In seinem Eifer, Zeugen für eine gerichtliche Klage wegen Beleidigung zu finden, ließ sich nun der Lehrer so weit herab, den Knaben die Worte des Schmiedes zu wiederholen. Aber kaum hatte er das halb getan, als dieser selbst an der Pforte erschien und, zu dem Lehrer gewandt, laut vor den Knaben sagte:

„Dor bruk Chit Ink char keine Mäuhe met cheïwen, Här Vikarges; wat ik chessacht häw, det häw ik chessacht. Det stried ik nich", und er wiederholte die Worte. „Sso – nu häw chit et ok chehört!"

Damit schritt er wieder seinem Garten zu.

„Ihr müßt euch das chleich aufs-chreiben, damit ihr das nicht vercheßt!" belehrte der Lehrer.

Aber es kam anders, als der zornige Mann wohl gedacht hatte. Ob die geistliche Behörde eingriff oder sich sonst Bedenken gegen eine gerichtliche Klage ergaben, kurz: sie unterblieb; und die Knaben fanden keine Gelegenheit, vor Gericht als Zeugen aufzutreten. Desto eifriger aber haben sie die Geschichte verbreitet.

XIV.

Als einer der häßlichsten Einrichtungen der gelehrten Schule war Franz von Anfang an die Ausgabe von „Zensuren“, so hießen damals die Zeugnisse, erschienen. Ja, wenn er immer einer guten Nummer sicher gewesen wäre! In Hinblick auf seine Leistungen hätte er das meist wohl sein können; denn das Schulpensum machte ihm keinerlei Schwierigkeiten. Aber der Fleiß und die Begabung! Da lag der Hase im Pfeffer. Aus den Leistungen, dem Fleiß und der Begabung, aus dem Vergleich dieser drei, der peinlichen Abwägung gegeneinander, ergab sich erst die Nummer der Zensur.

Man unterschied:

Nummer I = sehr gut,
Nummer II = gut,
Nummer IIb = ziemlich gut,
Nummer III = genügend,
Nummer IIIb = ziemlich genügend,
Nummer IV = ungenügend.

In gleicher Weise stuften sich auch die „Prädikate“ in den einzelnen Fächern ab.

Für den begabten Schüler war es völlig hoffnungslos, fleißig zu sein. Und hätte er aus der Weisheit tiefstem Born geschöpft, waren Betragen und Aufmerksamkeit noch so gut: Im Fleiß hing man ihm immer einen Lack an. Denn was hätte sonst aus den mäßig begabten, aber sehr fleißigen Musterknaben werden sollen? Denen war die Zensur Nummer I vorbehalten. Das wäre ja eine schöne Weltordnung gewesen, wenn bei gleichen Leistungen der begabtere und der mäßig begabte Schüler die gleiche Zensur erhalten hätten!

Wo wäre dann die Belohnung für fleißiges Büffeln, für das gewissenhafte Auswendiglernen geblieben, wenn beide Schüler mit gleichem Maß gemessen worden wären!

Daß die Zensur ihrem Grundgedanken nach nichts anderes darstellen soll als den Maßstab, inwiefern der Schüler den Anforderungen der Schule entspricht, das trat stark in den Hintergrund. Die Anspornung des Fleißes beherrschte ihren Zweck. So konnte der begabte Schüler machen, was er wollte: Er kam im günstigsten Fall nicht über die Nummer II hinaus. Die Schule ließ dabei ganz unberücksichtigt, daß diese Erkenntnis den begabten Knaben einmal aufdämmern mußte, da sie immer einmal einen starken Anlauf zur Steigerung ihres Fleißes nahmen, aber ohne den erwünschten Erfolg im Zeugnis. Und dann war es natürlich mit dem Fleiß vorbei. So erging es auch Franz. Nummer IIb war in der Regel seine Stufe; gelegentlich brachte er es einmal zu Nummer II.

Da war ein ganz mittelmäßiger, aber riesig fleißiger Mitschüler namens Häfke; da waren ferner zwei Bauersöhne, einer namens Mäusken, ein richtiger dummer Kerl, aber überfleißig, ein anderer namens Rokholt, klug und sehr fleißig.

Mit letzterem verband Franz eine Art Freundschaft, die sich jedoch nicht auf Streiche und Geschichten, sondern fast ausschließlich auf das Lehrpensum erstreckte. Häfke und Mäusken erhielten durchweg als Zensur die Nummer I. Rokholt konnte es bei seiner großen Begabung und trotz bestem Fleiß niemals über die Nummer II bringen. Er sagte gelegentlich zu Franz: „Wir können machen, was wir wollen; weil wir nicht so lange büffeln wie der Primus" – das war Häfke – „und Mäusken, heißt es immer wieder auf der Zensur: ‚Fleiß ziemlich gut', oder wie bei dir: ‚Könnte besser sein'. Und so kommen wir über die Nummer II nicht hinaus."

Als Franz im späteren Leben längst sein Staatsexamen hinter sich hatte, wozu er sich auch in der Juristerei hatte umsehen müssen, da stieß er in einem Haus, in dem er einen Besuch zu machen beabsichtigt hatte, eines Tages ganz unerwartet auf den ehemaligen Musterknaben. Der lud ihn in sein Arbeitszimmer ein und klagte ihm sein Leid: Er arbeitete zum juristischen Examen und quälte sich, wie er sagte, erfolglos mit Willenbüchers Grundbuchordnung. Dabei gab er ihm das Buch in die Hand. Die ersten sechs Seiten waren ganz zerlesen und verschmutzt, der übrige Teil des Buches sozusagen unberührt. – Er könne und könne das Zeug nicht kapieren, obgleich er sich fortwährend damit herumquäle. Das war nun der ehemalige Musterknabe, der alle Vokabeln und Verse so schön auswendig gelernt hatte! Sobald die Geschichte aufhörte, mechanisch zu sein, saß er fest. Es ist ja ohne weiteres klar, daß die Schule sich nur auf den Durchschnitt einrichten kann. Aber eine erhebliche Anzahl begabter Menschen wird auf diese Weise zum Nachteil des ganzen Volkes nur zugunsten der Mittelmäßigkeit zurückgehalten.

In den Zensuren stand vor der Aufzählung der einzelnen Fächer: Betragen, Fleiß, Aufmerksamkeit. In letzterer hatte Franz stets ein gutes Zeugnis. Er war in der Stunde fast immer aufmerksam. Und damit bestritt er das Nötige. Das langweilige „Präparieren" der Klassiker daheim war nicht seine Sache. Es fand sich immer ein Fleißiger, meist war es sein Freund Rokholt, der ihm vor der Stunde auf kurze Zeit die auf einem Zettel vermerkten Vokabeln lieh. Die prägte Franz sich ein, und kam so mit dem Übersetzen meist ganz leidlich durch.

Damit soll aber nicht etwa gesagt sein, daß die Lehrer nicht durchschauten, wie wenig, oder wie „gar nicht" er sich daheim vorbereitet hatte. Denn obgleich es doch ganz leidlich mit dem Übersetzen ging, hieß es doch oft genug: „Schlecht präpariert!"

Sehr wenig gefiel Franz die Religionsstunde. Solange sie der im vorigen Kapitel erwähnte Lehrer gab, lag das wohl mit an der heftigen Abneigung gegen den Mann. Aber auch in den höheren Klassen und bei einem anderen Lehrer konnte er sich mit der Dogmatik niemals befreunden. Von jeher war ihm Religion Gefühlssache, Frömmigkeit Poesie gewesen. Was darüber hinausging, nannte er bei sich Pfaffengezänk. Und so war und blieb dieser Lehrgegenstand seine schwächste Seite.

Zwei andere Fächer, die an sich nichts miteinander zu tun haben, Latein und Mathematik, waren ihm besonders lieb. Vielleicht, weil sie seinem geraden Verstand besonders zusagten. Die knappe, klare, auf strenger Logik beruhende lateinische Sprache, die Folgerichtigkeit und Schlüssigkeit der Mathematik haben eine gewisse Ähnlichkeit miteinander. Und doch haben sie, so gern er bei beiden Lehrgegenständen war, in Franzens späterem Leben eine ganz verschiedene Entwicklung genommen. Während er von Berufs wegen die Mathematik noch öfters brauchte, hatte er ihre Lehren fast ganz vergessen. Zwar würde er heute noch den Pythagoreischen Lehrsatz beweisen können, aber einen Logarithmus aufzuschlagen vermag er nicht mehr. Dagegen bot ihm sein Beruf fast keine Gelegenheit, Latein zu treiben – es sei denn Jägerlatein –, und doch ist ihm diese Sprache, von einigen fehlenden Vokabeln abgesehen, noch fast ebenso geläufig wie zur Zeit der lateinischen Extemporalien.

Das Griechische ist aber so völlig zurückgetreten, als habe er kaum jemals etwas davon gehört; gerade, daß er es noch lesen kann. Und er hat sich doch sieben volle Jahre damit beschäftigt!

Um erst noch bei den Sprachen zu bleiben, so wurde das Französische in „korrekt" westfälischer Aussprache vorgetragen:

Que skerkez-vous, monsieur?

Sche skerske mon skapeau!

Es läßt sich begreifen, daß eine *so* gelehrte Sprache ohne jede Anziehungskraft bleiben mußte. Sie wurde zur völligen Karikatur. Dagegen aber die Naturwissenschaften! Die waren Franzens ganze Freude; besonders, da sie auch zu Hause vom Vater eine liebevolle Pflege fanden. Neben der Botanik wurde hier schon früh Schmetterlingskunde getrieben. Um einen schönen Falter für die Sammlung einzufangen oder die Raupe für die Verpuppung zu suchen, war kein Weg zu weit. Zwanzig Jahre später konnte die Pürsche auf einen starken Rothirsch nicht leidenschaftlicher betrieben werden als die Jagd auf einen Trauermantel oder Segelfalter in der Knabenzeit.

Wie hat Franz manchmal in reifen Jahren dieser Zeiten gedacht, wenn er unter der goldenen Sonne der Provence an einem einzigen Morgen alle die herrlichen Falter, die die schönste Tafel von Bergers

Schmetterlingsbüchern zieren, hätte einfangen können! Wie hat er seiner ersten wissensdurstigen Studien in Burmeisters Geschichte der Schöpfung gedacht, wenn er bei seinem Streifen um den Pic von Teneriffa in den braunen Lavatuffen, den weißgrauen Bimssteinen, rötlichen Trachyten und schwarzglänzenden Obsidianen die Knochen der Mutter Erde entblößt vor sich liegen sah oder in den Cevennen im Kreidemeer der Urzeit umherstieg und auf Schritt und Tritt auf bloßliegende Korallenstämme, Hippuriten und ähnliche Reste alter Meeresbewohner stieß! Wie an Humboldts Kosmos im *„Horto botanico"* bei Orotava oder unter dem vieltausendjährigen, jetzt gestürzten Drachenbaum bei Icod auf dem Lavastrom, der sich von der alten Kratermündung des Pic in den Atlantischen Ozean stürzt!

Und mit herzlichem Dank hat er dann des verehrten Lehrers und des lieben Vaters gedacht, die den Knaben frühzeitig in das Leben der Natur einführten. Schon in jungen Jahren machte ihn der Vater mit dem Mikroskop vertraut. Das war zunächst mehr Spielerei als Ernst. Aber aus dem Spiel wurde Ernst mit dem Wachsen der Kenntnisse. Und als eigene Forschung ihn auf dieses Hilfsmittel der Wissenschaft drängte, da war ihm dessen Handhabung, das Handwerksmäßige, nicht mehr fremd.

Zwiespältig war Franzens Stellung zum Lehrfach der Geschichte. Das hatte nicht etwa einen innerlichen, sondern einen rein äußerlichen Grund. In den unteren Klassen wurde entsprechend dem völligen Aufgehen im klassischen Altertum nur die alte Geschichte gelehrt. Das vorschriftsmäßige Lehrbuch war mit lateinischen Buchstaben gedruckt. Obgleich sich nun Franz von Schul- und Pflichtwegen viel mit lateinisch gedruckten Worten zu befassen hatte, trug er eine in ihren Gründen ihm völlig unklare, instinktive Abneigung in sich, deutschen Text im lateinischen Druck zu lesen. Diese Abneigung war so heftig, daß er es nicht über sich gebracht hat, aus dem Lehrbuch zu lernen – die Geschichte mit dem Totstechen des Athos ist ein Beweis dafür –, und in bezug auf die Kenntnisse in der alten Geschichte allein auf seine Aufmerksamkeit während des Unterrichts angewiesen war. Bei dem ungeheuren Wert, der zu damaliger Zeit auf das Behalten der Jahreszahlen gelegt wurde, war das ein nur mangelhafter Behelf.

Vaterländische Geschichte wurde nach einem anderen Lehrbuch vorgetragen, das, wie es sich gehört, deutsch gedruckt war. Hier war Franz denn auch in seinem Wissen auf der durchschnittlichen Höhe der Klasse, obgleich die Art des damaligen Unterrichts, das lederne Aneinanderreihen von Tatsachen ohne Rücksicht auf Wechselbeziehungen und inneren Zusammenhang wenig Verlockendes für die Knaben hatte.

Die Schwäche in der alten Geschichte aber blieb Franzens unveräußerliches Eigen. Sie wäre ihm im Abiturientenexamen sicherlich zum Stein des Anstoßes geworden, hätte er nicht als guter Turner in der Prima mit dem Geschichts- und Turnlehrer, einem frischen, prächtigen Mann, auf besonders gutem Fuß gestanden. Obgleich das über den Rahmen dieser Schilderung hinausgreift, mag es doch Erwähnung finden, lediglich in dankbarer Erinnerung an die Herzensgüte eines Mannes, der offenbar ein sonst schönes „Zeugnis der Reife" nicht durch eine schlechte Nummer in der Geschichte verunzieren wollte.

Kurz vor der Abhaltung des mündlichen Examens marschierte Franz als Vorturner neben der Primanerriege unter flottem Marschgesang vom Turnplatz in die Stadt zurück. Zu ihm gesellte sich der Turnlehrer, um einige auf das Turnen bezügliche Dinge zu erörtern. Als das beendet war, fragte er ihn in seiner fröhlichen Weise:

„Na, wie wird es uns demnächst in der Geschichte ergehen? An den schriftlichen Arbeiten ist nicht viel auszusetzen – aber das Mündliche! das Mündliche!"

Und ein guter Geist legte Franz die Worte in den Mund:

„Ach, Herr Doktor, wenn Sie mich nur nicht nach den Punischen Kriegen fragen, dann mag es schon gehen!"

„Ja, das könnte Ihnen wohl passen, mein Lieber. Aber wenn man seine Sache nicht gearbeitet hat, dann muß man jetzt dafür büßen!"

Damit war man bei der Stadt angelangt.

„Riege halt! Front! Wegtreten!"

Alles ging auseinander. Franz aber vertraute auf seinen Stern. Er überwand zum erstenmal den Abscheu vor dem lateinischen Druck deutschen Textes und büffelte die Punischen Kriege auf Tod und Leben.

Und als der entscheidende Tag herangekommen war, da zitterte er vor Sorge, es möchte vor ihm einer nach den Punischen Kriegen gefragt werden. Kein Wort darüber, als habe es Karthago niemals gegeben. Der Vordermann durfte sich setzen.

„Oltgrave," rief der Geschichtslehrer auf, und der sonst seinem Antlitz nicht fremde Schalk hatte dort gar keinen Raum: „Wollen Sie uns einmal sagen, von wieviel Punischen Kriegen die Geschichte erzählt, und in welche Zeit sie fallen?"

Heiß durchzuckte es Franz vor wilder Freude. Er hatte Mühe, sich zusammenzuraffen, um die Frage ruhig zu beantworten. Der Vortrag mochte dem Provinzialschulrat zu gut erscheinen. Er nickte zustimmend und stellte nun selbst noch eine Frage aus der Brandenburgischen Geschichte. Die Antwort floß wie Öl von Franzens Lippen.

„Der folgende!" hieß es.

Der Schulrat machte einen Strich auf sein Merkblatt; das konnte nur eine Eins sein. Franz setzte sich und schämte sich. Wie würde er in Geschichte das erste Prädikat erhalten dürfen! Jedoch er sorgte sich vergeblich; er bekam das zweite. Aber auch das war noch weit über Verdienst.

Als letzte Lehrfächer fanden auf den Zensuren Schönschreiben, Zeichnen, Gesang, Turnen Platz. Im Schönschreiben hat Franz es ebensowenig zu etwas gebracht wie im Zeichnen, während er in Gesang und Turnen meist das Prädikat Nummer I erzielte.

Nach der Schulvorschrift durfte in den unteren Klassen noch keine Stahlfeder gebraucht werden. Als Schreibmittel diente daher, wie früher schon erwähnt, der altehrwürdige Gänsekiel. Der mußte kunstgerecht angeschnitten werden; und da man das selbst noch nicht zustande brachte, so viel diese zu Hause dem Vater obliegende Aufgabe in der Schule dem Lehrer zu. Da saß der alte Herr, die Brille tief auf der Nase, vor der ersten Bank auf einem Stuhl – merkwürdigerweise hat er niemals auf dem Katheder gesessen – und schnitt sorgsam eine Feder an. Drei, vier Knaben standen mit ihren Federn eng um ihn herum. Die übrigen trieben Unfug, anstatt zu schreiben. Wurde der Lärm zu toll, dann schalt der Lehrer, ohne sich in seiner Arbeit stören zu lassen, immer mit denselben Worten, die den Schein erwecken sollten, als wisse er trotz seiner eifrig auf die Feder gerichteten Augen ganz gut, wer den Unfug trieb:

„Heda, du da, da hinten in der Ecke, da! Ich komme gleich dahin – da!"

Das geschah aber niemals, und nach kurzer Ruhe begann der Lärm von neuem. Was unter solchen Umständen aus dem Schönschreiben wurde, kann man sich denken.

Ganz anders aber gestaltete sich die Gesangstunde. Sie wurde im Zeichensaal abgehalten, in dem die Bänke nach hinten zu höher wurden, und zwar meist für alle Klassen zusammen. Hier übte der alte Lehrer die Schüler mit der Flöte ein, die er meisterlich blies; und wußte durch die Auswahl der vierstimmigen Gesänge eine solche Liebe zu diesem Fach zu erwecken, daß alle sich auf die Stunden freuten.

Wie anders wurde das, als die Stelle des in den Ruhestand tretenden Mannes ein junger Volksschullehrer einnahm, lang und hager, mit einem Gesicht, das vor Aufgeblasenheit zu platzen drohte! Dazu wählte der lederne Mensch Gesangstücke von allerödester Langweiligkeit aus, so daß die Lieder aus den jugendlichen Kehlen niemals recht heraus wollten. Das erste war – Franz weiß es noch wie heute – das typische Philisterlied:

O wie lieblich ist's im Kreis trauter Biederleute;
Welt und Mensch gewinnt darin eine bess're Seite.
Und das ganze Lebensbild
Wird so herrlich, wird so mild –
: : Jeder muß es lieben! : :

Das Lied hatte eine Melodie, die dem Inhalt entsprach!

Das mochte vielleicht biederen Handwerkern gefallen; aber für die frischen Knaben einer höheren Schule war das nichts. Und so fand sich allenthalben passiver oder aktiver Widerstand, sobald die vier Stimmen gemeinsam singen sollten. Namentlich waren es der zweite Tenor und der erste Baß, die die Geschichte umwarfen. Gelegentlich wurde sogar ein boshafter, falscher Text eingeschmuggelt. Alles in allem: Die ehemalige schöne Gesangstunde war verpfuscht, und eine lederne Langweile herrschte.

Dazu kam aber noch, daß der Lehrer wiederholt strengen Tadel erteilte, sobald er von den höheren Klassen nicht mit Herr „Professor" angeredet wurde, während er selbst die Sekundaner, die auf das „Sie" in der Anrede Anspruch hatten, oft genug herausfordernd duzte. Ja, er drohte sogar gelegentlich mit Schlägen, wozu ihm nicht das geringste Recht zustand. Aber er verrechnete sich auch hier manchmal. Er stand sogar einst in Gefahr, selbst geschlagen zu werden:

Um den häufig vorkommenden Störungen, die natürlich meist von den älteren Schülern ausgingen, besser vorbeugen zu können, hatte der Lehrer den ersten und zweiten Baß in die vorderen Bänke, die beiden Tenöre in die mittleren und die Nichtsänger, die während der Gesangstunde zeichnen mußten, in die letzten Bänke gesetzt. Zu den Nichtsängern gehörte Heinrich, damals in der Obertertia; zum ersten Baß Franz, damals in Obersekunda. Heinrich hatte Unfug gemacht und war dabei vom Lehrer ertappt worden. Er hatte nämlich ein kunstvoll hergerichtetes Rädchen angefertigt, das in eine in der Bank eingeschnittene Vertiefung eingelassen war und beim Drehen mit seinen vorstehenden Stiften einen gespannten Draht in Schwingung setzte. Dabei wurden Töne hervorgebracht, die in die Harmonie des Gesanges wenig hineinpaßten. Der Lehrer hatte das Drehen des Rädchens beobachtet, da er diesen Unfug aus wiederholten Vorgängen ganz genau kannte:

„Heinrich Oltgrave! Komm mal heraus!" hieß es; und er begab sich nach der betreffenden letzten Bank. Heinrich kam nicht.

„Heinrich Oltgrave," wiederholte der Lehrer wütend, „willst du mal herauskommen!"

Es half nichts; Heinrich mußte nun seinerseits etwas tun; und das geschah:

„Ich heiße nicht Heinrich Oltgrave, sondern Heinrich *von* Oltgrave!“ war die trotzige Antwort.

Sein Name war sein Recht. Hätte der Lehrer einfach „Oltgrave“ gerufen, wie es meist geschah, so wäre Heinrich wohl ohne weiteres gefolgt. Aber hier sollte, wie er fühlte – und das war wohl zutreffend – ihm sein voller Name vorenthalten werden. So bestand Heinrich auf seinem Schein. Alle Schüler sahen gespannt auf die weitere Entwicklung; in den vorderen Bänken waren sie aufgestanden und hatten sich umgedreht. Und wirklich, wider Erwarten hieß es jetzt:

„Heinrich von Oltgrave, wirst du sofort herauskommen!“

Mit einem Lineal in der Rechten, offenbar zum Schlagen, stand der Lehrer sichtlich sehr aufgeregt am Eingang der höchsten hinteren Bank, auf der jetzt Heinrich hinter den aufstehenden Schülern langsam und zögernd auf ihn zukam. Aber auch Franz war nicht auf seinem Platz geblieben. Er hätte es niemals geduldet, daß der Lehrer, gegen jede Vorschrift, seinen Bruder mit Schlägen strafte. So stand er sprungbereit etwas hinter und neben dem Lehrer auf dem Gang zwischen den Bänken und der Wand.

Jetzt war Heinrich unmittelbar bei dem Lehrer angekommen; noch stand er oben auf der Bank, höher als der recht lange Lehrer. Dieser holte schon aus, um sofort zuzuschlagen. Hinter ihm stand Franz, um ihm in den Arm zu fallen, sobald es nötig sei. Aber es wurde nicht nötig. Mit unnachahmlicher Gebärde erhob Heinrich plötzlich die Hand zum Widerschlag und stieß aus tief gekränkter Knabenbrust, wie immer, wenn es an Herz und Nieren ging, in dem geliebten Niederdeutsch die Worte hervor:

„Röhr’ mi es an!!“

Lauter Beifall ertönte von allen Bänken. Der Lehrer war in einer kritischen Lage: Über ihm stand der rasende Junge; neben sich bemerkte er jetzt das unheildrohende Gesicht des Bruders. Wenn er auch ein erwachsener Mann war, gegen die beiden gewandten Knaben, die im ehrlichen Zorn über große Kräfte verfügten, den einen über, den anderen hinter sich, befand er sich rein kämpferisch im Nachteil. Zudem wußte er ganz genau, daß er zum Schlagen nicht befugt war.

Er ließ die Hand sinken, tat, als ob er habe niemals schlagen wollen, trat zurück und sagte nichts als:

„Cheh' hinaus!"

Dann wandte er sich an Franz:

„Und was willst du hier? – Mach' dich auf deinen Platz!"

Aber diesem war der Erfolg zu Kopf gestiegen:

„Ssie dürfen mich nicht duzen. Ich bin Sekundaner und habe Anspruch darauf, ‚Sie' ancheredet zu werden, Herr Lehrer!"

Das waren zwei Hiebe mit einem Schlag, auf die Franz nicht wenig stolz war.

„Das wird sich finden!" lautete die erregte Antwort. Merkwürdigerweise aber fand sich nichts. Der Lehrer verließ die Klasse, um sich in das Konferenzzimmer zu begeben. Dort blieb er, bis es zum Schulschluß läutete – die Gesangstunde war stets die letzte des Tages –; dann gingen die Schüler nach Hause.

Natürlich waren Franz und Heinrich recht stolz auf ihre Heldentat und erzählten daheim beim gemeinsamen Kaffee, was sich begeben hatte, und was sie alles noch getan haben würden, wenn dieses und jenes noch geschehen wäre. Die Mutter hörte zunächst still zu; sie tadelte zwar nicht laut, aber die Knaben hatten doch das Gefühl, daß sie nicht mit ihnen einverstanden war. Als sie aber schließlich äußerte:

„Jungens, Jungens, ich fürchte, das wird für euch eine üble Ches-chichte", da meinten sie erst beklommen: „Was kann denn daraus kommen?" Allmählich aber drang bei ihnen doch die Überzeugung durch, daß die Schule es unmöglich straflos hinnehmen könne, wenn Schüler sich an einem Lehrer vergreifen, ob er Recht oder Unrecht habe.

Noch vor dem Abendbrot kam der Vater nach Hause. Es unterlag keinem Zweifel, daß die Mutter ihm sogleich ihr bedrängtes Herz ausschütten werde. Nicht lange, und er holte sich die Knaben in sein Zimmer, entzündete seine Pfeife und sagte, sich in seinem Sessel niederlassend, ganz ruhig und freundlich:

„Nun erzählt mir mal ganz genau, was da heute nachmittag in der Gesangstunde vorgekommen ist!"

Franz mußte zuerst berichten; dann kam Heinrich an die Reihe. Der Vater stellte einige Fragen, unter anderen die, ob der Lehrer Heinrich mit Schlägen gedroht habe. – Mit Worten nicht, aber er habe das Lineal hoch in der rechten Hand geschwungen.

Schließlich faßte der Vater seine Meinung dahin zusammen:

„Ihr habt da einen sehr bösen Streich begangen. Ein Glück ist es, daß ihr nicht zugefaßt habt. Dann wärt ihr mit Fug und Recht von der Anstalt weggejagt worden; und wer weiß, ob euch eine andere wieder aufgenommen hätte. Wie könnt ihr daran denken, euch an einem Lehrer zu vergreifen! Lehrer ist Lehrer, ob Rektor oder Gesanglehrer! Behandelt er euch ungerecht, dann könnt ihr euch beschweren. – Die meisten Jungen glauben, sie seien im Recht, wenn sie gestraft werden. Was sollte daraus werden, wenn jeder sich selbst Recht verschaffen wollte! – Nun wartet ab, was kommt! Zeigt der Lehrer die Sache an, dann geht es euch schlecht. Ich kann euch nicht helfen. Jetzt geht zu Bett, wenn ihr zu Abend gegessen habt, und denkt über das nach, was ich euch gesagt habe. – Gute Nacht!“

Die nächsten Tage vergingen, ohne daß in der Sache etwas geschah. Der Lehrer hatte offenbar ein ebenso schlechtes Gewissen wie die Knaben. Er hat keine Anzeige erstattet. Aber alles, was Oltgrave hieß, war seit der Zeit seinem kleinlichen Rachegelüst ausgesetzt. Dem waren Franz, der ohnehin bald zur Prima auf ein Vollgymnasium abging, und Heinrich zwar gewachsen; aber als die jüngeren Brüder das Gymnasium bezogen, da machte der Mann ihnen das Leben so zur Hölle, daß der Vater sie vorzeitig nach auswärts geben mußte.

XV.

Wer hat wohl die boshafte Einrichtung ersonnen, die Zeugnisse *vor* den Ferien auszuteilen, anstatt beim Wiederbeginn der Schule?! Liegt etwa der Gedanke zugrunde, daß die den Schulanforderungen nicht genügenden Schüler die Ferien benutzen sollen, den Mangel durch fleißiges Arbeiten auszugleichen? Das wäre eine Bankerotterklärung des Unterrichts!

Schon die Ferienarbeiten stellten eine erhebliche Beeinträchtigung der Freiheit vom Schulzwang dar. Ihre Anfertigung wurde jedoch bis auf die letzten Tage hinausgeschoben und hing wie eine schwarze Gewitterwolke am heiteren Himmel süßer Ungebundenheit. Nun stand obendrein vor dem Beginn der Ferien als Feindin jeder Vorfreude, die die schönste aller Freuden ist, die Zensur. Wer hatte da nichts zu fürchten? Wer war so fleißig, daß er mit Sicherheit eine gute Nummer erwarten durfte? Mit Ausnahme der wenigen Musterknaben kein einziger!

Ja, wenn man den Schülern, die die Schule verließen, entweder überhaupt, oder um auf eine andere Anstalt überzugehen, die Zeugnisse bei Schluß der Schule ausgeteilt hätte! Das würde richtig gewesen sein. Aber den übrigen?

Und nun gar auch noch vor den Weihnachtsferien! Die Versetzungen erfolgten zur damaligen Zeit im Herbst. Ausgesprochenermaßen sollten die Zensuren vor den Weihnachtsferien den Antrieb bilden, die zweite Hälfte des Winterhalbjahres recht fleißig zu sein, um zu Ostern ein möglichst gutes Zeugnis zu bekommen.

Zu dem Zweck wurden sie auf recht niedrigem Fuß gehalten und verdarben so den Schülern, und noch mehr oft den Eltern den schönsten Teil der Weihnachtsfreude.

Mit bebender Hand empfing der Knabe das bedeutungsvolle Blatt. In Unruhe erwarteten die Eltern die Rückkehr des Sohnes von der Zensurenverteilung. War auch im Herbst das Schlimmste vermieden, war die Versetzung in die höhere Klasse erreicht, so fand sich doch fast immer ein Haken, an den sich der elterliche Tadel heften konnte, nachdem die Ermahnung des Lehrers glücklich überstanden war. Aber auch das ging vorüber. Und die Freiheit einer schönen Zeit lag endlich ungetrübt vor den verlangenden Augen der Knaben. Bei den großen Herbstferien weit, endlos, wunderherrlich; nicht so weit, aber immerhin einzig schön bei den Weihnachts- und Osterferien.

Freilich, im Hintergrund drohten die bösen Ferienaufgaben. Es gab Schüler, die den festen Vorsatz faßten, sie sofort in den ersten Tagen vollständig fertigzustellen, um dann vor ihnen Ruhe zu haben. Auch Franz zählte wiederholt zu diesen Lebenskünstlern; aber über den Vorsatz ist er nicht hinausgekommen.

Waren die Zeugnisse nach dem Wunsch der Eltern ausgefallen, so brachte dieses glückliche Ereignis für Franz und Heinrich oftmals ungeahnte Freuden mit sich. Entweder gab es eine Ferienreise zu Verwandten im Nachbarstädtchen, mit längerem oder kürzerem Aufenthalt daselbst. Oder sie durften den Großvater oder die Großmutter in deren Landauer nach der nächsten Eisenbahnstation und größeren Stadt begleiten. Oder sie erhielten gar, wie es einmal der Fall war, wegen besonders guter Zeugnisse vom Großvater eine ansehnliche Geldsumme geschenkt, die für eine selbständig zu unternehmende Rheinreise bestimmt war. Davon mag hier einiges erzählt werden.

In dem einige Meilen entfernten Nachbarstädtchen lebte eine Schwester des Vaters, die an den dortigen Bürgermeister verheiratet war. Das war ein noch kinderreicheres Haus als das eigene; und der Kutscher Hendryk, der gelegentlich den Vater im eigenen Wagen dorthin fuhr, sagte einmal, als er von solcher Fahrt zurückkehrte:

„Ne, Frau Dokterin, wie" – er rechnete sich in alter schöner Weise völlig zum Hause – „wie häwt all Kinder as ‚Gottes Ssegen bi Cohn' – awer dor, dor is det sso vull as en Pöttken met Piere!"

Bei der ersten Reise dorthin waren die Knaben in Untertertia und Quinta. Es war ein Herbst, so schön wie er sein konnte. Gegen sieben Uhr in der Frühe stand der Wagen bereit. Es gab einigen Wortwechsel zwischen den Brüdern über den Platz auf dem Bock, den Vater dahin schlichtete: „Die erste Hälfte des Weges soll Heinrich, die zweite Franz diesen bevorzugten Platz innehaben." Mutter und Schwestern begleiteten die Reisenden an den Wagen. Es war das erste Mal, daß die Mutter die Kinder auf längere Wochen von zu Hause fortgab. Sie war ganz gerührt. Die Knaben aber lachten – was wußten sie von der bangenden Liebe einer Mutter! – und ließen die so wohlgemeinten Ermahnungen an dem einen Ohr hinein, an dem anderen heraus.

Einige Jahre später mußte Franz lebhaft an diese erste Ausreise denken, als die Mutter ihn nach den ersten Weihnachtsferien als Unterprimaner nach dem Städtchen C. zurückbegleitet hatte. Es war ein schöner Wintermorgen, und Franz hatte die Mutter zur Rückfahrt auf die Post begleitet. Der Postillion hatte sein Lied geschmettert, und rasselnd war der Wagen aus der Stadt gefahren. Franz aber ging ins Freie und geriet zufällig auf den Turnplatz. Dort fiel mit elementarer Gewalt das Heimweh über ihn her, das süßeste und tiefste Leid, das ein Kinderherz treffen kann. Und er war doch schon ein großer Knabe, der in zwei Jahren die Hochschule beziehen sollte! Mit nassen Augen warf er sich, todunglücklich, in das taufeuchte Gras und jammerte der verlorenen Mutter wie dem fernen Elternhause nach. Von da an blieb ihm für das ganze Leben ein tiefes Mitgefühl, eine ehrerbietige Achtung vor jedem heimwehkranken Kind, das in seinen Kreis trat.

Die Pferde zogen an, ratternd fuhr der Wagen im Schritt über das holperige Pflaster aus dem Städtchen hinaus, polterte über die Lippebrücke, um dann im tiefen Sand zwischen Wiesen, Büschen, Heiden, Wallhecken und Feldern dem nächsten Dorf zuzustreben. In Ranstrop wurde halt gemacht. Schimmelmann hieß der Wirt; und ein stolzer Schimmel prangte auf blauem Grund auf dem Wirtshausschild. Aber der Mann war Gastwirt nur im Nebengewerbe; er war ein tüchtiger Bauer, der vier Gespann Pferde, eine stattliche Rinderherde und ungezählte Schafe im Stall hatte.

Gleichwohl begrüßte er seine Gäste selbst, wenn er nicht auf dem Feld war. So trat er jetzt an den Wagenschlag, ein rüstiger, frischer Sechziger, bewillkommnete den Vater mit Handschlag, nahm an jeder Hand einen Knaben und führte sie in das geräumige Gastzimmer, in dem die Dielen mit weißem Sand bestreut waren, und wo die Sauberkeit von den blankgescheuerten Eichentischen lachte.

Ein frisches, junges Weib mit blauen Augen und hellem Haar trug auf, als sollte eine Kompanie Soldaten abgefüttert werden; und die Knaben langten zu. Der Wirt brannte seine kurze Pfeife an und setzte sich an den Ofen, dessen blauweiße Delfter Kacheln von Wohlstand und Behagen sprachen.

Ein Wort gab das andere; der Vater erkundigte sich nach der Bäuerin, da er gehört hatte, der Bauer, der vor einem Jahr Witwer geworden, habe sich wieder verheiratet.

„Oh –,“ sagte der Bauer und zog schmunzelnd an seiner Pfeife, „Ik denk, et cheiht ehr chot!“

„Ik mög ehr wol chähne chon Dach sseggen, Schimmelmann,“ sprach de Vater weiter, „is ssei te Hus?“

„Wat will se nich, Här Dokter,“ war die Antwort, „ssei was jo all in de Stowe!“

„Nee,“ erwiderte der Vater, „det was jo ’ne chans junge Däne!“

„Oh – Här Dokter, det het nix op sik; ssökke Dinger wört van sselwst olt!“

Damit erhob er sich, öffnete die Tür zur nebenan befindlichen Küche und rief:

„Annemarie, komm’ doch es en Ogenblick harin – de Här Dokter will nich chlöwen, det du mine Frau büs!“

Lachend und doch mit einem verschämten Ausdruck trat die junge Bäuerin auf den Vater zu:

„Jo, Här Dokter, S-chimmelmann het mi chehieroth; un ik häw em en s-chönen Hof metchebracht. Un wann hei ok all chriese Hor het – hei brukt ssik vö keinen jungen Käl te s-chämmen!“ schloß sie eifrig.

Den Sinn der letzten Worte verstanden die Knaben natürlich

nicht. Vielleicht deshalb erst recht, weil sie so offen und selbstverständlich gesprochen wurden. Der Vater aber blickte die Frau schelmisch an und wünschte ihr Glück für den neuen Ehestand.

Bei der Weiterfahrt kam Franz auf den Bock. Zuerst führte der nun besser werdende Weg an dem alten, ehrwürdigen Dorfkirchlein vorüber; dann durch eine lange Allee von alten Buchen nach einem Schlößchen, das inmitten schilfreicher Sümpfe auf einem Hügel an der Lippe lag. Auch dieses hatte einst der Familie Oltgrave gehört. Es war jetzt samt den umliegenden weiten Ländereien in fremden Besitz und wurde von einem Pächter bewohnt. Der stand beim Näherkommen des Wagens selbst unter dem Torbogen, trat dem Vater entgegen und bat ihn, an das Krankenbett einer alten Wirtschafterin zu kommen, der es sehr schlecht ging. Der Wagen fuhr auf den Hof, und der Vater nahm den Knaben mit ins Haus, wo ihnen der Pächter die weiten Gänge und Hallen zeigte, in denen Jahrhunderte alte Hirschgeweihe von fröhlichen Jagden erzählten, die einstmals die in der Umgebung stockenden, jetzt längst gerodeten Wälder durchhallt hatten.

Nach einiger Zeit kam der Vater fröhlich lachend mit der Frau des Pächters zurück. Beim Weiterfahren erzählte er, was ihm begegnet. Er sei an das Bett der über achtzig Jahre alten, aber bis vor kurzem noch rüstig arbeitenden Schaffnerin getreten und habe bald erkannt, daß sie im Sterben liege. Beim Verlassen des Zimmer habe er der Pächterin leise gesagt: Es ginge zu Ende; es müsse wohl nach dem Geistlichen geschickt werden. Da habe sich die alte Person wie ein Gespenst im Bett aufgerichtet und laut gerufen:

„Wat sset Hei? – te Ende? Met Ssine Bütte smiet ik noch noh deï Bieren!“

„So eine Lebenskraft steckt noch im Tode in diesen kernigen Leuten!“ schloß der Vater.

Vor Franzens Augen erhob sich nun ein Berg, wie man einen solchen Hügel in diesem flachen Land nannte: der Annaberg. Ein alter Wallfahrtsort, in dessen Nähe späterhin ein gewaltiges Römerlager entdeckt wurde. Hier erreichte man die Chaussee, und nun kam man im flotten Trab bald ans Ziel.

Am entgegengesetzten Ausgang des Städtchens lag das Haus des Onkels. Die meistens dort lebende Mutter des Vaters, Onkel und Tante, die Vettern und Basen wurden lebhaft begrüßt. Dann verbrachte man den Nachmittag in dem um das Haus liegenden großen Garten. Am Abend fuhr der Vater wieder heim.

Was war das für ein wunderbares Erwachen zum erstenmal in der Fremde! Eine ganze Weile dauerte es, bevor sich Franz in der ungewohnten Stube, in die die Morgensonne durch bunte Vorhänge hineinschein, zurechtfand. Und plötzlich wurde ihm alles klar. Es waren Ferien. Er war auf Reisen, in der fremden Stadt, im Hause des Onkels. Schnell verließ er das Bett, schob den Vorhang beiseite, und da? Was war das? In der Weite zeigten sich rund mit größeren Kuppen im blauen Ton der Ferne Berge – es konnten nur wirkliche Berge sein; aber wo kamen die mit einemmal her? Nun besann sich Franz: Von unten, in dem mit hoher Hecke umgebenen Garten, zwischen den Häusermauern der Stadt hatte er sie am Tag vorher nicht sehen können. Und als er zu Bett ging – ja, da hatte er wohl vor dem Herablassen der Vorhänge etwas Fernes, Dunkles gesehen, es aber für Wolken gehalten.

Das war ein herrliches Erwachen; und an den fröhlichen Morgen schlossen sich fröhliche Tage. Der Onkel war ein eifriger Jäger; die Knaben durften ihn auf seinen Jagdstreifereien begleiten, die erlegten Rebhühner und Hasen tragen und lernten dabei das Land in seiner weiteren Umgebung kennen. So streiften sie manchmal auf eigene Faust durch die Heide, Wälder und Felder; oft mit den Vettern, am liebsten aber ganz allein. Bei solcher Gelegenheit traf sie einst ein Unglück, das sich tief in Franzens Seele grub, so daß er die Einzelheiten niemals vergaß.

In einem Wäldchen, das etwa eine Wegstunde von der Stadt entfernt lag, entdeckten die Brüder einen großen Raubvogelhorst. Obgleich die Knaben ganz bestimmt wußten, daß er zu dieser Jahreszeit weder Eier noch Junge enthalten konnten, so konnte Heinrich, der ein vorzüglicher Kletterer war, es doch nicht unterlassen, hinaufzusteigen. Er wollte sehen, was darin war; denn die Größe versprach etwas Außerordentliches. Der Horst stand auf einer Buche, dort, wo sie sich in ziemlicher Höhe gabelte. Da der Stamm nicht zu stark war, so glaubte Heinrich, auch ohne Hilfe von Ästen hinaufkommen zu können. Franz stand unten und sah dem Beginnen zu. Langsam arbeitete sich Heinrich in die Höhe. Von Zeit zu Zeit machte er eine Pause. Jetzt war er bald unter der Astgabel, an der Franz von unten einen dünnen, aber morschen Zweig zu erkennen glaubte. Gerade wollte er Heinrich davor warnen: Da streckte dieser auch schon die rechte Hand danach aus. Der Ast brach, und Arme und Beine weit ausgestreckt, stürzte Heinrich rücklings von der Höhe herab. Dumpf schlug der Körper neben dem vor Schreck erstarrten Franz auf das grüne Moos zwischen zwei Wurzelanläufen des Baumes.

„Heinrich!" rief Franz, aus seiner Erstarrung erwacht, und stürzte sich auf den völlig leblos daliegenden Körper. Die Augen waren geschlossen, kein Atemzug war zu vernehmen. So kniete er neben dem Bruder, ängstlich forschend, ob er die Augen nicht wieder aufschlagen würde. Er schüttelte den Leblosen, rief seinen Namen; doch kein Zeichen gab Kunde, daß noch Leben in ihm sei.

So blieb dem verzweifelten Knaben denn kein Ausweg, als die Leiche seines Bruders mitzuschleppen; denn auf den Gedanken, Leute zu holen, und daß seine Kräfte gar nicht ausreichen würden, den toten Bruder auch nur hundert Schritt weit zu tragen, kam er in seiner Verzweiflung nicht. Ihn beherrschte nur das instinktive Gefühl, er müsse den so elend verunglückten Heinrich fortschaffen von diesem schrecklichen Ort.

Mit vieler Mühe gelang es ihm, beide Hände des auf den Rücken Hingestreckten auf seine Schultern zu bringen, sich langsam damit aufzurichten und den leblosen Körper einige Schritte weit zu schleppen. Er mußte anhalten, Atem schöpfen. Da war ihm mit einemmal, als habe er Heinrich seufzen gehört. Er glaubte sich getäuscht zu haben, horchte angestrengt hinter sich: – da – wieder!

Nun ließ er den Körper vorsichtig zu Erde gleiten, und da – die Tränen stürzten ihm aus den Augen – da sah er den Totgeglaubten die Lider aufschlagen. Über das bleiche Gesicht ging ein Lächeln, die Augen schlossen sich wieder, um sich mit einem tiefen Seufzer erneut zu öffnen:

„Heinrich, leiwen Heinrich – büs du nich *dod*?!"

Mit dieser Frage sank er neben seinem Bruder nieder, der nun, wie aus einem Traum erwachend, fragte:

„Wat is? – Wat is los?"

„Du büs ut dem Bom chefallen!"

„Nee?!"

„Du büs hier ut dem Bom chefallen – cheïht 't nu wier chot?"

„Ut wat fö' en Bom?"

„Ut deï Bäuke, wor det Nest in is!"

„Ik weït van kein Nest!"

Damit versuchte Heinrich sich aufzurichten, sank aber mit einem Schmerzensschrei wieder in sich zusammen. Auf Franz wirkte das wie ein Donnerschlag. Denn soviel wußte er als Sohn eines Arztes vom menschlichen Körper: Dahinter konnte eine schwere Verletzung des Rückgrates stecken. Sollte der arme Junge nur deshalb mit dem Leben davon gekommen sein, um mit gebrochenem Kreuz dazuliegen?!

Heinrich hob sich mit den Schultern, ging in die Stütze mit dem rechten Arm, wälzte sich unter schmerzlichem Gestöhn rechts herum, stützte beide Hände auf und zog die Beine in Kniestellung. Nun gottlob, der Rücken hatte keine schwere Verletzung erlitten! Ein erleichtertes Aufatmen zeigte, daß Franz soeben dieser Gedanke durchzuckt hatte.

„Nu help mi es op!" bat Heinrich. Franz faßte ihn unter beiden Armen durch und hob. Heinrich straffte sich, stöhnte – aber er stand! Auf Franzens Arm gestützt, versuchte er einige Schritte: Es ging! Bald ging es besser; und nach einer halben Stunde war wieder Herr seines Körpers; nur klagte er, es schmerze ihn in allen Gliedern. Und das war nach dem fürchterlichen Fall kein Wunder. War doch sein Gedächtnis über die nächst vorhergegangenen Geschehnisse völlig geschwunden; es stellte sich erst nach Wochen wieder ein. Die auf dem langsam zurückgelegten Heimweg zunächst auftauchende Frage: Wie verhalten wir uns den Verwandten gegenüber? wurde sehr schnell dahingehend beantwortet: Es wird kein Ton gesagt! Denn sonst wäre es mit den Spaziergängen und

Streifereien der beiden Brüder allein endgültig vorbei gewesen. Das hätte um so mehr geschmerzt, als die Zuneigung zu den Vettern nicht besonders groß war.

Die Wochen gingen dahin. Hatte man sich wie ein König auf den Antritt der Ferienreise gefreut, so erschien jetzt die Heimreise mehr und mehr verlockend. Und als man eines schönen Morgens dem Vater entgegengehen durfte, der seine Jungen mit dem Wagen abholen kam, da war der Jubel groß. Da, wo die Chaussee vom Annaberg sich zu Tal senkt, da hatten die Knaben sich auf einen am Graben liegenden Baumstamm niedergelassen. Am liebsten wären sie ja dem Vater immer weiter entgegengegangen. Aber es war nicht ganz sicher, ob er, wie bei der Hinfahrt, über Ranstrop kommen würde; möglicherweise kam er auch die Chaussee entlang. So machte man also vor dem Zusammentreffen des Ranstroper Weges mit der Chaussee halt.

Bei jedem Wagen, der aus der Allee bei Ranstrop sichtbar wurde, hieß es: Das ist er! Um bald zu erkennen, daß es ein Ackerfuhrwerk sei. Schließlich aber war kein Zweifel mehr möglich. Das so vertraute Rappengespann, die blanken Knöpfe des Kutschers Hendryk boten jede gewünschte Sicherheit. – Nun ging es eilenden Schrittes dem Fuhrwerk entgegen.

Es war nicht des Vaters Art, viel Zärtlichkeit zu zeigen. Aber es drang aus seinen Augen, es klang aus seiner Stimme bei der Begrüßung doch ein so warmer Ton, daß die Knaben es tief beglückt empfanden; er freute sich ebenso über das Wiedersehen wie sie selbst. Auch Hendryk bekam seine fröhliche Begrüßung. Verschmitzt raunte er den Knaben zu: „Ik häw ok wat te vätellen!“ Das mußte aber zunächst auf sich beruhen bleiben; denn Franz und Heinrich mußten für die noch zurückzulegende Strecke beide zu dem Vater in den Wagen kommen. Das war ihnen trotz der Neugier auf Hendryks Erzählung lieb; denn in der Freude des ersten Wiedersehens konnten sie dem Vater nicht nah genug sein.

Als man aber am Hause des Onkels eingetroffen war und die Begrüßung des Vaters drinnen miterlebt hatte, da drängte man nach draußen, unter dem Vorwand, Hendryk beim Ausspannen zu helfen.

„Na – wat heß du dann te vätellen?“

„Ja – Junges, det kö chit chahnich chlöwen: Willm Roggenkamp ssit drei Dage in't Lock!“

Das war ein kolossaler Triumph; und Hendryk stand breitbeinig da, den Kummet des Sattelpferdes in der Hand, den er ihm eben über den willig hergegebenen Kopf gestreift hatte.

„Drei Dage in't Lock?!“ wiederholten Franz und Heinrich wie auf Kommando. „Bi de Pollezei?“

„Och – wat – bi de Pollezei!? Bi Chroßmutter!“

„Bi Chroßmutter?! – Wat is dann passiert?“

„Ja, wat is passiert? Hei het wat in't Chebetbauk ches-chreïwen!“

„Wat dann?“

„Na, chit kennt doch det Chebetbauk van Chroßmutter ok. Un dor sall an eïne Stelle instohen: ‚Hier lasse einen Sseufzer chehen‘“ – die beiden Knaben nickten: Ja!, mit Stielaugen – „und dor het hei achter ches-chreïwen: ‚Und wenn du kannst noch einen – !‘; un dorfö ssitt hei nu in't Lock!“

Natürlich kannten die Knaben das große schwarze Gebetbuch der Großmutter mit dem gelben Schnitt und dem gewaltig großen Druck; und über die Seufzerstelle hatten sie oft genug ihre Witze gemacht. Daß der Vetter Wilhelm aber die Unverfrorenheit besessen hatte, die Aufforderung zu ergänzen, das hätten sie nie für möglich gehalten. Denn das mußte bei der fleißigen Benutzung des Buches den ersten Tag herauskommen. Sie mußten weidlich lachen, erkundigten sich dann aber teilnehmend, wo Wilhelm denn eingesperrt sei, und ob er noch sitze.

„Hei mag d'r nu all woll wier ut ssin; Chroßmutter mag em woll wat ches-chenkt häwwen. – Jans was chistern bi us un het chefrogt, wann chit wier kommt. Ehrchistern het de Prisong anchefangen; un chistern ssatt hei noch. – Ssei het hem in deï Kammer chesperrt, wor det chrote Linnens-chap in steht. Dor het hei en Dis-ch un en Staul inchekreïgen un mot afs-chriewen; det mot em ssur ankommen. Blot tau 't Etten un – ssüß – wöt hei harut cheloten. Det däuht Chroßmutter sselwst; un den Sslöttel het ssei in de Tasche. – Nu mo'k awer fö den Wagen ssorgen.“

Das war eine harte Strafe für den übermütigen Schreiber. Aber die Großmutter hatte schon lange strenge Maßregeln angedroht, weil sie behauptete, die Vettern verwilderten bei der häufigen und langen Abwesenheit ihres Vaters völlig.

Nach der Kaffeerunde wurde aufgebrochen. Mit nicht ganz derselben Freude, wie sie es vor einigen Wochen betreten hatten, verließen die Brüder das Haus des Onkels. Damals hatte die Zeit bis zum Schulbeginn endlos ausgesehen; damals trat man mit ungezügeltem Hoffen in unbekannte, fremde Verhältnisse – jetzt stand am Himmel der Freude schon dunkel und drohend die Schule. Die Ferienarbeiten harrten der Erledigung. Und wenn man sich auch herzlich auf die Heimat freute, so war doch dort alles bekannt und vertraut, und der Reiz des Neuen, Fremden fehlte.

Als die Reisenden Ranstrop hinter sich hatten, dunkelte es schon stark. Die Laternen wurden angezündet; und dann ging es unter Piepen und Quieken des alten Wagens, dem Knarren des Geschirrs, durch den tiefen Sand, der jedes Räderrollen verschluckte. Scharf traten die von den Laternen beleuchteten Kruppen der Pferde hervor. Der Kerzenschein lief an den Hecken und Bäumen des Weges mit. Hin und wieder tauchte ein grell erleuchteter Busch auf wie ein Gespenst, um gleich darauf im Dunkel wieder zu verschwinden.

Der Vater gab Rätsel auf, erzählte von schweren Nachtfahrten bei Schnee und Kälte, wie sie der Beruf eines Arztes mit sich bringt. Hendryk half mit kurzer Bemerkung nach, wenn etwas besonders Wichtiges vergessen war. Dann wieder hing jeder seinen Gedanken nach. Es war ein trauliches Fahren.

XVI.

Alljährlich im Herbst pflegte die Großmutter eine Reise in die nächstgelegene größere Stadt zu machen, die sich nicht selten auch nach Köln richtete. Das geschah, um für ihre Kinder und die stetig wachsende Enkelschar die nötigen Weihnachtseinkäufe zu machen. Um nun in jedem Fall das Richtige zu treffen, nahm sie einige der Töchter oder Schwiegertöchter mit. So sparsam sie in Kleinigkeiten und im gewöhnlichen Leben war, so freigiebig war sie bei solcher Gelegenheit. Sie kaufte nur gediegene Sachen und sah nicht auf den Preis. „Billig einkaufen," pflegte sie zu sagen, „ist fast immer s-chlecht einkaufen; chute Dinge müssen auch chuten Preis haben."

Was sie ihren Töchtern an Schmuckgegenständen schenkte, das zeichnet sich noch heute durch Geschmack und Kostbarkeit aus. Franz besitzt noch eine damals von der Großmutter gekaufte Krefelder Seidendecke, die, obgleich sie seit mehr als fünfzig Jahren bei Festen und Feiern als Tischdecke gedient hat, an Farbenpracht noch heute ihresgleichen sucht.

Eines schönen Tages sollte diese Reise vonstatten gehen. Einer vom Vierblatt durfte auf dem Bock mitfahren. Es wurde gelost, und Franz ging als der Glückliche aus dem als Urne dienenden Hut hervor. Warm eingepackt saß er am frühen Morgen neben Chroßen Franz auf dem Bock hinter den stolzen Schimmeln des Großvaters und sah einen Chausseebaum nach dem anderen vorüberfliegen. Die Unterhaltung mit seinem Nachbarn war nicht sehr glänzend; wortkarg wie immer tat der seine Pflicht als Kutscher; und mehr als Ja oder Nein bekam Franz nicht aus ihm heraus.

Nach einiger Zeit, als die Sonne zum Vorschein kam, ließ die Großmutter halten und den Landauer aufschlagen. Es war den warm eingehüllten Damen im geschlossenen Wagen zu heiß geworden. Nun bekam auch Franz seinen Anteil an der Unterhaltung.

War die auch meist von der Art, daß sie ihn wenig fesselte, so horchte er doch manchmal auf, wenn Dinge erzählt wurden, die für sein Ohr nicht bestimmt waren. Es war lange her, daß die Damen zuletzt auf dem Bock gesessen hatten; und sie hatten wohl vergessen, wie gut das Ohr da oben gedämpft gesprochene Worte von unten her versteht. *Eine* Geschichte ist Franz nie wieder aus dem Gedächtnis geschwunden. Hätte er auch nicht gewollt – er mußte jedes Wort verstehen, weil der Stoff die erzählende Tante schließlich so hinriß, daß sie förmlich schrie. Und als die Großmutter, die sich am ersten wieder gefaßt hatte, fragte:

„Franz, du hast doch nichts chehört?“ wurde es ihm schwer, vor Lachen ein ironisches breites „Nein“ herauszubringen.

Es war von einer sehr reichen, älteren, alleinstehenden Dame die Rede, deren Nichte, die junge Witwe eines Staatsanwaltes mit Vornamen Cornelia, sie pflegte; dafür sollte sie sie beerben.

Die Tante hatte gedämpft begonnen:

„Übrigens ist die Pflege der alten Dame chahnich sso einfach. Cornelia hat mir allerlei Ches-chichten davon erzählt. Chelegentlich muß die Ernährung durch Klistiere“ – das Wort wurde zwar nur geflüstert, aber Franz verstand es doch – „erfolgen. Und da ist die alte Frau sso eigen – das ssoll man chahnich chlauben.“ Hier wurde die Erzählerin schon lauter. „In die Einfüllung wird immer ein Kognak chechossen und verrührt. Ob Cornelia den nun einmal wirklich vergessen hatte, oder ob die alte Dame sich das einbildete – kurz, als sie mit dem Chessicht nach der Wand ihr Süppchen bekommen hatte, da blieb sie sso liegen und klagte chans weinerlich: ‚Cornelia – Cor-nelia!‘ ‚Ja, Tante?‘“ Und nun kreischte sie heraus: „Du hast schon wieder den Cognac verchessen!“

Das Lachen und Quiecken im Wagen wollte kein Ende nehmen; und als auch Franz sich ausschütten wollte vor Übermut, da mahnte die Mutter:

„Junge, Junge, wenn du was chehört hast – du darfst nix davon ssagen!“

Na, das war nun für einen fröhlichen Knaben etwas viel verlangt; aber ein Geheimnis, um das vier Damen wissen, das ist auch kein

Geheimnis mehr. In diesem Fall steht nun nicht einmal fest, ob Chroßen Franz, bei all seiner sonstigen Wortkargheit, nicht die Geschichte für wertvoll genug hielt, das Gehege der sonst verschlossenen Zähne zu öffnen. Kurz, nach wenigen Tagen ging sie im Städtchen von Mund zu Mund.

Der schönste Teil der Reise war für Franz unstreitig die Wagenfahrt, auch die Fahrt in der Eisenbahn hatte ihrer Seltenheit wegen noch ihre Reize. Aber das Laufen von Geschäft zu Geschäft, bepackt mit Einkäufen aller Art, das war für Franz nur eine geringe Freude. In der Eisenbahn hatte man aus einem wohlgefüllten Korb ausgiebig gefrühstückt. Nun sollte, nach Besorgung aller schönen Dinge, vor der Rückfahrt auf dem Bahnhof noch etwas Warmes gegessen werden.

Fünf „Bifstücks" wurden von der Großmutter bestellt. Sie fragte nach dem Preis, und in der Meinung, den Kellner zu recht eiliger Ausführung der Bestellung zu bestimmen, bezahlte sie ihn im voraus und gab obendrein ein gutes Trinkgeld.

Der Zeiger auf der an der gegenüberliegen Wand befindlichen Uhr rückte unerbittlich vor; bis zum Abgang des Zuges dauerte es nur noch eine Viertelstunde – die „Bifstücks" kamen nicht. Ärgerlich und im Reisefieber erhob sich die Großmutter in ihrer ganzen Stattlichkeit und stapfte, sich auf den Regenschirm stützend, zum Schenktisch: Es war niemand da. Da klopfte die energische Frau aber so bestimmt mit ihrem Schirm auf, daß alsbald eine Frauengestalt erschien, der sie dringende Vorstellungen machte.

An dem gemeinsamen Tisch wieder angelangt, warf sie einen Blick auf die Uhr; dann sagte sie mit aller Entschiedenheit in dem lieben Platt:

„Sso – wann nu noch tweï Minuten üm ssind, und deï Ssake kömmt nich, dann choh'k wech – un lot sse drop ssittten!" Lautes Gelächter ihrer Kinder belehrte sie, daß sie ja schon im voraus bezahlt habe; aber es hatte doch geholfen. Die „Bifstücks" kamen und konnten gerade noch in Eile vor Abgang des Zuges verzehrt werden.

* * *

Wo die tiefsten Gründe lagen, die Franz und Heinrich eines Tages vor die geradezu unfaßbare und völlig unerwartete Freude stellten, allein eine Rheinreise zu machen, das ist Franz niemals recht klar geworden. Wahrscheinlich lagen sie in dem zeitigen Zusammentreffen zweier guter Zeugnisse; vielleicht aber auch nur in dem überaus gütigen Herzen des Großvaters. Die Roggenkampschen Vettern wurden nämlich schon früh von ihren Vater mit ins Seebad genommen, wohl, weil er, der soviel durch Geschäftsreisen von zu Hause ferngehalten wurde, seine Kinder einmal ganz für sich allein haben wollte. Da den Oltgraveschen Brüdern bei so einer Abreise, wie die Mutter zu sagen pflegte, „das Herz blutete", so mag die Güte des Großvaters hier nach einem Ausgleich gesucht haben.

Genug, eines Tages wurden Franz und Heinrich zum Großvater beschieden, der sie fragte, ob sie nicht gern einmal eine Reise machen möchten.

„Ja, chewiß – chern. Aber wohin? – Und mit wem?"

„Nun, ihr solltet die Reise allein machen – traut ihr euch das wohl zu tun?"

„Ja – aber wohin?"

„Nun – an den Rhein! Und zehn Tage könnt ihr fortbleiben; das Reisegeld will ich euch schenken. Den Reiseplan müßt ihr mit eurem Vater entwerfen."

War das ein Jubel! In zehn Tagen konnte man ja den ganzen Rhein vom St. Gotthardt bis zur Nordsee bereisen. Die ausschweifendsten Pläne wurden entworfen. Köln, Mainz, Straßburg, Schaffhausen, Basel, Bodensee und die Alpen. Das schwirrte nur so in den Köpfen der Knaben umher, bis der Vater die ungezügelte Phantasie einfing und an der Hand einer großen Karte der Rheinprovinz auf das wirklich Erreichbare lenkte. Das sah ungefähr so aus: Je einen Tag zur Hin- und Rückreise; also noch acht Wandertage! Die sollten von Königswinter ausgehen; das Ahrtal hinauf bis in die Eifel, das Brohltal hinunter wieder zum Rhein.

Mit sorglicher Liebe arbeitete der Vater den genauen Reiseplan mit den Knaben aus. Und es hatte etwas tief Rührendes, als der vielbeschäftigte Mann eines Morgens Franz und Heinrich in die

Eisenbahn setzte, wohin er sie im Wagen begleitet hatte, und ihnen mit feuchten Augen Lebewohl sagte:

„Jungens – Jungens, wie gern käm' ich mit. Ich habe mich seit Jahren darauf gefreut, mal mit euch zu wandern. Aber ich habe einige Schwerkranke; ich kann nicht fort. – Kommt glücklich wieder!"

Dahin brauste der Zug; Düsseldorf, Köln flogen vorüber. Wie leuchteten die Augen, als im Südosten die ersten Umrisse des Siebengebirges auftauchten! Vertraute Formen, die zu damaliger Zeit in vielen Bildern verbreitet waren. In Königswinter wurde übernachtet. Es war das erstemal, daß die Knaben in einem Gasthof zur Nacht blieben. Alles war ihnen neu, es wurde mit großem Interesse gemustert. Allmählich meldete sich aber auch der Magen. Man ließ sich, weil man sich nicht so recht in das Gastzimmer hineintraute, die Speisekarte auf das Zimmer bringen. Geld hatte man. Franz, als der Ältere, hütete die Kasse. Sie wäre, wie sich später herausstellte, bei Heinrich besser aufgehoben gewesen. – Also suchte man nach etwas ganz Gutem, wenn es nicht gar zu teuer war!

Vieles verstand man überhaupt nicht, weil eine rheinische – und nicht nur eine solche – Speisekarte zu damaliger Zeit und leider auch noch viel später eigentlich nur die Preise in deutsch führte. Alles andere war halb französisch, halb englisch, keines ganz oder richtig: echtes Kauderwelsch.

Schließlich einigte man sich auf ein Omelette. Man wußte zwar nicht, was das sein würde. Aber damit stand es bei anderen Sachen ebenso, und es war nicht gar so teuer. – Hier machte sich bereits Heinrichs bessere Finanzkunst geltend.

Ja, aber nun mußte und wollte man doch auch etwas trinken. Da standen auf der Rückseite der Speisekarte Weine über Weine, alle für die Verhältnisse der Knaben recht teuer. Von den billigen, landesüblichen offenen Weinen stand natürlich nichts da. Doch halt! Da unten kamen Biere. Aber was waren das für Namen! Zu Hause kannte man bayrisches Bier und Altbier; das schien es hier nicht zu geben. Na, vielleicht wurde es anders genannt. Vielleicht war „Ale" die hiesige Bezeichnung für bayrisches Bier. „Och, wi wöllt et es probieren!" Es war auch das billigste.

Also, es wurde geschellt. Der Kellner erschien. Mit der Speisekarte in der Hand wurde ihm das Gewünschte angezeigt. „Sehr wohl, meine Herren!“ Meine Herren!? Das war den Jungen noch nicht vorgekommen. Dem mußte man ein anständiges Trinkgeld geben. Das verdiente der Mann ja schon wegen seiner großen Höflichkeit.

Zuerst kam das „Ale“, eine nicht sehr große, für den Preis recht kleine Flasche, mit zwei Gläsern. Es sollte sich erst zeigen, was für einen gewaltigen Inhalt sie barg.

Der Kellner entfernte sich, ohne die mit einem Korken verschlossene Flasche zu öffnen. Nun, das konnte man ja auch selbst; denn einen Korkenzieher hatte man am Messer. Mit einiger Mühe gelang die Sache – aber was war das? Gleich hinter dem Korken her drang eine Masse festen, braunen Schaumes. – Nun, das wird sich wohl geben! Das hatten die Knaben, wenn sie an festlichen Tagen dem Öffnen der Champagnerflaschen zusahen, auch schon öfter beobachtet. Aber hier dieses, das dauerte doch viel länger. Schon lief der Schaum aus der noch immer von Franz in der Hand gehaltenen Flasche auf die Diele.

„Cheit doch in!“ rief Heinrich – und Franz goß die beiden Gläser voll Schaum. Die Flasche aber schäumte weiter; schon war der Teller, auf den sie gesetzt war, am Überlaufen. Also den Korken wieder drauf! Ja, wenn das ginge – aber der war viel zu dick. Es konnte eigentlich keinen Zweifel darüber geben, daß der Inhalt der Flasche verdorben sein mußte. Welches Bier schäumte denn so ununterbrochen?! Vorsichtig wurde der Schaum in Gläsern gekostet; die Brüder sahen sich an: „Det smeckt jo sso bitter! ... “ Das konnte nicht mit rechten Dingen zugehen. Mittlerweile hatte sich der ganze Inhalt der Flasche in Schaum verwandelt. Das übrige lief über den Teller, troff vom Tisch auf den Boden. Da erschien der Kellner mit der bestellten Speise, setzte sie vorerst auf einen Nebentisch, den Teller mit der Flasche dazu, riß das Tischtuch fort und legte zum Ersatz eine Serviette auf den Tisch. Auf Franzens bescheiden geäußerte Meinung, das Bier wäre wohl nicht gut, lächelte er überlegen: Das sei beim Ale oft so; man müsse es nur ganz vorsichtig in das schräge gehaltene Glas gießen: „So, meine Herren!“, und er zeigte es. „Soll ich eine neue Flasche bringen?“ „Nein!“ „Danke!“ klang die bestimmte Antwort von beiden Knaben gleichzeitig.

Nun setzte der höfliche Mann das Omelette auf den Tisch, legte Teller, Messer, Gabel, Serviette dazu und verließ im gewohnten Eilschritt das Zimmer. Als sie allein waren, sahen die Brüder sich an. Ihre Augen wanderten zu der Schüssel mit dem gelben Inhalt: „En Pannekauken!“ schrie Heinrich und brach in schallendes Gelächter aus. Auch Franz erfaßte der Galgenhumor, und er stimmte in das Lachen ein. Also darum war man mit der Tasche voller Geld auf Reisen gezogen, hatte unter all den auf der Speisekarte verzeichneten schönen Dingen die Auswahl, um zuerst mit dem Bier gründlich hereinzufallen und schließlich als lukullisches Gericht einen Pfannkuchen zu finden.

Doch der inzwischen redlich erworbene Hunger forderte sein Recht. Man machte sich über den Kuchen her. Und siehe da: Er schmeckte nicht nur ganz anders und besser als sein Vetter daheim – er war auch recht reichlich geraten und sättigte die schreienden Mägen nach Wunsch.

Der frühe Morgen fand die Brüder schon unterwegs. Zwar wurde die Überfahrt über den Rhein durch Nebel stark beeinträchtigt; dafür wurde es um so schöner, als dieser sich hob und das Rheintal in seiner ganzen Pracht vor ihren Augen lag. Am Tag darauf ging es ins Ahrtal. Im malerischen Altenahr wurde übernachtet; dann strebte man rüstig an der rauschenden Ahr entlang hinauf in die Eifel.

Hier ist Franz ein Erlebnis im Gedächtnis geblieben, das vielleicht für sein Leben, für die Berufswahl, von entscheidender Bedeutung war. Es war an einem Nachmittag; man lagerte an einem murmelnden Waldbach unter alten Buchen, die sich hoch den Hang hinaufzogen. Golden lag die Sonne auf dem Moos der alten Stämme, deren helle Säulen das grüne Dach da oben trugen. Märchenhafte Stille umgab die Knaben. Da – horch! Ein Jagdhorn erschallte oben vom Hang her; voll und weich erfüllten die Töne plötzlich die Stille mit Harmonie. Sie schienen sich im Echo um die alten Bäume zu winden, sich zu fangen, sich zu umschlingen, bis sie leise verhallten. Aber noch lange lagen sie in Franzens Ohr. Ein Zauber ohnegleichen hatte ihn gefangengenommen. Etwas so Schönes glaubte er noch nie erlebt zu haben; und nie hat er es vergessen. Immer wieder von neuem trat das Erlebnis vor seine Seele. Der Gedanke, der Wunsch, so etwas nochmals, öfters zu erleben, ergriffen Besitz von ihm.

Ja, ein Jäger, ein Weidmann wollte er werden; im Walde wollte er leben. Das stand mit der Zeit fest bei ihm. Und wenn auch zwischendurch andere Berufe mit ihren schönen Seiten sich verlockend vor ihn hinstellten: Die Klänge am Waldbach in der Eifel haben die Oberhand behalten. Ein Weid- und Waldmann ist er geworden und zeitlebens mit ganzer Seele geblieben.

Die Tage der Wanderschaft gingen dahin. Bei sinkender Sonne kamen die Knaben das Brohltal hinunter eines Tages in Maria-Laach an. Sie verbrachten den Abend an dem einzig schönen See, um am folgenden Morgen über Andernach die Heimreise anzutreten. Doch bevor es dazu kam, trat nach all den herrlichen Tagen die Prosa des Lebens noch unerbittlich an sie heran.

Obgleich Heinrich hin und wieder gemahnt hatte, mit dem Reisegeld vorsichtig zu sein, damit es auch für die Rückfahrt reiche, hatte der finanzpolitisch weniger veranlagte Franz davon nicht recht etwas hören wollen. Nunmehr aber ließ sich einer genauen Prüfung des Kassenbestandes nicht mehr ausweichen, es mußte festgestellt werden, was noch vorhanden war. Das ergab die trübe Tatsache, daß man bei äußerster Sparsamkeit und der größten Beschränkung im Essen und Trinken vielleicht gerade bis zur letzten Eisenbahnstation kommen könne. Was dann werden solle, müsse sich finden; im Notfall müsse man sich zu Fuß nach Hause begeben. Das wäre an sich weiter nichts gewesen, wenn nur während der Zeit die Nahrung nicht gänzlich fehlen würde.

Zur größeren Sicherheit aber übergab Franz die Kasse an Heinrich; und dieser führte bis auf zwei Groschen, um die er, auf der letzten Station angekommen, den bekannten Postillion anpumpte, die schwierige Finanzaktion glänzend durch.

Man war wieder daheim. Man hatte erzählt von Anfang bis zu Ende; jedem, der es hören wollte. Aber es war auch mit den Knaben eine erhebliche Veränderung vorgegangen, die sie selbst gar nicht, die Mutter aber desto mehr bemerkte. Nicht etwa in üblem Sinn; im Gegenteil: Die zehntägige Reise auf eigene Faust hatte die Knaben gereift; sie waren selbständiger geworden. Ihre Ansprüche an dieses und jenes im Hause, das ihnen vordem nicht gut genug erschienen war, waren gesunken. Es ging ihnen wie anderen Reisenden auch: Wer sich erst draußen den Wind hat um die Ohren wehen lassen, wer fremde Sitten und Gebräuche kennenlernte, der erst weiß recht zu schätzen, was die Heimat ihm Gutes bietet.

Aber die größere Selbständigkeit zeigten die Knaben nicht nur anderen gegenüber; sie trat auch im Verhalten untereinander zutage. Bisher hatte sich der um zwei Jahre jüngere Heinrich dem älteren Bruder fast immer willig gefügt. Die beiden waren im hohen Maß verträglich gewesen. Ausnahmen davon hatte es nur während der Ferienaufenthalte bei den schon erwähnten Verwandten gegeben, weil die dortigen Vettern ihr Vergnügen daran fanden, die Brüder gegeneinander zu hetzen.

Nach der Reise begann Heinrich sich Franz gelegentlich zu widersetzen; und da er von Natur jähzornig war, kam es einige Male zu Raufereien, in denen er unterlag. In einen solchen Streit verwickelt, wurden die Knaben einst von der Mutter überrascht. Franz lag oben und hatte Heinrichs Jacke gefaßt. Heinrich aber hatte besser zugegriffen: Die rechte Hand riß in Franzens Haarschopf; mit der Linken kniff er ihn ins Ohr.

Die Mutter brachte die Streitenden auseinander. Und da sie Franz obenauf gefunden hatte, so hielt sie ihn für den Angreifer; ob mit Recht oder Unrecht, sei dahingestellt. Heinrich ging straffrei aus; Franz schäumte ob dieser für ihn offenbaren Ungerechtigkeit vor Wut. Es half ihm aber nichts; er wurde in eine dunkle Kammer gesperrt, in die ein Spalt in den Fensterläden gerade so viel Licht hineinließ, daß man unmittelbar am Fenster lesen konnte. Die Mutter hielt ihm eine gewaltige Strafpredigt und gab ihm ein Gedicht zum Auswendiglernen auf, das ihrer Meinung nach sehr schön für die Lage paßte, während Franzens wütender Sinn ganz entgegengesetzter Ansicht war. Es begann:

> Wo bist du hingefloh'n, geliebter Friede?
> Gen Himmel, in dein mütterliches Land?
> Hast du dich, ihrer Ungerechtigkeiten müde,
> Ganz von der Erde abgewandt?

Es war ein furchtbares Gedicht für die Stimmung eines erbosten und sich ungerecht behandelt glaubenden Knaben – aber es half nichts: Franz wurde nicht eher aus der Gefangenschaft erlöst, als bis er das ganze Gedicht fehlerlos hersagen konnte.

Heinrich hatte natürlich zunächst triumphiert, dann allein, hatte ihn die Langeweile erfaßt; und heimlich war er an die Tür des Gefangenen gekommen:

„Franz, kaß't all?" Der hatte gegen Heinrich längst allen Groll vergessen; nur mit der Mutter zürnte er, und zwar noch mehr wegen des von ihm geradezu albern bezeichneten Gedichtes als wegen der ganzen vermeintlich ungerechten Behandlung. Als Heinrich aber wiederholt anklopfte und ihn bat, doch recht schnell zu lernen, damit sie wieder zusammen spielen könnten, da machte er sich über das Gedicht her und konnte es auch recht bald auswendig.

Die Mutter war sehr überrascht, als Heinrich bei ihr mit der Meldung eintraf, Franz könne jetzt sein Gedicht:

„Woher weißt du das?"

„Ich hab' ihn chefragt!"

„Wenn er es auch s-chon kann – er hat noch lange nicht chenug chesessen. Hat er dir denn sehr weh chetan?"

„Och – chahnich! Ich hab ihn ja an die Haare und ans Ohr chehabt; un er mich bloß an de Jacke!"

„Ja – er hat dich aber niedercheworfen!"

„Neee! Ich hab' ihn umcherissen; un da is er auf mich chefallen!"

Wie schlecht kennt doch selbst eine Mutter ihre Knaben! Da sollte einer zugestehen, er sei in einer Rauferei unterlegen! Na, so dumm! Und es dämmerte ihr, daß sie den Franz vielleicht doch zu hart behandelt habe. So prüfte sie den Bestraften. Der schnatterte ihr ohne jede Betonung den „dämlichen Quatsch“ vor. – Aber er konnte ihn ohne Stocken hersagen; und so wurde er unter der eindringlichen Beschwörung, sich niemals wieder mit Heinrich zu prügeln, aus der Haft entlassen.

* * *

Frühzeitiger als sonst setzte in diesem Jahr der Winter ein. Schon am Nikolaustag, am 6. Dezember, trugen die überschwemmten Wiesen über; und da der Tag auf einen Mittwoch fiel, also einen freien Nachmittag mit sich brachte, so zogen die Knaben nach Tisch mit Schlittschuhen, Stuhlschlitten und dicken Fausthandschuhen zur Eisbahn. Die war zufällig auf einer Wiese, auf der der Bauer Schulte im Herbst sein Weidevieh gehabt hatte. Sie war zu diesem Zweck mit langen Schleeten eingekoppelt.

Wenn die Knaben sich vom langen Laufen ausruhten, so setzten sie sich auf die Schleete. Die morschen darunter brachen hier und dort unter der Last; und unter dem Gelächter der Umstehenden stürzten die Sitzenden zu Boden, die Beine in der Luft. Das mochte wohl auch der nicht entfernt wohnende Bauer beobachtet haben, kurz, er kam drohend angelaufen. Die flinken Knaben liefen auf den Stahlschuhen lachend und höhnend davon. Im Bestreben, einen oder den anderen zu greifen, kam der Mann zu Fall; er schlug hintenüber mit dem Kopf aufs Eis. – Da lag er wie tot.

Die kleinsten der Knaben machten in ihrer Angst, daß sie fortkamen. Von den älteren aber liefen einige schleunigst auf den Hof, um das Unglück zu melden. Dort ließ die Bäuerin sofort anspannen und brachte den Besinnungslosen in die Stadt zum Arzt. Franz und Heinrich waren eiligen Schrittes nach Hause gegangen. Dort trafen sie den Vater und die Mutter am Kaffeetisch. Der Vater war gerade von einem auswärtigen Krankenbesuch heimgekommen, um alsbald zu einem anderen Kranken weiterzufahren. Der Wagen hielt vor der Tür.

Bei der unerwartet aufgetretenen Kälte hatte die Mutter dem Vater Tee mit Rotwein vorgesetzt, den er mit Behagen schlürfte, als die Bäuerin mit dem von den Knaben schon gemeldeten, immer noch besinnungslosen Bauern eintraf. Der wurde mit Hendryks Hilfe in das Sprechzimmer getragen und kam unter des Vaters Behandlung bald wieder zu sich. Die Tür nach dem Flur stand offen; neugierig lugten die Kindergesichter in die Stube hinein.

Jetzt äußerte der Bauer den Wunsch, etwas zu trinken, worauf der Vater Franz beauftragte, von der Mutter ein Glas Tee mit recht viel Zucker und Rotwein zu erbitten. Das wurde schnell ausgeführt. Der Vater nahm Franz das Glas aus der Hand:

„So, Schulte, trink chit es!“

Der trank, erst bedächtig; dann sog er mit Behagen das ganze Glas in sich hinein, atmete schwer auf und sagte aus tiefster Brust:

„Düwel! – Hä, Dokter! – Ha, Junge, det däuht chot! Det is jo chrade, as wann di en Engel op't Hatte pißt!“

Quietschend vor Lachen stoben die Kinder auseinander, und der Vater hatte Mühe, eins zurückzurufen, um noch ein Glas zu bringen.

Das Silentium war am heutigen Abend nicht von besonderer Andacht. War es nicht der eine, dann war es der andere, der die bäuerlichen Worte in immer neuer Wendung aufs Tapet brachte.

XVII.

Von den alljährlich sich wiederholenden, nicht dem Kirchenjahr angehörenden Festen verdienen erwähnt zu werden: das Schützenfest, der große Herbstmarkt oder die Kirmes und die Turnfahrt. Die letztere war eine Veranstaltung der Schule. Schützenfest und Herbstmarkt wurden von dieser eher mit feindlichen Augen betrachtet, von den Schülern aber desto weniger; denn ihnen machte der Unfug Freude, der den Lehrern Kopfzerbrechen verursachte. Auch den Eltern bereitete das Schützenfest allerlei Kummer, und zwar wohl deshalb, weil es an der von der eigenen Behausung am weitesten entfernten Stätte gefeiert wurde: nämlich „auf dem Lippetal". Es mußte zwar eigentlich heißen: *in* dem Lippetal, aber das wäre falsch übersetzt; denn in der Ursprache, dem Plattdeutschen, hieß es: „op't Lippedal".

Ob dieses gefürchtete „Lippedal" den Eltern noch anderen Grund zur Beängstigung gab als durch seine entfernte, die Beaufsichtigung erschwerende Lage, das ist den Kindern nicht bekannt geworden. Und es gab doch für die Knaben weit und breit keinen interessanteren Aufenthaltsort als das „Lippedal". Es war ein weiter Platz mit mächtigen Pappeln und Linden, auf dessen freien Stellen größere und kleinere Flußschiffe in Menge auf Stapel lagen. Dazwischen zerstreut Sägegruben, Seilspinnereien, Schmiedewerkstätten: alles, was zum Schiffsbau gehört.

Jedesmal, wenn man „op't Lippedal" gewesen war, hatte man dort neue Reize entdeckt; immer gab es etwas zu sehen, was es anderswo nicht gab. Immer aber hatte man auch ein schlechtes Gewissen und scheute auf dem Nachhauseweg vor der Frage: „Wo bist du chewesen?" Hier also wurde das Schützenfest abgehalten. Nicht zwischen den im Bau begriffenen Schiffen und Sägekuhlen: nein, am Ende, wo die Werft ans freie Feld stieß; dort stand die

Vogelstange. Und unter der letzten breitästigen Linde, da wurde das große Tanzzelt aufgeschlagen.

Das Schützenfest dauerte zwei Tage. Am Sonntag nach dem Vormittagsgottesdienst sah man einen Mann, den man sonst nie auf einem Pferde beobachtete – er hieß Bulte und war Auktionator – in weißen Hosen, schwarzem Rock, mit einem großen Hahnenfederhut, aufgeregt durch die Hauptstraßen des Städtchens traben, bis er alle seine Mannen zusammen und auf dem Markt aufgestellt hatte. Das war der Schützenhauptmann, der jahrein, jahraus diese Würde bekleidete; nicht zu verwechseln mit dem Schützenkönig, dem der beste Schuß immer nur für ein Jahr sein teures Amt bescherte.

Standen die Schützen alle, gleichfalls in weißen Hosen und schwarzem Rock, auf dem Markt in Reihe und Glied, die mit einem Blumenstrauß geschmückte Büchse auf der Schulter, dann erst wurde der Schützenkönig des Vorjahres abgeholt. Die zweigliedrige Schützenreihe schwenkte in Gruppen ein. Der Hauptmann setzte sich im kühnen Galopp an die Spitze, drehte sich, einen gewaltigen Säbel schwingend, halb nach hinten herum: „Bataillon marsch!“ Mit Tschingderassabum fiel die Musik ein; und im flotten Marsch setzten sich die Schützen nach dem Hause des vorjährigen Schützenkönigs in Bewegung. Hier hieß es: „Bataillon halt!“ – Es wurde eingeschwenkt; und unter der Tür des festlich geschmückten Hauses erschien der König, über und über mit silbernen Medaillen und Schildern behangen. Die Schützen präsentierten; die Fahne senkte sich; die Musik blies Tusch.

Von zwei Offizieren mit gezogenem Säbel begleitet, setzte sich jetzt der König an die Spitze des wieder in Gruppen gegliederten Zuges; und durch die mit Flaggen geschmückten Straßen wurde nach dem Lippedal marschiert. Dort, im Zelt, hatte der König einen Frühschoppen zu geben, bei dessen Bestreitung er zwar von einer Hilfskasse unterstützt wurde, dessen Unkosten jedoch gar zu kleine Leute von dem Wettbewerb um die Königswürde zurückhielten.

Alsbald wurde mit dem Schießen nach dem Vogel auf der Stange begonnen; und bis zum feierlichen Einzug des neuen Königs in die Stadt, bei dem die meisten Schützen sich schon in stark gehobener Stimmung befanden, war es mit dem soldatischen Wesen vorbei.

Die Knaben traten bei dem ersten Aufmarsch der Schützen in der Stadt, bei der sogenannten Parade auf dem Markt, als strenge Kritiker auf. In der Turnstunde exerzierten sie ja auch und wußten, wie es sich gehörte. „Kiek es den Snieder!“ hieß es, wenn ein ehrsamer Schneidermeister als letzter Mann beim Schwenken trotz großer Schritte nicht mitkam, weil die Nebenmänner zu stark ausschritten. Oder: „Kiek es dor!“, wenn einer beim Abteilen der Gruppen nicht ordentlich aufgepaßt hatte und, anstatt auf der Stelle zu treten, munter vorging und dabei die ganze Ordnung umwarf.

Erst am Montag nach dem Mittagessen, wenn der Sonntagsrausch gehörig ausgeschlafen war, wurde weiter geschossen. Nach altem Herkommen war der Nachmittag schulfrei, sicherlich zum großen Kummer der Lehrerschaft. Aber sie konnte sich dem nicht entgegenstellen – gingen doch im Lauf des Nachmittags, auch wenn der Vater nicht zur Schützengesellschaft gehörte, alle Familien zum Kaffee und Kuchen wie zum Konzert ins Schützenzelt. Dazu nahmen sie die nicht mehr gar zu kleinen Kinder mit.

Es wurde regelmäßig dämmernder Abend, bis die letzten Reste des Vogels von der Stange heruntergeschossen waren, und der letzte Schuß zugleich den neuen König brachte. Nach Beendigung der damit verbundenen Feierlichkeiten ordnete sich mit mehr oder weniger Mühe, meist mit mehr, der Schützenzug. Unter rauschender Musik, mit starker Strapazierung der türkischen Trommel, wie die Pauke genannt wurde, zog alles zur Stadt. Es wurde schnell Abendbrot gegessen; dann eilte man wieder zum Zelt, wo nun bis in den hellen Morgen getanzt wurde.

Hiervon waren natürlich die Kinder ausgeschlossen. Den Unfug, halbwüchsige Knaben und Mädchen mit zum Tanz zu nehmen, kannte man damals noch nicht. Nur als Franz die Sekunda erreicht hatte, durfte er die Eltern am Abend noch in das Schützenzelt begleiten, die dort mit den übrigen Honoratioren bei einem Glas Wein das allgemeine Volksfest mitfeierten, bis die Fidelitas begann und nur noch die unverwüstlichen Ritter von der Gemütlichkeit mit den Schützentöchtern fröhlich umhertanzten.

Bei einzelnen begann allerdings die Fidelitas schon recht frühzeitig. Zu diesen gehörte, als Franz zum erstenmal am Abend im Zelt sein durfte, der neue Schützenkönig selbst. Der Mann hatte in seiner Freude und bei dem allseitigen Zutrinken zu viel getan. Er war sehr redselig geworden und, wie es schien, sehr stolz auf seine neue Würde. Er mußte eine Rede halten, und er hielt sie; denn eine versetzte Rede war damals schon eine ebenso schwere Krankheit wie heute. Erst stieg er auf einen Stuhl:

„Meine verehrten Damen und Herren, liebe Schützenbrüder!"

„Bravo! – Bravo!"

„An meinem heutigen – "

„Bravo! – Bravo!"

„An meinem heutigen Ehrentag – "

„Jawohl! – Bravo! Bravo!" schallte es von allen Seiten.

„Ehrentag. Ehren – "

Unter lebhaftem Lachen der Umsitzenden stieg er auf den Tisch; Flaschen und Gläser gerieten in Gefahr.

„Ja – an meinem heutigen Ehrentag bin ich – "

„Bravo! – Bravo! – "

„Bin ich stolz – bin ich stolz – "

Da machte die Hünengestalt von Ohme Halswitt der Sache ein Ende und rettete, was außer dem Redner auf dem Tisch stand. Mit beiden Armen faßte er den redseligen König um die Beine – „Bin ich stolz – ", schallte es noch einmal von oben –, hob ihn an und setzte den Mann mit seinen klirrenden Silberketten und Schildern auf den Fußboden. Dann sagte er mit seiner starken, ruhigen Stimme:

„Heinrich, du ssolß nich stolz ssein; denn dein Vater hat ‚Wiesejänneken' cheheißen!"

Die Musik rettete die Lage und blies Tusch. „Hoch, hoch, hoch!" brauste es dreimal durch das Zelt. Der König bezog die Hochs auf sich. Er war ganz zufrieden und wankte an Ohme Halswitts Arm zu einem anderen Tisch, von wo sich ihm Arme und Gläser zum Anstoßen entgegenstreckten. Alles ging in Jubel und Lachen auf.

Einige vorlaute Zecher, die „Prost, Wiesejänneken!" riefen, wurden von den übrigen zum Schweigen gebracht; und bald beherrschte wieder Tanzmusik und harmlose Fröhlichkeit das Zelt.

Am hellen Morgen, gegen vier Uhr, wurde Franz, der längst in seinem Bett lag, durch Paukenschlag und Musik aus dem Schlaf geweckt; er schob den Vorhang beiseite: Da brachten die letzten Tänzer mit der Musik ihre Tänzerinnen nach Hause. Darunter hatte sein fröhlicher Onkel August, ein Gerichtsassessor, das recht hübsche Kindermädchen des elterlichen Hauses, Clementine, am Arm. Ja, das war noch ein richtiges Volksfest!

Die Schüler mußten selbstverständlich am Morgen nach dem Fest rechtzeitig in der Kirche sein, während die älteren Festteilnehmer sich ausschliefen und sich um die Mittagszeit zum Katerfrühstück besuchten. So fand Franz das ganze Haus voll von Gästen, als er um zwölf Uhr aus der Schule kam. Darunter war auch ein älterer Vetter, der das Fest als richtiggehender Student mitgemacht hatte. Er war mit seinen Schwestern erschienen, um einmal guten Tag zu sagen und recht viel Heringssalat zu essen. Auch einige junge Frauen der näheren Freundschaft waren zugegen. Und es kam die Rede auf ein auffallend schönes Mädchen der Stadt, das gestern eine sehr begehrte Tänzerin dargestellt hatte. Dabei erzählte eine mitleidige Seele, „es sei so s-chade, daß das Mädchen bei aller S-chönheit an einem recht üblen Mundgeruch leide – vielleicht käme das von s-chlechten Backzähnen."

Der Vetter war nach diesen Worten ganz still geworden. Plötzlich erhob er sich – er müsse noch zu einer anderen Familie. Die Schwestern blieben noch; und so geleitete ihn die Mutter zur Haustür. Ganz rot im Gesicht und sich vor Lachen schüttelnd, erschien sie kurz darauf wieder. Alles fragte nach dem Grund:

„Denkt euch – nein, ich kann es nicht ssagen!"

„Ach was – nicht ssagen?! Was ist denn passiert?"

„Na denn! – Wißt ihr, der Cheorg ssah chanz s-chlecht aus, als wenn er mit sseinem Magen nicht in Ordnung wäre. Und als er mir die Hand chibt, ssagt er chanz ches-chlagen: ‚Tante – und den Stinkebuck häw *ik* cheküßt!'"

Mit dem großen Herbstmarkt, der Kirmes, verband Franz lange Zeit die Vorstellung, als ob er mit einem besonders großen Unfug beginnen müsse. Das hatte seinen Grund in einem Erlebnis des ersten oder zweiten Gymnasialjahres. Damals trieb sich in der Unruhe, die auf allen Straßen herrschte, weil der Markt für den starken Verkehr viel zu klein war und die Straßen daher für die Ausstellung von Vieh und Waren mitbenutzt wurden, am Morgen vor der Kirche ein Ziegenbock umher. Es kann auch eine Ziege gewesen sein, da ja manche Ziege mächtigere Hörner und einen längeren Bart hat als mancher Bock. Es hieß eben alles zum Ziegengeschlecht Gehörende kurzerhand ein Ziegenbock; im lieben Platt: „en Hippenbuck".

Ganz gegen die Art dieser sonst ruhigen und gelassenen Tiere legte er eine große Unruhe an den Tag. Offenbar war er durch das Tohuwabohu des Marktes von seiner Heimstätte versprengt und wußte zwischen all den Pferden, Kühen, Wagen, lauten Bauern und schreienden Leuten nicht aus noch ein. So geriet er ohne Zutun der auf den Beginn der Messe wartenden Knaben vor den Eingang zum Paterskirchhof. Mochte die dort herrschende Ruhe ihm als angenehmer Gegensatz zu dem Wirrwarr der Straße erscheinen – kurz, er trat entschlossen da hinein.

Bis hierhin hatten – wie der gewissenhafte Chronist berichten muß – „die Studenten" sich völlig unschuldig und harmlos verhalten. Erst mit dem offenbar unberechtigten Betreten des Kirchhofes durch den Ziegenbock kamen mehrere gleichzeitig auf einen übermütigen Gedanken, der ohne viele Worte allsogleich in die Tat umgesetzt wurde. Drei Knaben traten hinter den Bock in den Torbogen und versperrten, wie zufällig, diesen vollständig. Der Ziegenbock hätte schon einen umwerfen müssen, um da auszubrechen. Zwei andere liefen durch Höfe und Scheunen der angrenzenden Häuser nach der Stadtmauer zu, um dem Bock den Eintritt in den dort mündenden engen Gang zu verwehren. Sobald sie am Ziel angelangt waren, öffnete einer die Kirchentür und stellte sich mit dem anderen in den Gang.

Was nun folgte, das vollzog sich ganz von selbst, und mit einer Sicherheit, die selbstverständlich erschien. Denn als es Zeit war für den Gottesdienst, da gingen die drei am Eingang ruhig vor; die übrigen folgten. Das Ende vom Lied war, daß der Ziegenbock vor den eintretenden Studenten in die Kirche hineinzog, als sei er der Führer und sie die Herde.

„Määää“, murrte er wiederholt unzufrieden. Aber er konnte nicht zurückweichen; auch nicht, als alles zur Ruhe gekommen war. Denn nun knieten die Studenten zu beiden Seiten des Kirchenganges; vor ihnen aber war alles leer. Hier also war der Bock vorläufig in Sicherheit. Er schnüffelte hierhin und dorthin, besah sich die Beichtstühle; schließlich steuerte er zwischen den beiderseitigen Kommunionbänken auf den Vorraum des Chores zu, wo die beiden, an gewöhnlichen Tagen benutzten Seitenaltäre stehen. Hier war er anscheinend Alleinherrscher; denn es war ihm niemand gefolgt, und er wurde nicht weiter beunruhigt. Aber das sollte bald anders werden. Vor ihm ganz unerwartet öffnete sich wie von selbst die eine der großen Flügeltüren des Chores; und es gähnte schwarz von hinten her. Schon wollte der Bock neugierig in die sich ihm geheimnisvoll öffnende Welt hineintreten; da prallte er zurück. Denn in der Tür erschien eine ungeheuer große Frau im weißen Rock, die einen eigentümlichen Überwurf trug und etwas mit beiden Händen vor sich hielt. Auf dem Kopf hatte sie einen komischen schwarzen kleinen Hut. Ein Mädchen im roten Rock und weißer Jacke schloß gleich hinter der Frau das große Tor.

Hatte die große Frau den Bock erschreckt, so flößte ihm das Mädchen offenbar Zutrauen ein; denn mit einem bittenden „Määääh“ lief er darauf zu und folgte ihm. Er konnte ja nicht wissen, daß die Frau und das Mädchen der amtierende Priester und der Messediener waren. Sobald der letztere die von ihm getragenen Messekännchen an ihren Ort gesetzt hatte, flüsterte der Geistliche, dem man den Unwillen über die Störung am Gesicht ansah, ihm etwas zu. Offenbar sollte er den Störenfried verjagen. Aber irgendein dazu geeigneter Gegenstand war nicht vorhanden; zudem näherte sich ihm das Tier vertrauensvoll, so daß er es mit der Hand berühren konnte. Er schlug nach ihm – das hatte keinen Erfolg; da – was sollte er machen! – trat er den Ziegenbock mit dem Fuß. Das mußte empfindlich gewesen sein; denn mit einem Satz sprang der Bock zurück; und mit dem zweiten stand er oben auf der Kommunionbank.

Bis dahin hatte die Studentenschar teils mit stillem Schmunzeln, teils mit verhaltenem Lachen der Entwicklung des seltsamen Schauspiels zugeschaut; jetzt aber war kein Halten mehr. Laute Ausbrüche der Fröhlichkeit verbot ja die Heiligkeit des Ortes; aber es quietschte und zischte doch so zwischen den Händen und hinter vorgehaltenen Taschentüchern hervor, daß ein Ende gemacht werden mußte. So erhob sich denn der heute in eigener Person die Kirchenaufsicht führende Rektor, der als letzter den heiligen Ort betreten hatte und nichts davon wußte, auf welche Weise der Störenfried dort hineingekommen war. Er sprach leise mit einigen älteren Schülern. Dann begab er sich mit diesen nach vorn und versuchte den Eindringling durch den breiten Gang zwischen den Lateinschülern hindurch aus der Kirche zu drängen.

Das geschah der Würde des Ortes entsprechend mit einer gewissen Ruhe und Gehaltenheit. Aber gerade das mochte dem Bock verdächtig vorkommen. Mit lautem Meckern sprang er zurück und suchte Zuflucht an dem freien Altar. Hier glaubte der Rektor ihn sicher zu haben. Er gedachte ihn in dem Winkel, den die dortige Kommunionbank mit der Kirchenmauer bildete, zu fangen. Zwei Schüler stellte er außen auf, um ein nochmaliges Überspringen der Bank zu verhindern; mit den beiden anderen schritt er, alle in gebückter Stellung, die Hände vorgestreckt, langsam auf den Bock los, der in seiner Ecke verloren schien.

Dem aber gab die höchste Not ungeahnte Kräfte. Kurz vor den Händen seiner Verfolger sprang er mit einem mächtigen Satz über die Kommunionbank fort, flog gegen den dort zur Abwehr stehenden Schüler, warf ihn um und stand nach einigen Sätzen als Triumphator mitten in dem freien Raum zwischen den Altären und den ersten Kirchenbänken.

Zu gleicher Zeit war der Rektor mit den beiden Schülern im Zuspringen auf den sich plötzlich verflüchtigenden Bock in der bezeichneten Ecke zusammengefahren; die drei bildeten dort ein wirres Knäuel.

War für die in den Bänken kniende Korona der Ziegenbock allein schon der Gegenstand heftiger, schwer zu bekämpfender Freude gewesen, so wuchs diese zu elementarer Gewalt an beim Anblick des stets so ernsten Rektors und seiner Helfer in ihrer augenblicklichen Hilflosigkeit. Die Lage wurde unmöglich – und es fand sich der Retter.

Eine Seitentür, die nah bei dem Altar, wo der Priester sich in der heiligen Handlung nicht hatte stören lassen, aus der Kirche in das Kloster führte, öffnete sich. Es erschien ein Pater, der vielleicht von der Orgel her die Vorgänge beobachtet hatte. Mit einer milden Handbewegung deutete er an, man möge den Bock aus dieser Tür heraustreiben. Und das geschah. Der Pater, der Rektor und die Gehilfen nahmen entsprechende Aufstellung; und nach einer Weile betrat der Bock meckernd die Schwelle. Einen Augenblick drängte alles hinterher, damit er ja nicht wieder zurückkäme. Dann wurde die Tür geschlossen.

Mit eisernem Gesicht kehrte der Rektor auf seinen Platz zurück; hinter ihm mit zuckenden Mienen die Gehilfen. Klugerweise wurde aus der Geschichte weiter nichts gemacht, weil kein zwingender Anlaß zu der Annahme vorlag, daß die Schüler an dem Eindringen des Ziegenbockes in die Kirche beteiligt waren. Der Rektor war viel zu klug, um nicht zu wissen, daß bei einer Untersuchung „wider Unbekannt" doch nichts herauskommen würde. Seit dieser Zeit verband Franz mit dem Beginnen des Herbstmarktes lange die Idee eines fröhlichen Ereignisses in der Kirche. Sie verblaßte erst, als die Messe in der Folge ohne die geringste Störung verlief.

Die Einleitung oder sozusagen das Vorspiel zur Kirmes bildete regelmäßig die Ankunft der „Kumjanten", der Komödianten, Seiltänzer, Akrobaten, Taschenspieler und was an derlei Leuten zur damaligen Zeit alles mit Bären, Kamelen und Dudelsack im Land umherwanderte. Die Leute zogen den Märkten nach, wie die Nacht dem Tag. In ihren grellbunt angestrichenen Wagen, die in phantastischen Aufschriften Namen und Kunstzweig des Eigentümers trugen, bargen sie die ganze Familie, vom Säugling an der Brust bis zur runzligen Urahne. Weiber und Kinder liefen zu Fuß nebenher, während die Männer sich meistens auf dem überdachten, geräumigen Bock bei Tabak und der Flasche wohl sein ließen.

Wenn die Karawane an ihrem von der Marktpolizei bestimmten Ort, dem freien Platz vor dem Lippetor, angekommen war, dann sammelte sich alsbald die ganze junge Welt des Städtchens und starrte mit großen Augen auf die seltsamen Gäste. Die Männer mit mächtigen Schnurr- und Knebelbärten, verwegenen Gesichtern, in halb eleganter, halb salopper Kleidung, meist mit riesig weiten Manchesterhosen angetan, hantierten mit großen Worten und wichtigen Gebärden auf dem Platz umher, schalten mit den Weibern und traten mit einer Großartigkeit auf, die den Kindern des Landes ganz fremd war. Selbstverständlich wurden sie von diesen, wie fast immer im Leben, so wichtig genommen, wie sie sich gaben.

Wie beglückt war der Junge, dem der Gaukler ein Stück Geld in die Hand drückte, um ein Dutzend lange Nägel zu holen! Und wie beeilte sich derselbe Knabe, der den gleichen Auftrag seiner Mutter nur widerwillig und zögernd unter vermeintlicher starker Einbuße an seinem männlichen Ansehen auszuführen gewohnt war, dem Ansuchen zu entsprechen, um dafür ein Lob des fremden Mannes einzuheimsen!

„Wat het hei di chesacht?“ kamen andere herzu. „Wor ssaß du hen? Ssal ik metchohn?“

„Oh – ik mot noh en Smed!“ antwortete der Geehrte; nun fast ebenso wichtig wie der Seiltänzer selbst.

Da die Schule auf den Herbstmarkt nicht die geringste Rücksicht nahm, so konnten die Schüler sich nur in der Mittagspause und in der Zeit zwischen den Nachmittagsstunden und dem Silentium der stets hochinteressanten Sache widmen. Das zu diesem Zweck sehr erwünschte Geld erhielt Franz zunächst vom Großvater, der jedem Enkel zur Kirmes ein „Kastemänneken“, das heißt eine kleine Silbermünze im Wert von zweiundeinemhalben Groschen, spendete. Einen weiteren Groschen stiftete der Vater oder in dessen Abwesenheit die Mutter. In letzterem Fall aber folgte gleichzeitig eine Flut von Ermahnungen, keine Leckereien, sondern nur etwas Nützliches zu kaufen. Traf man, wonach stark getrachtet wurde, mit Ohme Halswitt zusammen, so erhöhte regelmäßig ein weiterer Groschen den schon vorhandenen Reichtum.

Meistens dauerte es nicht lange; dann hatte die Kirmes alles verschlungen. Aber etwas „Nützliches“ wurde selten heimgebracht.

Da war zunächst das große Glücksrad, in dessen Umgebung unter den angebrachten Nummern eine Fülle von glänzendem Schund ausgestellt war. Dabei rief der „Mann“ jeden Vorübergehenden an: „Immer heran, meine Herrschaften; jede Nummer gewinnt!“ Heinrich stieß Franz an: „Ik riskier't.“ Franz hatte eine dunkle Ahnung von Unheil, wußte aber nicht mehr genau, woran der Mißerfolg vor einem Jahr gelegen hatte. Er wollte nicht. Heinrich aber setzte erwartungsvoll seinen Groschen. Der Zeiger schwirrte; dann blieb er mitten zwischen zwei Nummern stehen. Nun wußte Franz gleich wieder, daß es im vorigen Jahr gerade so gewesen war. Er protestierte.

„Nee – det chelt nich. Det is jo chahkeine Nummer!“ Aber der „Mann“ forderte freundlich auf, noch einmal zu setzen; es könne ebensogut eine Nummer geben wie nicht. Franz wollte nicht. Da ließ der Mann den Zeiger schwirren, ohne daß gesetzt war. Er blieb auf Nummer einundzwanzig stehen. „Sehen Sie wohl, meine Herrschaften, daß ich die Wahrheit gesprochen habe; hätten Sie gesetzt, so hätten Sie jetzt dieses große, schöne, rote Glas gewonnen.“

„Donnerwetter!“ sagte Franz und setzte einen Groschen, Heinrich einen zweiten. Aber der Zeiger blieb wieder zwischen zwei Nummern stehen.

„Sie haben diesmal kein Glück – besuchen Sie mich heute nachmittag wieder; da wird es besser gehen!“ Und er rupfte neue Toren.

Nun wollte man sich zunächst mal dorthin wenden, wo es nichts kostete, oder wo man dem wandernden Teller zur Not ausweichen konnte. Da stand eine große Leinwand aufgestellt mit blutrünstigen Bildern, Geschichten von einem Räuberhauptmann, von einem Menschenfresser und ähnliches. Gerade sang mit schreiender Stimme ein Weib: ein Mann, der die Orgel drehte, begleitete knarrend:

Heinrich schlief bei seiner Neuvermählten,
Einer reichen Erbin an dem Rhein.
Schlangenbisse, die den Falschen quälen,
Ließen ihn nicht froh und glücklich sein!

Zwölfe schlugs, da drang durch die Jardine
Plötzlich eine kalte Totenhand ... usw.

Gleichzeitig deutete ein langer Stab auf die zugehörige Stelle der Leinwand. So folgte eine Moritat der anderen. Es gab Leute, die sich ereiferten, daß solche rohen Geschichten auf offenem Markt ausgestellt und vorgetragen würden. Sie können sicherlich übel wirken. In Franz erzeugten sie nur einen Ekel, verbunden mit Lachen, daß solch wüstes Volk wie die Sänger sich mit derartigem Blödsinn so wichtig tun konnte.

Nun wollte der immer mehr auf das Praktische gerichtete Sinn Heinrichs aber etwas Greifbares, Eßbares haben; denn es war Essenszeit, und der Hunger stellte sich ein. Franz hatte Mühe, ihn auf den Nachmittag zu vertrösten, weil man ja ohnehin bald zu Tisch müsse.

Betrübt klagte Heinrich: „Jo, dann is nix mehr dor!“

Es war aber noch genug da. Besonders ein stark riechendes Etwas, das aus dem Holländischen kam, nämlich goldgelbe Bücklinge, die in großen Massen auf den Markt gebracht wurden und die den Knaben ganz besonders verlockend erschienen. Davon wurden zunächst einige erstanden. Und obgleich man gerade vorher Kaffee getrunken und ausgiebig Butterbrot dazu gegessen hatte, wurden die Bücklinge doch gleich an Ort und Stelle verzehrt.

Einen großen Raum auf dem Markt nahmen die gleichfalls in Massen vom Niederrhein eingeführten Kohlköpfe ein, Kappus oder, wie sie im Platt hießen, Kabbes. Sie lagen wie riesige Kanonenkugeln in großen Pyramiden da und fanden reißenden Absatz. Denn zu damaliger Zeit machte noch jede Familie ihren Winterbedarf an Sauerkraut selbst ein.

Eine stehende Figur auf dem Jahrmarkt war der „billige Jakob“, ein Händler mit alten und neuen Regenschirmen, gleichzeitig

Flicker, und somit eine viel beanspruchte Persönlichkeit. Er war ein kleiner, hagerer Mann in verschlissenem, schwarzem Rock mit einem pockennarbigen Gesicht und einer gewaltigen Schnapsnase. Schon in den ersten Morgenstunden war seine Stimme völlig ausgeschrien. Gleichwohl machte er einen Lärm, der den ganzen Markt übertönte, und suchte jeden Vorübergehenden anzuhalten, um ein Geschäft mit ihm abzuschließen.

„Hier, meine Herrschaften: ein funkelnagelneuer Regenschirm, allerfeinste Seide, läßt keinen Tropfen Wasser durch," – er spuckte darauf und zeigte dann die Innenseite – „verkaufe ihn nicht für fünf Taler, nicht für vier Taler, drei Taler, zwei Taler, einen Taler – nicht für zwanzig Silbergroschen, neunzehn, achtzehn, siebzehn, sechzehn, für: – fünfzehn Silbergroschen! – Wer kauft diesen wunderschönen, tadellosen, unzerbrechlichen Seidenschirm?"

„Hier!" sagte ein Bauer, reichte seine fünfzehn Groschen und trug einen ganz verbrauchten, geflickten, aber neu aufmalocherten Schirm gemeinsten Stoffes nach Hause. Er glaubte einen hervorragenden Kauf gemacht und „den dummen Käl met't chrote Mul" gehörig hineingelegt zu haben.

XVIII.

War der Sommer auf seiner Höhe angelangt, rückten die großen Ferien „mit Freuden ohne Ende" näher, dann zitterte durch die Schülerherzen eine Unruhe. Die bange Frage wurde laut, ob es denn in diesem Jahr keine Turnfahrt gäbe. Ganz kundige Thebaner wollten wissen, sie sei in anderen Jahren um diese Jahreszeit längst gewesen; wenn sie nur nicht ganz ausfiele! Doch nachdem die Lehrerschaft schon eine Zeitlang das Barometer mit besonderer Aufmerksamkeit beobachtet hatte, hieß es eines Tages: „Morgen machen wir die Turnfahrt!" Die Gewißheit verursachte ungeheuren Jubel. Die Turnfahrt! Ja, das war doch etwas ganz anderes als ein einfacher „Exitus", den immer nur eine oder die andere Klasse, und dann nur für einen Nachmittag unternahm. „Exitus" hieß der Schulausflug natürlich; denn um den selbstverständlichen Stolz auf die deutsche Sprache stand es damals noch recht kümmerlich. Da wäre einer schön angekommen, wenn er hätte von einem Schulausflug sprechen wollen. Der „Primus" hieß der Erste in der Klasse; was mit Strafe bedroht war, das war „verpönt". Und wenn bei einem eingefangenen Schmetterling ein Flügel beschädigt war, so war der „lädiert". Wer anders gesprochen hätte, der wäre als ein ganz unzünftiger Banause über die Achsel angesehen worden.

Im Gegensatz zum Exitus umfaßte die Turnfahrt – wäre der alte, polternde Turnvater Jahn nicht gewesen, so hätte das Ding vielleicht den Namen einer Torsions- oder Elevationsfahrt erhalten – alle Klassen des Progymnasiums und dauerte einen ganzen Tag. Den Sekundanern, die sonst nur zu Hause rauchen durften, war dabei gestattet, öffentlich mit Pfeife und Zigarre aufzutreten und sich von den unteren Klassen neidvoll bewundern zu lassen.

Wie fast immer, so war auch hier die Vorfreude das Schönste an der Sache. Zwar in der taufrischen Frühe beim Ausmarsch mit

Gesang: „Hinaus in die Ferne!“, da war es ganz einzig schön. Auch beim Frühstück, das unterwegs an einem schattigen Ort aus der unvermeidlichen Botanisiertrommel eingenommen wurde, ging alles noch gut. Leider wurde dazu schon ein Fäßchen Bier verzapft; und wenn das auch sehr gut schmeckte, so war selbst das den jüngeren Schülern erlaubte eine kleine Glas schon etwas ganz Verkehrtes. Aber den Professoren war es angenehm; und so konnte man, wie man damals meinte, die Kleinen nicht gut leer ausgehen lassen. Dadurch war diesen, als sich die unausbleibliche Wirkung in Form von Faulheit und schleppenden Füßen einstellte, die Freude an der Sache schon stark verkümmert. Das wurde noch schlimmer, als auch bei dem gemeinsamen Mittagsmahl am Ziel der Fahrt allgemein Bier getrunken wurde, dessen Genuß von den zwischen den Knaben verteilten Lehrern doch nicht hinreichend überwacht werden konnte.

Franz hat in späteren Jahren immer gern den Humpen geschwungen; aber das hindert ihn nicht, einzusehen, daß alles seine Zeit und sein Maß hat.

Bei einer der ersten Turnfahrten wurde ihm infolge des Biergenusses schlecht; er mußte das Bier wieder von sich geben. Zufälligerweise war der Vater in dem Ort anwesend und hatte in demselben Gasthaus ausgespannt, wo die Schüler zu Mittag aßen. In seinem Elend wäre Franz ihm gern ausgewichen; aber das Unglück wollte es anders. Er traf mit ihm zusammen. Noch heute erinnert er sich, wie er tief beschämt vor dem Vater stand und Schelte erwartete. Der aber schalt zwar auch, aber nicht auf seinen Sohn, sondern auf die Torheit, daß man solch jungen Knaben von Amts wegen das Biertrinken erlaubte. Dann nahm er seinen Jungen mit auf den Wagen; und die so heiß ersehnte Freude war für Franz schon kurz nach dem Mittag zu Ende.

So schön die Turnfahrt gedacht war, so hatte sie doch, von dem Biergenuß ganz abgesehen, den Nachteil, daß die Marschfähigkeit der älteren und jüngeren Schüler zu sehr verschieden war. Marschierte die Sekunda nach einem flotten Lied rüstigen Schrittes dahin, so tappelte die Sexta mit den noch kurzen Beinchen hinterher, ohne je in den vollen Genuß des Liedes und des Marsches zu kommen. Hatten die älteren Schüler auf dem Heimweg trotz des Bieres noch Frische genug, um den Zweck des Ganzen, die Freude am Wandern, zu empfinden, so schleppten sich die jüngeren müde hinterher. Nicht etwa, weil sie nicht einen ganzen Tag bei verständigen Ruhepausen hätten marschieren können, sondern weil der gemeinsame Marsch mit den größeren Schülern und das Bier sie vorzeitig tot machte. So denkt Franz heute. Damals aber hätte er, trotz der Nackenschläge, jeden als Feind betrachtet, der etwa das Bier hätte verbieten wollen. Das erst gab der Sache den forschen Anstrich, ebenso wie die in weiter Ferne dämmernden richtigen Studienjahre in erster Linie mit den Worten: Burschen, Schläger und Bier, vor dem unreifen Knabensinn gaukelten.

So blieb von der ersehnten Turnfahrt diesmal als wirkliche Freude nur die Vorfreude. Dafür brachte Franz das Turnen selbst, dem er leidenschaftlich ergeben war, ebenso wie dem Schwimmen, Schlittschuhlaufen und sonstiger Betätigung im Freien, viele frohe Stunden. Von den ersten Übungen am Reck und am Barren bis zum Rundlauf, zum Speerwerfen und Stangenspringen blieb er ein froher Turner. Aufschwung, Hinterwelle, Bauchwelle beherrschte er schnell; und mit der kühnen Riesenwelle, die nur wenige seiner Altersgenossen fertigbrachten, mußte er beim Schauturnen oftmals den Glanz der Riege darstellen.

In derselben Wertschätzung stand das Schwimmen. Das war nicht das Sichbewegen in einem Tümpel Wasser, wie es für so viele Knaben aus Mangel an Gelegenheit genügen muß. Der Heimatfluß, die Lippe, war in vielen Freistunden der Tummelplatz einer größeren Schülerschar, die alle fertige Schwimmer und im Wasser zu Hause waren wie auf dem Lande. Zwar gab es auch von Schulwegen eine Badestunde, weit draußen hinter dem Lippetal, am Kiewitt, wie die Stelle hieß; aber da war der Fluß flach. Man durfte sozusagen nur auf dem Sand umherkriechen; denn der mit der Aufsicht betraute Lehrer litt nicht, daß die tieferen Teile aufgesucht wurden. Eine Vorsicht, die man bei der großen Anzahl von Knaben und bei der Verantwortlichkeit des Lehrers kaum tadeln konnte.

Wie Franz das Schwimmen erlernte, dessen entsinnt er sich noch, als sei es gestern geschehen. Der Vater nahm ihn und Heinrich mit zum Baden hinaus. Nachdem er den Knaben erklärt hatte, daß der Mensch in der gleichen Weise schwimmen müsse, wie der Frosch es täte – ein Bild, das den Knaben aus allerlei Froschjagden recht geläufig war –, nahm er seinen Ältesten ohne viel Federlesens am Bund der Badehose und ließ ihn ins Wasser gleiten. Heinrich mußte einstweilen zusehen. Der Vater stand hilfsbereit dabei. Schnaubend und prustend kam Franz an die Oberfläche und fing an, zu paddeln wie ein Frosch. Der Vater trat zu ihm ins Wasser, stützte den Körper des Knaben mit dem Arm und ließ ihn so regelrecht mit Armen und Beinen ausstoßen. Dasselbe geschah mit Heinrich.

Als er mit seinen Knaben den Ort der Tat verließ, konnten beide schwimmen, das heißt, sie wußten, was sie zu tun hatten, um nicht unterzugehen. Das weitere war Sache der Übung, die unter des Vaters Leitung so lange vorgenommen wurde, bis die Kunst erlernt war. Nachdem man erst das Vertrauen gewonnen hatte, über Wasser zu bleiben, übte man weiter. Man lernte auf dem Rücken schwimmen, Wasser treten, sich ohne erhebliche Bewegung in jeder Lage, nur mit leisen Handdrehungen im Wasser, das heißt wohlbemerkt in leichttragendem fließendem Wasser, zu halten, und gewann so in wenigen Jahren eine große Sicherheit in dem für manche so gefährlichen Element.

Nach und nach fand sich eine Anzahl sicherer Schwimmer zusammen, die sich der Aufsicht entzog und auf eigene Faust baden ging. Das hatte einen gewaltigen Reiz; und bei dem im Sommer stark erwärmten Wasser des dann meist niedrigen Flusses lag man mit Unterbrechungen oft stundenlang darin. Eine Stelle unterhalb der Stadt, der großväterlichen Sägemühle gegenüber, hatte eine besondere Anziehungskraft für die Knaben. Sie schwammen über den Fluß und trieben sich auf der anderen Seite auf den dort liegenden Flößen und in den Kähnen umher.

Einst bemerkte sie dort der Werkmeister der Mühle; er wollte sie, um Unfug vorzubeugen, fortschicken. In allernächster Nähe erst erkannte er Heinrich und Franz, die nur mit der Badehose bekleidet und mit den ins Gesicht hängenden Haaren auch wesentlich anders aussahen als in völliger Kleidung.

„Och – ssi *chit* det, Junges?! Ja, det is wat anders!" rief der den Knaben so wohl vertraute Mann; Erkmann hieß er. Und sofort die Gunst der Stunde benutzend, fragten beide wie aus einem Mund:

„Och – Erkmann, wi' chit us nich en Fleiger en betken losmaken," – er war wie alle anderen, angeschlossen – „wie wöllt en betken rudern un staken!"

„Jo, Chroßvatter ssall wol nix d'rteïgen häwwen. Awer chit mot mi em richtig wier brengen – un deï Reimens un deï Stange nich wechkommen loten!"

Und der gute Mann brachte Riemen und Stange aus dem nahegelegenen, wohlverschlossenen Schuppen. Im Nu saß alles in dem Nachen und fuhr unter Singen und Jauchzen im Strom dahin. Bald gab es fröhlichen Krieg um die Plätze. Einige fielen dabei ins Wasser; sie zogen die andern zu sich hinab – es war eine große Freude!

Ein anderes Mal schwatzte man dem freundlichen Werkmeister noch einen zweiten Kahn mit den nötigen Gerätschaften ab. Nun gab es förmliche Schlachten auf dem Wasser, wobei die mit eisernen Haken versehen Stangen als Enterhaken dienten. Beispiele aus der alten Geschichte wurden herangeholt; mal kämpften die Römer gegen die Karthager, mal die Griechen gegen die Perser. Im Siegen aber wurde man ungeschichtlich; denn da entschied allein die Gegenwart.

Aus dem harmlosen Spiel sollte bald schwerer Ernst werden. Im oberen Flußgebiet waren Gewitter niedergegangen; der im Sommer sonst meist niedrige Wasserstand schwoll gewaltig an. Schmutzig trübe wälzten sich die Fluten dahin, auf ihrem Rücken entwurzelte Bäume, Balken und allerlei Unrat zu Tal tragend, die ein Fluß bei sinkendem Wasser an seinen Ufern niederzulegen pflegt. Den Knaben war auf das strengste verboten worden, zu baden. Die trübe Flut hatte auch wenig Verlockendes. Aber man ging von Zeit zu Zeit, um nachzuschauen, ob nicht schon auf ein Fallen des Wassers zu rechnen sei.

So befanden sich auch Franz und Heinrich eines Tages zwischen Schulschluß und Silentium auf dem am Fluß entlang führenden Treideldamm, wo sie zu ihrer großen Freude ein erhebliches Sinken des Wassers feststellten. Der Fluß war schon von den angrenzenden Wiesen zurückgetreten und rauschte wieder, allerdings noch in ungewohnter Fülle, zwischen den Ufern.

„Kiek es," stieß Heinrich seinen Bruder an, „dor will all eine baden!" Wirklich, es hatte sich ein einzelner Knabe ausgekleidet und suchte am Ufer nach einer bequemen Einstiegsstelle. Beim Näherkommen erkannten ihn die Brüder auch: Es war ein Quintaner namens Bütgenbach, der aber nicht zu ihrem engeren Freundeskreis gehörte. Der Knabe, der mittlerweile ganz ins Wasser gegangen war, schwamm mit kräftigen Stößen in den Strom hinein, dessen Wellen zwar schon wieder klar, doch noch mit vielem Wirbeln und Gurgeln dahinschossen. Die Brüder waren schon an dem Knaben vorüber, als Heinrich, sich umschauend, plötzlich rief: „Du! – der versüpt!"

Dabei hatte er bereits seine Jacke abgeworfen und entledigte sich des Hemdes. Als er sich aber auch die Schuhe ausziehen wollte, war ihm die Zeit zu kostbar – er sprang mit Beinkleid und Schuhen angetan, etwas oberhalb des mit den Wellen Ringenden, in das eilig vorüberschießende Wasser.

Franz sah zunächst die Sache für nicht gefährlich an; er entkleidete sich daher mit etwas mehr Ruhe. Indes beeilte er sich doch so, daß er alles abgelegt hatte, als Heinrich bei Bütgenbach ankam. In der Zuversicht, daß es dem Bruder bei seiner großen Sicherheit im Wasser nicht fehlen könne, dem Gefährdeten allein ans Land zu helfen, glaubte er seinerseits nicht eingreifen zu sollen. Jedoch das sollte anders kommen: Wie alle Ertrinkenden klammerte Bütgenbach sich an seinen Helfer und verschwand im Augenblick darauf mit ihm unter der Oberfläche. Der Vorgang spielte sich kaum zehn Schritt vom Ufer entfernt ab. Franz rechnete blitzschnell, um wieviel höher er ins Wasser springen müsse, um am raschesten zu den beiden zu gelangen. Dann war mit gewaltigem Satz in die Fluten hineingesprungen und mit einigen starken

Schwimmstößen bei den wiederauftauchenden Kämpfern. Ein Blick in Heinrichs Augen zeigte ihm, daß der, trotz des Untertauchens, bei voller Besinnung war. Der andere aber ließ den Kopf ins Wasser hängen; er hielt sich mit der einen Hand an Heinrichs linkem Arm, mit dem anderen an Heinrichs Hals fest, zum Glück ohne ihn zu würgen.

Bei der im Augenblick für Franz erforderlichen Schwimmpause bemerkte er zu seiner großen Freude, daß er stehen konnte. Er schnellte sich daher so hoch wie möglich über das Wasser hinaus und führte im Niederfallen mit aller Kraft, deren er fähig war, einen Schlag gegen Bütgenbachs Kopf. Sofort sank dessen Hand von Heinrichs Halse; die andere aber hielt fest. Franz ergriff daher Heinrich um die Hüften und hob ihn so hoch aus dem Wasser, daß er sich von der krampfhaft festhaltenden Hand befreien konnte. Dann griff er zu und bekam Heinrich mit der Rechten unter dem linken Arm zu fassen, Bütgenbach bei den glücklicherweise langen Haaren.

So trieb ihn die Flut stromabwärts; das Wasser war wieder tiefer geworden. Immer aber konnte Franz von Zeit zu Zeit, wenn auch nur mit den großen Zehen, eine der zahlreichen Sandwellen am Grund fassen und sich mit seiner Last in die Höhe schnellen. Da er nicht wußte, ob das Wasser nicht noch tiefer werden würde, so drängte es ihn, so schnell wie möglich ans Ufer zu kommen. In dieser Absicht gab er sich bei jedem Aufstoßen vom Grunde einen Ruck nach dem Lande zu.

Und es gelang ihm, nach und nach dem Ufer näherzukommen. Zwar gingen ihm öfters, wie auch den beiden Festgehaltenen, die Wellen über den Kopf; er blieb aber in aufrechter Stellung. Plötzlich bemerkte er zu seinem tödlichen Schrecken, daß auch Heinrich die Augen geschlossen hatte und den Kopf hängen ließ. Da hätte er beinah die schon halb Geretteten fahren lassen! Aber er behielt die Besinnung und steuerte wie bisher langsam, sehr langsam, aber immer noch von Zeit zu Zeit Boden unter den Füßen, dem nun schon ganz nahen Ufer zu. Noch trennten ihn die tückischen Schlingen der Algen vom sicheren Land; vorsichtig arbeitete er sich mit den Füßen hindurch, dann schob er mit letzter Kraft Heinrich ans Ufer und zog Bütgenbach, der nun mit einemmal schwer wie Blei wurde, ans Land.

Heinrich lag mit den Beinen noch ganz im Wasser; er wurde herausgezerrt, und um ja nicht wieder in den wilden Fluß zu gleiten, unter Mühen und Keuchen etwa fünf Schritt weit aufs Land gezogen. Völlig erschöpft ließ Franz sich neben dem Bruder zur Erde sinken. Er hatte im Augenblick nicht mehr die Kraft, die zur Freude nötig ist; zudem hielt er Bütgenbach für tot.

Wie lange er so völlig teilnahmslos dagelegen haben mochte, das wußte er später nicht mehr. Er kam erst wieder zur Erkenntnis der Lage zurück, als Heinrich ihn mit der Hand berührte und ganz ruhig, als ob nichts Besonderes geschehen sei, sagte:

„Junge, Junge – det het noch es chot chechohn!"

Dann stand er auf und ging zu dem wie tot daliegendem Bütgenbach; Franz folgte. Und die nach der heutigen Behandlung Ertrinkender völlig unsachgemäßen Versuche, ihn wieder ins Leben zu bringen, hatten Erfolg. Der Besinnungslose kam nach einiger Zeit wieder zu sich. Die nun stark frierenden Knaben sahen sich nach ihren Bekleidungsstücken um. Aber wo waren die?! – Wohl fünfhundert Schritt mußten sie den Fluß hinaufgehen, um zu ihnen zu gelangen. Schnell hinein und dann nach Hause!

Hätte die Mutter nicht schon den Gesichtern ihrer Knaben angesehen, daß etwas Besonderes vorgegangen sei, so mußte Heinrichs nasse Hose ihr verraten, daß das Wasser mit im Spiel gewesen. Schon wollte die Mutter zu einer Strafpredigt ausholen, als Heinrich ihr ins Wort fiel:

„Franz hat mich und Bütgenbach aus der Lippe chezogen!"

Aber so schnell gab sich die Mutter nicht:

„Wie bist du denn da hineinchekommen? Ihr ssollt doch jetzt nicht baden – es ist euch ja sso streng verboten!"

Sie wurde erst wieder beruhigt und dann hoch erfreut, als auch Franz sich meldete.

„Ja – Bütgenbach war am Ertrinken; und da wollte Heinrich ihn retten. Und da zog er ihn herunter – und da mußte ich sie beide herausziehen!"

Nun wollte die Mutter den Vorgang haarklein erzählt haben; und das geschah. Dann zog sie Heinrich selbst aus, als wenn er das nicht hätte allein fertigbringen können. Dabei entdeckte sie unter seinem linken Arm eine blutrünstige Stelle. Da stand Franzens Griff fest eingegraben: Vier blutige Löcher in der Haut zeigten, wo die Nägel sich eingekrallt hatten; und noch nach Jahren waren die Narben zu sehen.

Einige Jahre später hatte Heinrich Gelegenheit, seinem Bruder einen ähnlichen Rettungsdienst zu erweisen oder sich doch lebhaft daran zu beteiligen. Die Lippe ging abermals mit Hochwasser. Die Flut war schon wieder klar. Da wurde von den Knaben gewettet: mit dem Hut auf dem Kopf und der brennenden Zigarre im Mund durch den Fluß zu schwimmen; hin und zurück, ohne am anderen Ufer zu landen.

Franz erbot sich dazu. Mit aller Vorsicht ging er ins Wasser. Der Anfang, der Übergang vom Stehen zum Schwimmen, war der gefährlichste Augenblick für die Zigarre; er gelang. Es gelang Franz auch am anderen Ufer die Wendung zu machen; und froh des schon für sicher angesprochenen Gewinnens der Wette, näherte er sich dem Abgangsufer. Plötzlich fühlte er einen Schlag des Wassers bis hoch in die Nase hinein; dann hörte er ein eigentümliches, aber schönes Summen in den Ohren, wie das Geläute ferner Glocken. Dann war es mit der Besinnung zu Ende. Als er wieder zu sich kam, fand er sich auf der Wiese liegen, die Freunde, vor allem seinen Bruder Heinrich, um sich beschäftigt.

Auf seine Frage erfuhr er, daß man ihn ohne jegliches vorherige Anzeichen plötzlich die Arme hochwerfen und im Wasser verschwinden gesehen habe. Da sei alles – sie waren alle in der Badehose – hineingesprungen und habe ihn schnell an Land gebracht. Bei der Klarheit des Flusses habe man ihn gleich entdecken können.

Seitdem hat Franz eine Vorstellung von Tod durch Ertrinken; denn wenn die Freunde ihn nicht gerettet hätten, so wäre es mit ihm vorbei gewesen. Die Besinnung hatte er schon verloren – und doch hatte ihn nicht das geringste Angstgefühl befallen, von Todesfurcht gar nicht zu reden. Ähnlich wird sich der Tod aller gestalten, die unversehens im Wasser von ihm überrascht werden.

In demselben Sommer, als sich der eben geschilderte Vorgang zutrug, trat bald nachher eine anhaltende Dürre ein. Der Wasserspiegel des Flusses sank von Tag zu Tag. Baden, Seeschlachten und sonstige Wasserspiele verloren an Reiz, weil man kaum irgendwo noch schwimmen konnte. Da suchte die Jugend nach tieferen Stellen und geriet dabei nach und nach etwa eine Stunde flußabwärts von der Stadt. Es war zwar auch hier nicht tiefer als anderswo; aber was schaute da für ein merkwürdiger Bogen aus dem Wasser heraus? Das mußte untersucht werden. Man watete hin und fand statt eines Bogens deren zwei, nicht weit voneinander. Das waren merkwürdig gleichmäßige Baumäste, die dort aus dem Wasser ragten! Die Rinde war schon herunter, und das Holz lag frei zu Tage. Der Baum lag gewiß schon lange im Wasser.

Man stand um die beiden Äste herum, sprach diese und jene Vermutung aus, was noch wohl im Sand verborgen daran sitzen könne – bis einer auf den Gedanken kam, die Hölzer herauszuwuchten. Am Ufer fanden sich bald, vom letzten Hochwasser her, einige dazu geeignete Stangen; und die Knaben begannen ihr Werk. Jedoch es blieb alles vergeblich: Die Äste rückten und rührten sich nicht.

„Ja, wann wi ssonen Rammkahn hären!“ sagte Wilhelm Roggenkamp, der mit seinem verwachsenen Rücken wie ein Gnom zwischen seinen schlanken Altersgenossen im Wasser stand.

Das war ein Gedanke, der durchschlug. Bei der Sägemühle befanden sich zwei Rammnachen, die dazu dienten, die nach jedem Hochwasser die Schiffahrt und Flößerei behindernden, allmählich eingesandeten Baumstämme zu beseitigen. Franz und Jans wurden abgesandt, einen zu holen, weil sie beim Werkmeister Erkmann am besten angeschrieben standen. Sie fanden zuerst taube Ohren:

„Ne, Junges! – Sson Rammkahn, det is kein Kinderspeïltüg. Wann dor örndlich Druck opssitt, un chit hollt det nich fast, dann slött deï Winde terügge, un dann eïnen an'en Kopp – un dann bün ik dor schuld an. Nee, Junges, det kann 'k nich dauhn!“

„Och – Erkmann, wi wöllt wol oppassen, det alls chot cheïht. Wi ssind jo ok keine kleinen Kinder mehr!“

„Fö *det* Cherek ssi' chit noch vull te klein – dor hört starke Käls tau!“

Ob er denn nicht selbst mitkommen wollte, bat Franz.

„Nee – det kann'k nich. Ik häw kein Tied. Awer dor fällt mi in: Dor was jo inken Hendryk hier op en Platz – deï het hier wat bestellt. Wann deï met ink fahren will, dann wi'k 't dauhn!“

Und wirklich, Hendryk fand sich noch; er war, wie immer, kein Spielverderber. Nach einer guten halben Stunde kamen er, Franz und Jans am Ort der Tat an, wo sie die übrigen Knaben am Ufer liegend vorfanden. Der Rammnachen ist ein starker, großer und schwerer Kahn, in dem sich eine durch Wechselhebel zu drehende Winde befindet. Das auf deren Welle laufende Tau wird mittels eines Auslegers mit dem zu hebenden Gegenstand verbunden. Beim Aufwinden, also bei Verkürzung des Taus, wird der ganze Kahn tiefer ins Wasser gedrückt. Sein eigener Auftrieb hebt dann den Stamm; vorausgesetzt, daß er genügt. Deshalb aber arbeitet man gern mit zwei Nachen, die durch einen Rahmen verbunden werden. Der Auftrieb wird dadurch mehr als verdoppelt.

Von den beiden aus dem Wasser ragenden Bogen wurde zuerst einer fest angeseilt. Dabei gab es eine Enttäuschung für die Knaben: Hendryk wollte nicht.

„Det is keinen Bomtelgen; un det is ok kein Holt,“ sagte er nachdenklich, „dor ssöllen wi deï Finger van loten!“

Da kam er aber bei den Zöglingen der Lateinschule gut an. Was? Ein einfacher Knecht, ihrethalben auch ein Kutscher, der sollte besser wissen wollen, was das hier sei, als sie! Hätte er das etwa gefunden oder sie? Davon verstände er nichts! Das Vierblatt freilich, das die so oft zutage getretene Klugheit dieses einfachen Mannes besser kannte, wurde unsicher:

„Wat ssall det dann ssin – wann 't keinen Telgen un kein Holt is?“ fragte Wilhelm.

„Ja – wat ssall det ssin? Ik häw all sso vull met olle, chrote Knokken dregen mötten. De Här Dokter, deï findt ümmer sson Tüg

– un det cheïht dann ümmer noh Münster an sso 'nen ollen Professer. Deï het dor sso'n Mauseum, as sse det näumen. Deï Dinger hier sseiht chrade sso ut as deï olle Knokken! Ik mein' – wi lo't ssei ssitten, un sseggt unsen Här Bes-cheid!"

Das war aber durchaus nicht die Meinung der Mehrzahl. Nun war man einmal dabei; nun hatte man den Rammnachen zur Stelle; nun wollte man auch mit der Geschichte zu Ende kommen. Schon war das Tau um einen der Bogen befestigt:

„Nee – nee," rief Hendryk, „wann't dann ssin ssall, dann ok örndlich! Sson Fastmaken: Det is nix. Dorbi sslät ink jo deï Cheschichte üm deï Uhren. – Ssoo! Nu ssall den Knüpp woll hollen."

Nun wurden die Hebel erfaßt. Langsam zog sich das Seil auf der Winde straff; die eine Seite des Nachens senkte sich allmählich tiefer ins Wasser; aber der zu hebende Bogen rührte sich nicht. Fast lief das Wasser schon über den Bootsrand.

„Holt!" rief Hendryk. „Sso krieg wi em nich. Chit möt ink alle op den Butenrand setten – un mär veer Mann an deï Winde! Sooo! Nu op 't Frische!"

Schon wurde befürchtet, daß auch das nicht fruchten würde – da gab es einen Krach und einen gewaltigen Ruck. Die auf dem Rand des Nachen Sitzenden stürzten rücklings ins Wasser. Das hatte nichts auf sich; denn sie waren alle nur mit der Badehose bekleidet. Der Bogen flog mit starkem Schwung einige Schritt weit fort; der Nachen trieb flußabwärts.

Bald aber hatte man sich wieder von dem Schreck erholt und schob den Nachen stromauf zu dem jetzt allein aus dem Wasser ragenden Bogen, an dem man ihn befestigte. Inzwischen war auch der abgesprengte Bogen gefunden worden:

„Boh! – Wat is deï swor!" Aber er wurde aus dem Wasser gehoben und in den Kahn gebracht.

„Det is en Tand!" entschied Hendryk, nachdem er sich die blendendweiße Bruchfläche angesehen hatte; und die Knaben stimmten ihm bei. Sie traten ihm aber ebenso entschieden entgegen, als er nun verlangte, sie sollten den andern Zahn sitzen lassen. Hier müßte „de Här Dokter" hin.

Nein, nun müsse auch der andere heraus; dann wolle man den Herrn Doktor mit den beiden Zähnen überraschen!

Es war in Wirklichkeit ein gewaltiger Zahn. Die Sehne des Bogens von der Bruchstelle bis zu der vorderen, schon seit längerer Zeit zerfaserten Spitze mochte etwa einundeinhalb Meter betragen. Wohl stimmte Franz Hendryks Meinung zu, daß hier noch mehr als die beiden Zähne sitzen könnte; aber einmal war die Unternehmungslust zu groß, dann konnte auch überraschend schnell höheres Wasser eintreten. Und dann hätte das Bergen seine Schwierigkeiten gehabt. Es wurde also in derselben Weise wie vorhin auch der zweite Zahn herausgewuchtet – nur daß die Randbesatzung sich diesmal fester hielt.

„Ssooo! – Nu rähr!" rief Hendryk, als der Kahn mit dem Fallen seiner Befestigung ins Treiben kam, sich drehte und erst am Ufer angekettet werden mußte, um nicht gänzlich fortzutreiben. In der damit verbrachten Zeit kamen die übrigen Teilnehmer mit dem zweiten Zahn auf den Schultern heran und legten ihn zu dem ersten.

Ein ganz gewaltiger Stolz beherrschte die Knaben. Es war doch einfach noch nicht dagewesen, daß Gymnasiasten im Bett der Lippe zwei gewaltige Zähne eines vorzeitlichen Elefanten – denn ein solcher konnte nur deren Träger gewesen sein; daran zweifelten sie nicht – gefunden und geborgen hatten.

Hendryk hatte mittlerweile zwischen Wolfsmilchstauden des sandigen Ufergeländes eine Marke aus Treibholz errichtet. Nun, als er damit fertig war, fragte er, und ein spöttisch grinsendes Lächeln überzog sein Gesicht:

„Finn chit dann nu ok wier, wor deï Tände chessetten häwt? Ik chlöw 't nich! – Na, ik häw jo ok nix te sseggen chehatt!"

Aber er stieß auf große Entrüstung: Da ständen ja die beiden Pappeln; und da wäre die hohle Weide; und auf der anderen Seite, da wäre der tiefe Kolk am Ufer – da sollte man die Stelle nicht wiederfinden?! Das wäre ja noch besser!

„Na – dann wieß chit sse mi es! Met deï Buxe un met de Steiwels an wi'k in't Water lopen, wann chit mi 't richtig wießt!"

Man suchte, zuerst ungeheuer sicher, dann immer kleinlauter: eine Sandwelle neben, ober- und unterhalb der anderen, eine der anderen gleich; denn die beim Ausbrechen der Zähne entstandenen Löcher hatte der unermüdliche Fluß alsbald wieder zugesandet. Schließlich tröstete man sich: Am anderen Tag würde man Spaten mit zur Stelle bringen; dann müsse man ja sofort das finden, was noch im Sande verborgen sei. So spannte man sich vor den Rammnachen mit der einzigartigen Beute und brachte ihn wieder zu seinem Hüter, der auch die Zähne in sicherer Obhut barg.

Nun stolz nach Hause und gleich dem Vater Meldung erstattet! Der machte ein halb frohes, halb bedenkliches Gesicht:

„Jungens – warum seid ihr nicht gleich zu mir gekommen? Da müssen wir sofort wieder hin!"

„Ja, chleich fängt aber das Silentium an!"

„Das nehme ich auf meine Kappe. Schnell – steckt euch ein Butterbrot ein! Und dann los!"

In Bewegung stand er Vater vor den Resten aus grauer Vorzeit. In jedem der in der Umgebung nicht seltenen Durchstiche und Abbrüche des Geschiebemergels hatte er gesucht und gesammelt. Aber dieses war mehr als alles Bisherige. Nachdem er die Zähne sorgfältig untersucht hatte, belehrte er die Knaben:

„Seht hier den Rand: Die Zähne haben alle beide in ihren Alveolen gesessen; da habt ihr sie herausgebrochen. Vielleicht oder höchstwahrscheinlich steckt da der ganze Kopf, wenn nicht das ganze Mammut! – Was seid ihr doch für törichte Knaben! Wäret ihr doch vorher zu mir gekommen!"

Und seine Klage war berechtigt. Tage und Wochen wurde gesucht; der Spaten wühlte an tausend Stellen. Wie ein tückischer Kobold verbarg der Fluß sein Geheimnis. Es ist ihm bis heute nicht entrissen.

Aus Hendryks Mund aber haben die Knaben noch oft die Worte hören müssen:

„Häw ik ink det nich chesacht?! Awer chit häwt det jo better chewußt. Wan det noh mi chechohn wär, dann hädden wi den chanßen Mammon chekreïgen – un nu ssind et blot en paar Tände! Bechriepen kan 'k det awer vandage noch nicht, wu det Dier dormet het bieten können! Ssei mögt in ollen Tieden wol andersüm chefretten häwwen!“

XIX.

Die ersten naturwissenschaftlichen Studien bezogen sich, soweit Franzens Erinnerung reicht, auf die Veränderungen, die eine in die heiße Asche gelegte Kartoffel erfährt. Vom ersten Einschrumpfen der Schale bis zu deren völligen Verkohlung, vom glasig harten Inneren bis zur Verwandlung in eine mehlige, wunderbar wohlschmeckende Substanz. Was bedeuteten die verbrannten Fingerspitzen gegen den Genuß einer selbstgebratenen Kartoffel, bei der die verkohlte Schale durch ihren bitteren Geschmack das fehlende Salz ersetzen mußte!

Und welch ein Weg vom ersten mißratenen Braten dieser nützlichen Frucht – denn sie verkohlte ganz und gar – bis zum indianerhaften Backen selbstgefangener Krammetsvögel oder selbsterlegter Spatzen und Stare in Lehm! Wir werden die Knaben auf diesem Kriegspfad begleiten.

Wie jeder Bürger eines Ackerstädtchens damaliger Zeit, so bewirtschaftete auch Franzens Vater neben einem Garten etwas Ackerland und Wiesen. Da auch die Großeltern eine größere Landwirtschaft betrieben, so war unser Vierblatt schon von früh an in diesem und dem elterlichen Betrieb nach Kinderart tätig. Es half in seiner Weise nicht nur an schönen Sommertagen beim Einfahren des Heues; auch an rauhen Novembertagen machte es sich beim Buddeln der Kartoffeln nützlich, indem es die gewonnene Frucht in der Asche briet und so deren Güte gleich an Ort und Stelle prüfte. – Wie haben sich aber die Verhältnisse bei dieser Frucht inzwischen geändert! Nicht nur, daß ihre verbesserten Züchtungen weit früher reifen als ehedem: Sie haben auch den größten Teil ihres Laubes verloren. Wer heute die für das Braten erforderliche Ascheglut gewinnen will, muß lange suchen, bevor er das benötigte Kraut zur Stelle hat, falls er es mit der Hand bewirken will. Damals aber war es eine Kleinigkeit, auf den schon ausgebuddelten Flächen mit einigen Griffen hinreichend trockenes Kraut für ein handliches Feuer zu gewinnen. Merkwürdigerweise nannten die Knaben solch ein Feuer „en Poschefüerken", ein Passa-Feuerchen, in Anlehnung an die Osterfeuer, die christliche Umnennung der Feuer der Frühjahrssonnenwende unserer heidnischen Vorfahren.

„Wor wiß du hen?" fragte Franz seinen Vetter Wilhelm, der mit Jans kam, um ihn und Heinrich abzuholen.

„Och – Chroten Franz is bi de Katuffeln; wi wöllt us en Poschefüerken maken."

So trabten alle vier nach draußen, wo sie zwischen den vertrauten Wallhecken den Gesuchten bald fanden. Der war damit beschäftigt, die von einer Anzahl Tagelöhnerinnen ausgehackten Kartoffeln zusammenzutragen und in Säcke zu schütten, die zu bequemer Abfuhr in Reihen aufgestellt wurden. Nachdem die Knaben eine Weile verlegen um ihn herumgestanden hatte, wagte sich einer mit der Bitte heraus:

„Och – Chroten Franz, wiß du us woll 'ne Sticke cheïwen – fö en Poschefüerken?"

Der knurrte etwas von „Kein Tied" und „Chroßmutter will det nich häwwen!" Aber dann bequemte er sich doch und holte aus seiner Westentasche zwei Sticken heraus. Bevor er sie hergab, prüfte er die Windrichtung; denn das schwelende Kartoffellaub hatte damals keinen besseren Wohlgeruch als heute:

„Hier. Mehr krieg chit awer nich – un dor achter kö' chit det Füer anmaken. Awer nich deï Buxe väbrennen, as 't letzte Mol! Ssüß ssall ik dor wier fö opkommen!"

Damit zog das Vierblatt ab, ging an den ersten besten Sack und wollte sich die Taschen voll Kartoffeln füllen, aber da gab es Schelte:

„Nee, nix dor! – Nich ut den Ssack! Dor liggt chenaug harüm. – Un dann nich deï chroten! Deï kleinen smeckt ok!"

Darin hatte er gewiß recht; aber die kleinen trugen von ihrer hauptsächlichsten Verwendung zu Schweinefutter den wegwerfenden Namen „Schweinekartoffeln" und wurden in kindlicher Torheit nur gering geachtet. Daher nahm man doch an großen Knollen mit, was sich ungesehen in den Taschen bergen ließ.

Es war durchaus nicht leicht, mit den zwei Streichhölzern das feuchte Kraut in Brand zu bringen. Daher mußte die nächste Wallhecke an trocknem Laub und dürrem Holz hergeben, was zu haben war. Nun flammte aber dieses trockne Zeug auf; vorsichtig wurde eine Kartoffelstaude nach der anderen daraufgelegt, bis hinreichende Glut vorhanden war, um bei weiterer, stärkerer Zufuhr ein vorzeitiges Erlöschen zu verhindern. Wollte diese Gefahr dennoch eintreten, dann wurde geblasen, daß es zischte und rauchte, bis von allem Geprassel, Gezische und Gestank nur ein Haufen weißer Asche übrigblieb, unter der die Glut sich lange erhielt. In dieser wurden unter allerlei Vorsicht gegen gänzliches Verbrennen die gesammelten Knollen geborgen.

Dann kam das Schlimmste: nämlich das Warten! Das wurde nur sehr langsam erlernt; denn man war gar zu begierig, den baldigen Erfolg zu sehen.

Nach einigen verbrannten Fingern und Hosen aber war man doch so weit zu wissen, daß alles seine Zeit hat: auch das Garwerden der Kartoffeln. Was lag da näher, als diese nützliche Frucht inzwischen noch zu anderen Zwecken zu verwerten! Das aber durfte Chroßen Franz nicht sehen; wie das erste Mal, wo es dann bald mit der ganzen Feuerfreude vorbei gewesen wäre! Und so kroch man durch die nächste Hecke, wo auf abgeerntetem Acker noch allenthalben Kartoffeln umherlagen, schnitt sich mit der größten Kostbarkeit, die ein Knabe damals besaß, dem Taschenmesser – am höchsten geschätzt war das sogenannte Baummesser, dessen Klinge sich gegen die Spitze hin hakenförmig nach innen bog – einige gerade Stöcke zurecht, spitzte sie an, spießte eine Kartoffel auf und suchte seinen Stolz darin, sie höher und weiter zu schleudern, als die andern es konnten.

Es war die primitivste Art der Schleuder; aber für ihre Anwendung mußte man im Werfen aus der Hand schon eine große Fertigkeit besitzen, um den Schwung so zu regeln, daß die Kartoffel im richtigen Augenblick vom Stock herunterflog. Bevor die Knaben auch nur eine leise Vorstellung der Worte: „Gefühl ist alles!“ haben konnten, übten sie deren Sinn schon bei ihrem Spiel. Denn für Weite, Höhen- und Seitenrichtung kam beim Werfen aus freier Hand, wie mit der Schleuder, einzig und allein das Gefühl in Frage. Es ist erstaunlich, zu welcher Sicherheit es manche Knaben hierin brachten. Und zum Beweis, wie nah diese kindliche Tätigkeit mit den einfachsten Hilfsmitteln mit dem Schießen aus der vollkommensten Feuerwaffe verwandt ist, vermochte Franz in späteren Jahren oftmals festzustellen, daß aus den besten Werfern auch die sichersten Schützen wurden.

Von dieser Urform der Schleuder schritten die Knaben über die aus einem Lederstück und zwei Bindfäden bestehende Wurfschleuder und über die bekannte Ziehschleuder allmählich bis zum Blasrohr vor.

Dieses war bei größerer Sicherheit, als sie die Ziehschleuder bot, insofern harmloser, als sein Geschoß meist nur aus einer reifen, im Wasser gequellten Erbse bestand. Gleichwohl hatte diese Kraft genug, einen Vogel von der Größe eines Sperlings wenn nicht zu töten, so doch so zu betäuben, daß er erbeutet werden konnte. Die Hauptsache und die größte Schwierigkeit war, das Geschoß so abzudichten, daß keine Luft neben ihm verblasen wurde. Bei der Harmlosigkeit der Waffe galt es auch für durchaus nicht „gemein“, unbeliebte Leute damit zu treffen.

Das mußte einst ein Mucker erfahren, der schon oftmals den Angeber gespielt hatte. Franz war mit anderen Knaben beim Ballspiel, als von einer entfernten Gruppe Wilhelm Roggenkamp auf ihn zukam, ihn auf die Seite nahm und flüsterte:

„Heß du din Puhstrohr bi di?“

„Jo. Det lit bi mine Kappe – wat sall det?“

„Och – dor bi us, dor is de ‚Vatter‘ an't Vätellen; un dor steïht ümmer den ollen Rührbolz an't Fenster. Deï hört sik det alle mit an; un morgen löpt hei dormet noh den Rekter – un dann ssind de Puppen wier an't Danßen. Det meïste lügt hei doch d'rtau – scheit den Käl 'ne Erwte in't Chesicht!“

Das wäre ja für Franz eine Wonne ohnegleichen gewesen, hatte er doch vor einigen Wochen auf die Anzeige des Mannes hin einige Stunden „brummen“ müssen! Und dabei war er es nicht einmal gewesen, der Rührbolz seinen süßen „Ammi“ durch einen Bastert aus der Ziehschleuder mit lautem Geheul aus dem Mittagsschlaf in der Sonne hatte auffahren und jaulend ins Haus fliehen lassen, sondern sein Bruder Heinrich. Aber es wäre doch gar zu gefährlich gewesen, den Horcher hinter dem Vorhang auf offnem Platz anzugehen; und so wich Franz aus.

„Nee – det cheïht nich. Hei ssüht mi jo; und dann ssitt ik dran!“

„Och – paß doch es op: Dor steïht doch det Hus van Vollkotte en betken vö; un dor is doch vö den kleinen Chang tüschen det Nebenhus deï smale Dühr – kiek nich hin! Dor is en klein Lock in – dor kaß du dürscheiten. Van den verbrannten Platz ut kaß du henkommen, det di nümms ssüht“

Donnerwetter ja! Das leuchtete Franz ein. – Aber es mußte Zeit vergehen, bevor er hinkam; wenn der Kerl dann nur noch da sein würde!

„Wor wiß du hen?“ fragten die Mitspielenden, als Franz sich eilig entfernte.

„Och – ik mot fix noh Hus!“

Aber er lief nicht nach Hause. Da, wo die Gasse nach dem verbrannten Platz abzweigt, machte er einen Augenblick halt, bis die Straße leer war; dann bog er schnell dahinein. Wie fast immer lag der Platz einsam und menschenleer da. An den Hinterseiten der Häuser und den ihm bekannten Gärten rechnete Franz aus, wo er einschlüpfen müsse, um den richtigen Gang an dem Hause von Vollkotte zu treffen.

Zu damaliger Zeit wurde selten ein Haus unmittelbar an das andere gebaut; vielmehr blieb zwischen ihnen meist ein etwa zwei Fuß breiter Raum. Das war kein verlockender Weg; denn dort hinein wurde verbotenerweise allerlei Unrat geworfen, so daß der Ablauf des Regenwassers manche Hindernisse fand. Dumpf, feucht und moderig drang es Franz entgegen; aber er kannte diese Gänge – hatte er doch manchen dort hineingeratenen Ball herausgeholt, und hatte auch er selbst beim Blindemüsejagen und bei sonstigem Unfug in ihnen Schutz gesucht! Und nicht lange, da war er am Ende. Deutlich scholl der Lärm von den spielenden Mitschülern zu ihm hinein; und da war auch das von Wilhelm bezeichnete Astloch. Aber es war für den lang aufgeschossenen Knaben viel zu niedrig. Er mußte also in die Knie. Vorsichtig lugte er nach dem feindlichen Fenster: O weh, es war leer! Aber nein, da bewegte sich doch der Vorhang – richtig, jetzt kam das glattrasierte Gesicht des Muckers zum Vorschein. Es war deutlich zu sehen, wie er hinter dem Vorhang verborgen auf die Erzählung des Vatters horchte, als hätte das rechte Ohr das Bestreben, seine Muschel zum besseren Verstehen zu verlängern.

Jägerblut ist angeboren. Franz pochte das Herz nicht weniger heftig gegen die Rippen als später vor dem Schuß auf Rehbock oder Hirsch; und er bedurfte einiger Zeit, um sich zu sammeln. Wenn nur der Vatter nicht aufhörte oder der Horcher aus sonst einem Grund vom Fenster wich! Aber alles ging nach Wunsch. Vorsichtig schob Franz das Blasrohr durch das Astloch, das reichlich Platz bot; dann nahm er „alle Kraft zusammen" – und pftt! flog die Erbse aus dem Rohr. Mit wahrhaft teuflischer Freude sah Franz die Hand des Opfers an die Backe fahren – also der Schuß saß! Dann war aber auch keine Zeit mehr zu verlieren. Und mit wilden Sätzen floh er durch den Gang zurück, spähte am verbrannten Platz vorsichtig nach links und rechts; dann trat er heraus, als ob nichts geschehen sei, und ging schnell nach Hause. Hier traf er später auf die Mutter:

„Main Chott, Franz, wie ssiehst du aus?!"

Hochroten Kopfes und klopfenden Herzens brachte er die schon vorher überlegte Lüge an:

„Wir haben uns cheprügelt!"

„Mit wem denn?!"

„Mit Bügeler!"

„Das hat dir Vater doch ausdrücklich verboten – du ssollst dich mit dem Jungen ja chahnicht abcheben!"

„Ja, ich kann mich doch von ihm nich verhauen lassen!"

„Na, dann zieh dich nur schnell um, daß Vater dich sso nicht ssieht!"

Franzens Sorge und Eile waren ganz unnötig gewesen; der Mucker hatte, nur das Ohr auf die Erzählung des Vatters gerichtet, gar nicht nach außen gesehen. So war er des festen Glaubens, das Attentat könne nur aus der Gruppe um den Vatter herrühren.

In maßloser Wut war er zwischen die Ahnungslosen gefahren, die Erbse in der Hand.

„Wer hat mich mit dem Blasrohr cheschossen?! – Heraus damit!"

Von den Knaben hatte nur Wilhelm Roggenkamp Kenntnis über den Vorgang, die er sorglich für sich behalten hatte. So traf denn die Wut des gekränkten Mannes auf ehrliche Entrüstung der Jungen, die es sich verbaten, so unverdient verdächtigt zu werden. Sie knöpften alle freiwillig ihren Rock auf: – Da war nirgends ein Blasrohr!

So stand der Mucker mit seiner Erbse recht ratlos da; und die Knaben gingen auseinander. Es kam nichts nach der Geschichte. Als Wilhelm Roggenkamp nach dem Silentium Franz aufsuchte, um ihm die Wut des Muckers zu schildern, erzählte er:

„S-chade, det du em nich chesseihen heß! Hei was *sso* chiftig. – Un en rohen Placken, as en Dahler chrot, har hei op de rechte Backe!"

Nun wird es aber die höchste Zeit, nach den in der Aschenglut bratenden Kartoffeln zu sehen, wenn diese nicht völlig verkohlen sollen. Mit Hilfe der Schleuderstöcke wurde die Asche sorglich beiseite geschoben und die eine oder andere, außen völlig verkohlte Kartoffel herausgeholt. Wie vorsichtig wurden die schwarzen Dinger in den Händen hin- und hergedreht; wie wurden sie mit spitzem Mund beblasen, bis sie die Hitze so weit verloren hatten, daß man sie herzhaft anfassen konnte, um sie auseinanderzubrechen! Dann aber die Freude, wenn innen auch nur ein kleiner unverkohlter Kern den lüsternen Augen entgegenlachte! Gewiß, man lernte mit der Zeit das Braten in der Asche zu einer solchen Vollkommenheit bringen, daß nur die Schale einschrumpfte und das Innere doch gar war. Aber niemals reichte der Wohlgeschmack einer solchen Kartoffel an den der äußerlich verkohlten heran. Wie denn überhaupt keine der vielen Zubereitungsarten ihr auch nur einen Teil jener wunderbaren Würze zu verleihen vermag wie diejenige im „Poschefüerken“!

Das ist keine Übertreibung; und die Würze der jugendlichen Freiheit, des Neuen, Selbsterlebten und Selbsterprobten ist dabei nicht in Rechnung gestellt. Es ist einfache, nackte Wahrheit.

Bot das Blasrohr unter den jugendlichen Waffen dem Schützen die erste Möglichkeit, unter Ausschaltung des Richtungsgefühls – wenn auch nur roh – zu zielen, so brachte der vom Bogen geschnellte Pfeil hierin schon einen Fortschritt. Merkwürdigerweise sprachen die Knaben aber nie von ihrem Bogen, sondern nur von ihrem Flitzbogen. Auch der Pfeil führte nicht diese Bezeichnung; er hieß das „Reith“, und zwar sowohl hochdeutsch wie im geliebten Platt, obgleich es nichts anderes war als die niederdeutsche Benennung für Rieth, Rohr.

Für die Knaben, die schon über einige Körperkräfte verfügten, kam ein Bogen, mit dem man nicht über das Kirchendach hinwegschießen konnte, gar nicht in Betracht. Das war die Mindestleistung; aber bevor man so weit war, wurden viele Bogen verbraucht, wurde viel Reith verschossen.

Dem Flitzbogen folgte die Armbrust, die schon eine gewisse Reife des Schützen voraussetzte.

Zu den dauernd und mit Recht unbedingt verbotenen Schießwerkzeugen gehörte aber die Pistole. Und doch fanden sich stets einige Knaben, die sich eine solche zu verschaffen wußten und, ebenso stolz wie von allen beneidet, damit umherprahlten, wenn Eltern-, Lehrer- und sonstige Späheraugen fern waren. Franz hat niemals solch ein Schießeisen besessen. Er trug auch kein Verlangen danach; denn in diesen Jahren sah er in einer guten Armbrust eine viel vornehmere Waffe als in dem schönsten Doppelpistol.

Und schön war selbst die beste der hier in Frage kommenden Pistolen wirklich nicht. Billigstes Erzeugnis belgischer Waffenindustrie, trug es selbst für ungeschulte Knabenaugen den Stempel des Unechten, des Schundes. Denn für etwas Besseres reichten auch die üppigsten Spargroschen nicht. Wunderlich genug, daß niemals ein Unglück vorkam! Zweifellos wurde manches Pistol überladen, wenn nicht mit Pulver, dann mit Schrot; denn Kugeln haben die Knaben nicht verwendet. Aber soweit Franz sich entsinnen kann, ist niemals ein Lauf geplatzt.

Für verstohlene Freuden dieser Art wurden meist zwei Örtlichkeiten aufgesucht. Entweder „de chrote Danne“, eine mächtige Krüppelkiefer in einsamer Heidegegend an einer Biegung der Lippe, oder „Cäsars Lager“, zu damaliger Zeit eine mit vielen Hülsenbüschen und Wacholdern bestandene Öde, die später als Kiesgrube ausgebeutet wurde. Auch fand die Pistole wohl Anwendung bei den nachher noch zu erwähnenden Eichkatzenjagden, aber, wie schon gleich bemerkt werden mag, niemals mit Erfolg.

So sehr die Knaben beim Schleudern, Blasrohrschießen, beim Flitzbogen und bei der Armbrust auf das Treffen versessen waren und mit einer Andacht zielten, wie der beste Richtkanonier, so wenig kam es ihnen bei der Pistole darauf an. War es ein stiller Hintergedanke, das Ding träfe von selbst, war es ein Aberglaube oder ein besonderes Vertrauen zum Zündkraut, oder war es, wie jeder Schießunteroffizier gerügt haben würde: „das verdammte Mucken“: Genug, als das Schießeisen geladen und das Zündhütchen auf das Piston gedrückt war, stellte man sich recht wichtig und breitbeinig hin und zielte sorgfältig auf die „chrote Danne“, die das beliebte Opfer war. Dann, wenn man das Ziel zu haben glaubte, drückte man mit Macht ab – denn der Abzug stand meistens sehr fest –, und gleichzeitig machte man beide Augen zu. So blieb denn auch in der Regel selbst die etwa zwei Fuß im Durchmesser haltende Tanne unverletzt.

Aber es hatte geknallt, oftmals ganz gewaltig geknallt – und der Arm war dem Schützen vom Rückstoß seitwärts und in die Höhe geschleudert! Wenn auch die unmittelbar einsetzende sorgfältigste Untersuchung des gefährdeten Baumes auf dem davor befestigten Zeitungsblatt nicht das Loch von einem einzigen Schrotkorn aufwies: es hatte geknallt; und das war die Hauptsache.

Strahlend reichte der glückliche Fehlschütze die Pistole seinem Nachfolger. Sie wurde wieder geladen; und dasselbe Spiel wiederholte sich.

XX.

Die frühzeitigen Streifereien mit Meister Rüting in der Graufinkenheide, wie das später dazukommende Sammeln von Schmetterlingen führten Franz allmählich, aber sicher zu einer immer stärker werdenden Neigung zur Naturbeobachtung. Es ist auffallend, daß diese Neigung von zwei Seiten Förderung fand, deren Richtung mit Franzens Anlagen durchaus nicht übereinstimmte, die ihm vielmehr sein ganzes Leben hindurch wesensfremd geblieben ist.

Dem Vater war eine Vorliebe für gefangene Vögel eigen. Er hielt in seinem, bald nach Franzens zwölften Lebensjahr bezogenen, selbst erbauten Hause außer den früher erwähnten „Cheitlingen" und „Ssippen" eine große Vogelhecke, in der sich alles tummelte, was an einheimischen Vögeln leicht zu ernähren und verträglich war. Für Insektenfresser wurden nicht nur die erforderlichen Ameisenpuppen selbst gesammelt – auch eine eigene Zucht von Mehlwürmern sorgte ständig für Leckerbissen. Selbstverständlich fiel Franz und Heinrich die Aufgabe zu, die zahlreichen Vögel zu warten und Sorge zu tragen, daß die etwa zwanzig Kubikmeter große Vogelkammer stets mit grünen Nadelreisern ausgeschlagen war.

Das war für Franz ein harter Dienst. Denn vom ersten Tag an hatte er Mitleid mit den gefangenen Sängern. Er hätte die ganze Gesellschaft am liebsten entweichen lassen, wenn das möglich gewesen wäre, ohne den Vater zu betrüben. Nichtsdestoweniger empfing er aus diesem täglichen Umgang mit den armen Gefangenen einen starken Antrieb zur Beobachtung der Vögel im Freien.

Die andere Seite, von der der gleiche Antrieb kam, war ein Buch von den Gebrüdern Müller. Hier waren im gartenlaubenhaften Ton mit überreizter Sentimentalität einzelne heimische Vögel angesungen, als seinen sie Engel des Himmels; bestimmt, die Trübsale dieser armen Erde zu lindern. Das war ganz im Stil der damaligen Zeit; und das Buch war hochangesehen und gepriesen. Es kann hier ruhig gesagt werden, daß Franz diese ihm vom Vater geschenkte Schrift niemals zu Ende gelesen hätte, wenn es nicht um des Gebers willen geschehen wäre. Aber Franz ist heute fest überzeugt, daß dieser selbst höchstens einmal in das rührselige Geschreibsel hineingesehen hat; denn er besaß einen zu urgesunden Sinn, um an derlei Sachen Gefallen zu finden. Mit einem Wort: das Buch war dem Knaben schrecklich in seinem Ton; und doch haben die darin enthaltenen Tatsachen ihn stark zu eigener Beobachtung angeregt. Im Gegensatz zu den Verfassern sah Franz in den fröhlichen Sängern des Waldes und des Feldes, des Gebüsches und der Heide nichts als muntere Weggesellen, die unbekümmert um Nahrung und Obdach ihr Lied zum Himmel schmettern – „und der himmlische Vater ernähret sie doch!“

Es mochten die Übergangsjahre von der Tertia nach der Sekunda sein, in denen sich Franz stark in dieser Richtung betätigte. Diese Beobachtung verlangt viel Ausdauer und Geduld, sowie ein gutes musikalisches Gehör. Da das letztere Heinrich gänzlich abging, die Beobachtung auch am besten gelingt, wenn man ganz allein ist, so machte Franz zu dieser Zeit viele einsame Spaziergänge, die häufig einem ganz bestimmten Vogel galten.

Die Beobachtung war eine Art weidmännischer Betätigung, die zwar nicht in der Besitzergreifung des Sängers gipfelte, aber doch nicht eher ruhte, bis der zu der jeweiligen Gesangsstrophe gehörige Vogel genau erkannt war. Franz ergriff nicht Besitz von dem Sänger selbst, wohl aber von der Kenntnis seiner Persönlichkeit. Es war aber auch eine vorzügliche Schule für den künftigen Weidmann. Sie schärfte die Sinne, stählte die Ausdauer, lehrte Schleichen und Pürschen, wie es die Jagd erfordert. Da waren besonders die Laubsänger, das Schwarzplättchen, die ein sehr heimliches Dasein führten und deren Gesang viele Ähnlichkeiten aufweist.

Wie stolz war der Knabe aber, als es ihm gelang, den unruhigen und immer oben im Gezweig lebenden Pirol zu beobachten, seinen lustigen Flötenruf und sein heiseres Schmähen nachzuahmen!

Und den goldenen Vogel mit der Wiederholung des eigenen Rufes immer wieder von neuem zu täuschen und zu weiteren Rufen anzuspornen! Das gelang am besten, wenn der Knabe sich auf den Rücken legte, dann erkannte der Vogel den Menschen in ihm nicht; und der Schelm da unten konnte ihn im grünen Gezweig ungestört beobachten.

Alles hierbei Erlebte und Gelernte ist dem Naturfreund und Jäger ein langes Leben hindurch ein wertvoller Besitz geblieben. Um so wertvoller, je öfter er später zu sehen Gelegenheit hatte, wie die Entfernung von der Natur bei der immer stärkeren Ausdehnung der großen Städte im Zunehmen begriffen ist, wie die Jugend immer mehr zwischen öden Steinmauern aufwächst und den unendlichen Reiz des Lebens im Freien nur spät, und dann für die Entwicklung zu spät, kennen lernt. Aber alles hat seine Zeit; und Franz war ein viel zu lebhafter Knabe, um im dauernden Alleinsein Befriedigung zu finden. Auch ließ der Reiz mit der wachsenden Kenntnis des Freilebens der Vögel naturgemäß nach.

Da kam ein ganz neues Unternehmen auf. Vermutlich hatte ein von auswärts zugezogener Schüler es mitgebracht. Genug, mit einemmal war es da.

„Cheïhst du van nomiddag met, Eïkatten jagen?“ hieß es eines Tages.

„Wat is det?“ war die erstaunte Gegenfrage.

„Och – wi jagt deï Eïkatten, büs wi ssei häwt!“

Natürlich war Franz dabei. Es war im Grund eine ganz wüste Geschichte; aber das Beutemachen liegt den Menschen aus grauer Vorzeit so tief im Blut, daß es für frische Knaben einen gewaltigen Reiz hat. Noch heute wundert Franz sich darüber, wie die Jagdinhaber sich diesen störenden Unfug so ruhig haben gefallen lassen; denn wo die Knabenhorde bei der Verfolgung einer Eichkatze hindurchtobte, da behielt weit und breit kein Wild seinen Stand.

Der Schauplatz dieser Jagden waren junge Kiefernstangenorte, deren Stämme noch so schlank und schwank waren, daß sie von den Knaben geschüttelt werden konnten. Hier wurden die Eichkatzennester aufgesucht und die Bewohner durch Schütteln hervorgescheucht. Wurde ein Eichkater sichtbar, so erschallte hundertstimmiges Geschrei der Genugtuung. Zunächst kehrte das Tierchen sich nicht viel daran und saß nach anfänglicher Flucht bald schnalzend auf einem Ast, indem es die aufgeregte Schar da unten neugierig musterte. War es aber einmal beim Fortwechseln in einem besonders dünnen Stämmchen erwischt, mußte es sich hier mit aller Macht festhalten, um durch das systematische Schütteln nicht herabgeschleudert zu werden, war es gar einmal heruntergefallen und zwischen die schreienden, tobenden, mit den Füßen stampfenden, mit Knüppeln nach ihm schlagenden Knaben geraten, hatte es mühsam wieder einen Baum gewonnen und die schützende Höhe erreicht, dann wußte es, daß es auf Tod und Leben ging. Vor seinem Erzfeind, dem Baummarder, konnte es keine größere Angst haben als vor der unter ihm tobenden Knabenschar.

Mit aller Macht trachtete der Eichkater dann aus dem jungen Stangenholz heraus, um im älteren Bestand in größere Höhen und in mehr Sicherheit zu kommen. Oft genug gelang ihm das; und dann standen die Knaben unten wie die betrübten Lohgerber, denen die Felle fortgeschwommen. Waren das alte Eichen- oder Buchenbestände in größerer Ausdehnung, dann war für die Verfolger keine Aussicht, das Wild zu erbeuten. Kam aber nur der eine oder andere stärkere Baum in Frage, dann mußte einer mit einer langen Stange hinein, um den Langschwanz herauszustöckern, oder ein glücklicher Pistolenbesitzer rückte ihm kletternd mit dem Schießeisen zu Leibe.

Unten stand derweil die Verfolgerschar, atemlos, blutdürstend und allerlei gute Ratschläge heraufrufend. Die Stange führte meist sicher zum Ziel. Wenn aber der Pistolenschütze da oben auf den unglücklichen Kater anlegte, dann standen alle Herzen still, und hundert Augen bohrten sich in das rote Fell – aber immer rettete sein Besitzer seinen Balg. Denn wer nicht einmal, mit beiden Beinen auf festem Boden stehend, die „chrote Danne“ erschießen konnte, der traf, am schwanken Ast hängend, in der Aufregung des Jagdfiebers das kleine Eichkatzel sicher nicht!

Aber einmal schlug auch diesem die Stunde. Wenn es, abgehetzt und ermattet, auf der Flucht im Gezweig in die Krone eines dünnen Baumes geriet, an dessen unterem Stammende zufällig ein paar handfeste Knaben Posto gefaßt hatten, die nun übereinstimmend im Tempo schüttelten, dann wurden die krallenbewehrten Fänge des Eichkaters länger und länger. Und schließlich fiel das Tierchen mitten in die aufgeregte, schreiende Knabenschar hinein, wo es dann sein Ende fand.

Diese Eichkatzenjagd war gewiß ein derbes Vergnügen; und es war vom Standpunkt des Erziehers mancherlei daran auszusetzen. Aber sie hatte neben der Verfolgung dieses von Naturunkundigen so hoch geschätzten, possierlichen, in Wahrheit einen der gefährlichsten Nesträuber darstellenden Vogelfeindes auch in anderer Hinsicht ihr Gutes. Auf andere Weise als durch den unwiderstehlichen Reiz der Jagd wären die Knaben nicht an jedem noch so unfreundlichen Spätherbst- und Wintertag in so großer Anzahl ins Freie zu bringen gewesen. Sie hätten nicht trotz Regen und Schnee bis zum Abend ausgehalten. Ihre Ausdauer wäre nicht in dem Maß gestählt worden, wie es geschah. Denn der fortwährend nach oben gerichtete Blick in steter Verfolgung durch Dick und Dünn, das anstrengende Schütteln, Laufen und Klettern, es erforderte die Anspannung aller Kräfte. Und wenn Franz am Abend mit frischen Wangen und leuchtenden Augen, ermüdet und doch gekräftigt, nach Hause kam und die Mutter nach Woher und Wieso fragte, dann hat sie auch nicht ein einziges Mal auf die wilde Jagd gescholten. Sie freute sich ihrer offenbar günstigen Einwirkung auf die Gesundheit bei dem mit dem Schulbesuch einmal untrennbar verbundenen langen Sitzen.

Franz aber pflegte sich nach solchen Nachmittagen eine ganz eigene Art behaglicher Ruhe zu schaffen. In Ermangelung eines Sofas, das es im Zimmer der Kinder nicht gab, lehnte er einen niedrigen Binsenstuhl schräge an die Wand. Auf einen anderen Stuhl gewöhnlicher Höhe stellte er die Kaffeekanne, deren Inhalt einen recht weißen Milchkaffee darstellte, nebst einem Teller mit dick geschnittenen und dick gestrichenen Scheiben des landesüblichen Schwarzbrotes. Dann holte er sich eines der geliebten Lesebücher, setzte sich tief in den schrägen Stuhlsitz und trank und aß und las, und las und aß und trank. Es war eine Wonne ohnegleichen, die nur noch dadurch eine Steigerung erfuhr, wenn das jeweilige Lesebuch eine der beliebten Indianergeschichten war: „Unkas, der letzte Mohikaner", oder „Der Fährtensucher" oder dergleichen. Keinem Schlemmer inmitten der auserlesensten Genüsse konnte wohler sein als dem ermüdeten Knaben in all seiner Einfachheit! Und oftmals bei besonders üppiger Gelegenheit im späteren Leben ist Franz der Gedanke an jene Stunden nach der Eichkatzenjagd bei Milchkaffee und westfälischem Schwarzbrot wieder aufgestiegen.

Nichts würzt das Mahl in annähernder Weise wie der Hunger, und kein Behagen erreicht die Wohligkeit der Ruhe nach starker Anstrengung. Eine Binsenwahrheit, und doch von so vielen Menschen in dem wahnsinnigen Jagen nach dem Glück für ewig unbegriffen! „Denn das Glück ist immer da", sagt unser größter Dichter und bekundet damit, daß es stets von innen, nicht von außen kommt.

Wohl erlitt dieses behagliche Faulenzen, Essen, Trinken, Lesen von Zeit zu Zeit eine kleine Störung. Die Mutter kam und mahnte: „Junge, Junge, es ist aber s-chon lange Zeit für das Ssilentium!"

Das hatte aber nicht mehr zu bedeuten als eine gelegentliche Störung im Morgenschlaf. Man sieht auf die Uhr, entdeckt, daß es noch zu früh, und schläft mit doppeltem Behagen weiter. So blieb auch die Mahnung ohne den gehörigen Nachdruck. Die Mutter freute sich, daß es ihrem Jungen offenbar so gut ging. Ihre Worte waren durch nichts anderes verursacht als durch die Furcht vor einem etwaigen Besuch des Klassenlehrers, der die Pflicht hatte, sich von Zeit zu Zeit zu überzeugen, ob auch das Silentium gewissenhaft innegehalten wurde.

* * *

Die knabenhafte Jagd auf die Eichkatzen sollte durch die erste wirkliche Jagdausübung abgelöst werden. Der Vater war in seinen

Jünglingsjahren ein eifriger Jäger gewesen, hatte aber, als „der Bursch in Amt und Stand kam", in des Wortes wahrstem Sinn die Flinte an den Nagel gehangen, weil er ein längeres Fernsein und zeitweise Unerreichbarkeit mit seinen Pflichten als Arzt nicht vereinigen zu können glaubte. Sein Herz aber war grün geblieben. Und so verschaffte er seinen Knaben schon frühzeitig Gelegenheit zu den ersten weidmännischen Freuden. Große Jagdbezirke in der Umgebung des Städtchens waren im Besitz von Verwandten. Hier konnten Franz und Heinrich nach Herzenslust Dohnenstiege anlegen. Da aber der Hauptfang in den Oktober fiel, also außerhalb der Ferienzeit, so blieben für den Betrieb dieser Jagd nur die freien Stunden zwischen der Schulzeit, die beiden freien Nachmittage in der Woche und der Sonntag.

Was war das für eine Freude, schon im Sommer die Vorbereitungen zu treffen, den Dohnenstieg selbst in Wallhecken und Bauernhölzern zurechtzuputzen, die dünnen Sprossen des Faulbaumes zu schneiden, aus ihnen die Bügel zu verfertigen, die Pferdehaare für die Anfertigung der Schlingen zusammenzubetteln und zu stehlen und die nötigen Ebereschenbeeren zu sammeln! Das alles, natürlich mit Ausnahme des Stehlens, wurde unter Anleitung des Vaters gemacht, der die Knaben lehrte, wie die Schlingen im Bügel zu befestigen seien, damit die Vögel sich am Hals fingen und einen schnellen Tod erlitten, anstatt sie stümperhaft an Ständern und Flügeln zu fangen und so elend zu quälen.

Wenn endlich der Dohnenstieg zum erstenmal nach dem Einbeeren begangen wurde, welch erwartungsvolle Spannung erfüllte dann die Knabenherzen! Da hing ein Krammetsvogel in der Schlinge – hier war eine Dohne ausgebeert; aber dort in der vierten, da hing wieder einer. Hier aber hatte sich ein Vogel am Ständer gefangen und flatterte jämmerlich bei Annäherung der Knaben umher! Ja, da mußte der Wind die Schlinge verweht haben. – Nein! Das war ja die, die von Anfang an nicht ordentlich hatte sitzen wollen. Heraus mit ihr und eine neue eingezogen! Allein die wollte auch nicht, wie sie sollte. Da lag es also an dem Einstich in den Bügel. Es wurde ein neuer genommen; und nun war alles gut!

Aber da war ja ein Vogel angefressen! Das konnte nur einer der Holzhäher getan haben, die da so viel umherschräpten. Na, das wollen wir schon kriegen: Der Vogel blieb hängen; aber es wurden um ihn herum einige Schlingen so angebracht, daß der Räuber sich selbst fangen mußte. – Vereinzelt fing sich auch ein Rotkehlchen. Das war immer der Gegenstand herzlichen Bedauerns. Aber die Vögel wurden darum nicht weniger; wenigstens nicht in höherem Maß, als sie es zur Zeit nach Aufhebung des Dohnenstiegs durch das Reich werden.

Zweifellos ist bei dem gesetzlichen Verbot des Dohnenstiegs viel unreifes Urteil und eine starke Dosis Sentimentalität untergelaufen. Und die etwaigen nützlichen Wirkungen des Gesetzes genießen nicht wir, sondern die vogelfangenden Romanen. In Deutschland kann man nur eine maßlose Vermehrung der Schwarzdrossel beobachten, die zwar durch ihren Gesang erfreut, aber als arger Nesträuber unzählige junge Singvögel vernichtet; sicherlich weit mehr, als sie dem ausgedehntesten Dohnenstieg je zum Opfer gefallen sind.

Es ist das ein ähnliches Ergebnis wie mit dem rücksichtslosen Abschuß aller Raubvögel oder, besser gesagt aller Falken, zum Schutz der Brieftauben. Seit jener Zeit hat sich der Holzhäher, der früher durch die Falken kurzgehalten wurde, in unglaublichem Maß vermehrt. Dieser Nesträuber ist den kleinen Singvögeln noch viel gefährlicher als die Schwarzdrossel. Und so sind durch das Gesetz zwei Singvogelfeinde großgezogen, die den fröhlichen Sängern viel mehr Schaden tun als alle Dohnenstiege der Welt.

Ob man die Brieftaube vielleicht schon bald wird entbehren können, das bleibe dahingestellt. Das sentimentale Dohnenstieggesetz aber würde ohne Schaden je früher desto besser abgeändert werden können. Wenn zur Begründung angeführt wurde, der Anblick schlecht gefangener Krammetsvögel wie der der nebenbei gefangenen Singvögel übe einen verrohenden Einfluß auf den Fänger aus, so kann Franz aus seinen langen Fangerlebnissen nur das Gegenteil bekunden: Das Sinnen auf Verhütung solcher Vorkommnisse hat vielmehr einen veredelnden Einfluß auf das Gemüt zu Folge.

In anderer Hinsicht verdankt Franz dem Krammetsvogelfang im Dohnenstieg ein Erlebnis, das ihm eine wertvolle Lebenserfahrung wurde. Nämlich: daß ein mutiger Mensch imstande ist, eine ganze Horde von Feiglingen in Schacht zu halten.

Schon mehrfach hatten die Knaben den Dohnenstieg in Unordnung vorgefunden. Es waren offenbar Vögel aus den Schlingen herausgenommen; Schlingen waren aus den Bügeln gerissen, ja ganze Dohnen fehlten. Das konnte nur von Menschenhänden herrühren; und im Kriegsrat mit dem Kutscher Hendryk kam man zu dem Ergebnis, daß nur die Söhne der in der Nähe wohnenden Kötter in Frage kommen könnten. Eines Sonntagnachmittags begleitete Hendryk die Knaben. Und richtig; es fehlten wieder einige ganze Dohnen. Zufällig traf man auf eine Horde von etwa zehn größeren und kleineren Knaben, von denen der längste Bengel eine der geraubten Dohnen in der Hand trug.

Da Hendryk diesen Jungen kannte, so war man im Besitz einer hinreichenden Handhabe und wollte, ohne sich weiter um die Gesellschaft zu kümmern, nach Hause gehen. Das wurde aber durch diese verhindert; denn als sie glaubten, scheinbar ohne weitere Umstände davonzukommen, da schwoll ihnen der Kamm, und sie riefen den dreien höhnische Worte zu. Die trieben Franz das Blut zu Kopf; und ohne zu bedenken, daß drei gegen zehn ein recht schlechtes Kampfverhältnis war, gab er einige Dohnenbügel, die er über dem linken Arm trug, an Hendryk ab und ging entschlossenen Schrittes auf die höhnende Bande zu. Diese verstummte und wurde offenbar unsicher, ob sie den Ankommenden erwarten oder ausreißen sollte. Während die Racker noch schwankten, war aber Franz schon bei ihnen angelangt. Er war erheblich kleiner als der längste Bengel mit der Dohne. Aber er hob sich auf den Zehenspitzen und haute dem gänzlich Überraschten eine Ohrfeige in das Gesicht, daß dem, wie man zu sagen pflegt, das Feuer aus den Augen schlagen mußte. Dann kehrte er um und schritt auf Hendryk und Heinrich zu, die den Vorgang gespannt beobachteten. Kaum war er etwa drei Schritt weit gegangen, da knurrte und zischte es hinter ihm:

„Lot di det nich chfallen!", „Hau em an'n Kopp!" und ähnliches. Aber Franz hätte sich um die Welt nicht umsehen mögen, ob ihm einer folgte. Das wäre ihm als ein Eingeständnis der Furcht erschienen; und die wollte er der Gesellschaft auch nicht im entferntesten zeigen. Wirklich kam er unangefochten zu Hendryk zurück, dessen Gegenwart die Jungen zweifellos von einem Angriff abgehalten hatte. Erst als die drei sich weiter entfernten, erhob sich auf der Gegenseite ein allgemeines Schelten und Schreien, das man aber mit Verachtung strafte.

Das Erlebnis ist Franz scharf im Gedächtnis geblieben. Es hat auf seinen Entschluß in ähnlichen Lagen, die ja keinem Menschen erspart bleiben, stählend gewirkt. Er hat sich auch später nicht ins Bockshorn jagen lassen und das nachherige Bellen der Meute mit Verachtung gestraft. Das Bewußtsein, bei ihrer Beraubung des Dohnenstieges ertappt zu sein, hat die Störer weidmännischer Freuden übrigens für die Zukunft von weiteren Beschädigungen abgehalten. Wenigstens wurden keine wieder erkennbar. Die Störenfriede mußten also, falls sie einmal einen gefangenen Vogel mausten, die Spuren ihres Eingriffes verwischen; dann wären aus den Räubern Diebe geworden.

Ein durchschlagendes Kennzeichen bei Franz und Heinrich für das Weidmännische bei den Freuden des Vogelfanges war die Tatsache, daß den Knaben nur an dem Fangen und weniger an der Beute gelegen war. Denn das Verzehren der gefangenen Vögel spielte bei ihnen keine größere Rolle als das Essen überhaupt, das freilich in den Jahren des Wachstums nicht gering geschätzt wurde.

Dafür hatten sie noch eine besondere Freude für sich. Wie sie es mit den durch die Armbrust erlegten Spatzen oder aus dem Nest gehobenen jungen Staren oftmals gemacht hatten, so verfuhren sie auch mit manchen der gefangenen Krammetsvögel. Nachdem im Freien ein ordentliches Feuer gemacht – von sorglich gesammeltem trocknen Holz, damit der Rauch nicht zum Verräter wurde – und die nötige Asche erzielt war, schlug man die Vögel samt dem Gefieder, nachdem die Flügel- und Stoßfedern ausgerupft waren und zwischen das verbleibende Gefieder etwas Salz gestreut war, in feuchten Lehm ein und legte sie in die Aschenglut. Nach ein bis zwei Stunden wurden die stark aufgeplatzten Klumpen herausgeholt, und der Braten war fertig. Zwar waren nicht, wie es vorschriftsmäßig der Fall sein sollte, alle Federn in der Lehmhülle stecken geblieben, aber doch die meisten. Und wenn das Salz in genügender Menge herangetan und gut verteilt worden war, dann schmeckten die Vögel nicht schlecht. Zwar längst nicht so gut wie die nach bewährtem Rezept der Mutter daheim in der Pfanne gebratenen, mit der herrlichen Tunke – aber der Unterschied wurde reichlich ersetzt durch die romantischen Umstände, unter denen die Zubereitung draußen vor sich ging.

Meistens wurden dazu einige Gäste eingeladen, besonders Wilhelm und Jans Roggenkamp. Von diesen stimmte vor allen der erstere entschieden dafür, die Vögel vorher auszunehmen und sie ordentlich, das heißt ganz zu rupfen. Er wurde jedoch von der Mehrheit dahin beschieden, er habe keine Ahnung vom Zubereiten der Krammetsvögel; die würden überhaupt nicht ausgenommen. Das sei es ja gerade; dann könnte man ja ebenso gut irgend ein Küken backen. Und die Vögel ganz zu rupfen, das sei nicht „richtig" oder nicht „zulässig". In letzterer Hinsicht zeigte sich die Mehrheit schon gerade so klug wie ein vortragender Rat, der ja auch alle nicht von ihm ausgehenden Maßregeln gern als „nicht zulässig" erklärt. *Roma locuta – causa finita!*

Mit dem Übergang auf die Sekunda trat für Franz die Ausübung der Jagd in eine höhere Stufe über, ohne daß dabei der Vogelfang vernachlässigt wurde. Schon oftmals hatte er den einen oder anderen Verwandten bei der Suche auf Rebhühner und Hasen begleiten dürfen. Seine Haupttätigkeit bestand im Tragen der Jagdtasche, die, falls sie mit mehr als einem Hasen beschwert wurde, für den schlank aufgeschossenen Knaben eine erhebliche Last bedeutete. Aber er trug die Tasche und war stolz, wenn er am Schluß der Jagd der Mutter einen Hasen als Geschenk auf den Küchentisch legen konnte.

Bei einer solchen Gelegenheit erhielt er einst die Zusage, selbst mit der Flinte mitgehen zu dürfen, wenn der Vater damit einverstanden sein würde. Dieser, der alle solche Freuden als Ansporn für den Fleiß zu bewerten pflegte, stimmte zu, für den Fall, daß Franz mit einem guten Zeugnis in die Sekunda versetzt werden würde. Das war zwar noch ein Jahr hin, und es erschien dem Knaben, als ob das niemals zu Ende gehen wollte. Aber das kam ohne sein Zutun; und tatsächlich wurde er mit der Nummer II in die Sekunda versetzt. Nun ging der Vater an die Einlösung seines Wortes.

Es war da auf einem nah bei der Stadt gelegenen Gut ein alter Oheim, ein Junggeselle und leidenschaftlicher Jäger. Der gab aus seinem überfüllten Gewehrschrank einen alten, einläufigen Vorderlader – die Hinterlader kamen damals erst auf und wurden als ganz vereinzelte Seltenheiten gebührend angestaunt –, ein Pulverhorn aus dem richtigen Horn eines Rindes, einen Hagelbeutel – der Ausdruck Schrot war in Franzens Heimat ganz ungebräuchlich – und eine für die Aufnahme der Zündhütchen am Rand durchlochte lederne Scheibe. Letztere war ein unerhörter Luxus für den Anfänger; denn die meisten alten Jäger trugen ihre Zündhütchen in der Westentasche. Eine Jagdtasche – Holster, wie man im Lande sagte – mit größerem Netz und umklappbarer Verlängerung für die Aufnahme eines oder zweier Hasen – daher der Name Hasensarg – stiftete der Vater als Anerkennung für das gute Versetzungszeugnis. Ebenso eiste er auch unter mancherlei Schwierigkeiten vom Herrn Rektor die Erlaubnis los, ohne die sich Franz an der Jagd als Schütze nicht hätte beteiligen dürfen. An eine besondere Jagdkleidung für einen Knaben dachte damals kein Mensch, wie denn überhaupt der Kleidung nur eine untergeordnete Rolle zufiel. Man hatte einen „chuten Anzug" für Sonntage, Feiertage und sonstige festliche Gelegenheiten. Das „Zeug" für den Werktag aber war so anspruchslos, daß die Knaben von heute es weit von sich weisen würden. War der Hosenboden durchgerutscht, dann wurde ein neuer eingesetzt. Zerriß die Hose über dem Knie, so erhielt sie einen Flicken. Das war allgemein üblich, und niemand fand etwas darin.

Einen Mantel oder Überzieher besaßen die wenigsten Knaben. Immer aber war er dann aus einem abgelegten Stück des Vaters hergestellt, was man ihm meist schon von weitem ansah. Es hätte für Franz eine große Auszeichnung bedeuten sollen, als ihm von einem sehr stolzen Überzieher des Großvaters ein Ableger hergestellt wurde, von gelbbrauner Farbe und sehr warm. Aber den Großvater hatte er in Form eines Schoßrockes geziert. Von diesem Schnitt konnte nun nicht mehr abgewichen werden, ohne die ganze Architektur zu stören.

Was den alten, würdigen Herrn trefflich gekleidet hatte, das paßte nach Franzens Meinung ganz und gar nicht für einen Jungen. Und alle Beschwörungen der Mutter, wie stolz er doch sein könne, so einen schönen Überzieher vom Großvater zu tragen, vermochten es nicht, ihn in dieser Auffassung wankend zu machen. Er schätzte das Kleidungsstück einmal nicht und ließ sich lieber in der ungeheizten Kirche – was wußte man damals vom Kirchenheizen! – die Knochen erfrieren, als daß er die „Kluft" freiwillig angelegt hätte. Sie mußte ihm sozusagen mit Gewalt angezogen werden. Wie oft versuchte er, sich an kalten Wintertagen heimlich davonzuschleichen, um dann noch auf der Straße von dem Ruf der Mutter erreicht zu werden: „Du mußt deinen Überzieher anziehen!" Das half dann nichts; er mußte umkehren, sich schelten und das schreckliche Ding überstreifen lassen. Gern ließ er es nachher in der Schule am Kleiderhaken hängen und hatte dann die Ausrede, er hätte es dort vergessen.

Also eine besondere Jagdkleidung wäre unter diesen Verhältnissen ein unerhörter Luxus gewesen. Was aber die Jagd unbedingt erforderte, starkes, widerstandsfähiges Schuhwerk in Form der damals allgemein gebräuchlichen halbhohen Stiefel: die hatte Franz wie alle anderen Knaben. Das heißt, er hatte nur solches; denn anderes gab es in der Kleinstadt überhaupt nicht. Von jedem Paar neuer Stiefel erhoffte man einen wirklich schönen Sitz bei möglichst kleinem Fuß. Manche freie Stunde saß man bei Meister Knieriem in der Werkstatt, wenn der kleine, helle Schein der Schusterkugel auf das zu bearbeitende Leder fiel. Aber wenn man den neuen Stolz dann an den Füßen hatte, dann sah er nicht viel anders aus als das ausgetretene alte Paar. Nur daß er längere Zeit drückte, bis er gehörig ausgetreten war.

Das Pulverhorn von links nachts rechts, den Hagelbeutel von rechts nach links, in gleicher Richtung die mit Frühstück wohlversehene Jagdtasche, die Flinte über der linken Schulter – so fand sich Franz am ersten Jagdtag früh am Stelldichein mit einem Teil der übrigen Jägerei des Städtchens zusammen. Manche der Herren in groteskem Aufzug, manche die Einfachheit selbst. Hunde wurden gerufen, gepfiffen, verprügelt; Franz wurde als Neuling geneckt und aufgezogen, mit guten Lehren überschüttet, bis der Oheim ein Ende machte:

„Nun laßt mir den Jungen zufrieden; er wird schon alles lernen!"

Dann verteilte man die Jagdgebiete untereinander und verabredete den Ort, wo man gegen Mittag wieder zusammenkommen wollte. Als der Oheim mit Franz allein war, nur von dem alten, ruhigen „Rollo" begleitet, da begann auch alsbald die wirkliche Lehre. Er zeigte Franz, wie man eine Flinte ladet, wie der Ladestock in die Höhe springen mußte, wenn der Pfropfen fest genug heruntergetrieben war; welche Vorsichtsmaßregeln zu beachten seien, um nicht die Mitjagenden und Leute im Feld zu gefährden. Dann ließ er Franz seinen Einläufer laden, auf einen hellen Fleck an einer alten Kopfweise schießen, wieder laden und wieder schießen; und als Franz beide Male leidlich getroffen hatte, da konnte die Sache ernsthaft losgehen.

Beim ersten Schießen war es wie ein heiliger Ernst über Franz gekommen. Das war doch etwas ganz anderes als die törichte Pistolenspielerei, bei der es den Knaben nur auf das Knallen ankam. Und wenn Franz auch mit einem gewissen Zagen an das Losgehen des Schusses dachte, so suchte er doch nach Kräften des Oheims Mahnung zu erfüllen, ja nicht im Knall das Auge zu schließen. Es gelang ihm zwar nicht gleich; aber er hatte die Schrote doch ziemlich ins Ziel gebracht. Auch beim zweiten Mal ging das Auge wiederum zusammen; es war jedoch nicht mehr so schlimm wie zuerst.

Aber woher kam die gewaltige Aufregung über ihn, als nun der Hund die ersten Hühner fand, sie stand, auf Aufforderung nachzog, um endlich bombenfest vorzustehen? Mit einem furchtbaren Geprassel standen die Hühner auf; das war ja förmlich eine Wolke; die mußten ja auf den Schuß fallen wie die Fliegen! Also in den dichtesten Haufen hineingehalten! Franz wußte in seiner Aufregung gar nicht, daß der Oheim auch geschossen hatte, und zwar zweimal. Der lud ruhig seine Doppelflinte wieder, während „Rollo" nacheinander drei Hühner heranbrachte. Der Oheim nahm sie dem Hund ab und hing sie an seine Hühnerschlingen – zu Franzens größtem Erstaunen; denn auf zwei glaubte er mindestens Anspruch zu haben.

Das mochte der Oheim bemerken; denn er fragte seelenruhig:

„Wo hast du denn hinchehalten, Junge?"

„In den dicksten Haufen!"

„Ja, das ist das sicherste Mittel, um nichts zu treffen! Du mußt immer auf ein einzelnes Huhn zielen, und wenn ihrer noch so viele sind! Na, nun werden wir sie wohl einzeln kriegen."

Und so kam es. Der Oheim ließ jedesmal, wenn ein Huhn aufstand, Franz zuerst schießen; und wenn der fehlte, was zu Anfang die Regel war, dann erst schoß er es selbst herunter. Aber es dauerte nicht gar zu lange, da fiel zu Franzens unendlicher Freude ein Huhn, auf das er ruhig und sorgfältig gezielt hatte, zu Boden.

„Siehst du wohl," lobte der Onkel, „nur immer ruhig zielen und dir Zeit lassen. Die Schnelligkeit kommt nach und nach von selbst. Ruhig und sicher Zielen ist das einzige Mittel, um zu treffen. Vom Knallen fällt kein Huhn herunter!"

Das war so einfach und so wahr – wenn nur das klopfende Herz nicht gewesen wäre und die Sorge, mit dem Zielen nicht rechtzeitig fertig zu werden! Denn vom Schießen auf weit streichende Hühner wollte der Lehrer gar nichts wissen:

„Jeder Stümper behauptet bei einem Fehlschuß, die Entfernung sei zu groß gewesen. – Dann hätte er gar nicht schießen dürfen, weil er das Wild nur krankschießt, ohne es zu bekommen. Und das ist zehnmal schlimmer als vorbeischießen."

Unter solcher Anleitung machte Franz allmählich ganz erfreuliche Fortschritte im Treffen. Aber es trug auch die Waffe das ihrige dazu bei, den Anfänger zum ruhigen Zielen zu bringen. Die jagdliche Jugend von heute ahnt gar nicht, wie schwer sie es gegen die frühere Zeit hat, ruhig schießen zu lernen. Meist beginnt sie schon mit einer Doppelflinte. Da wird der erste Schuß nicht so ernst genommen: Man hat ja noch den zweiten; zumal bei rauchlosem Pulver, wo der Dampf des ersten Schusses das beschossene Wild dem Auge nicht verbirgt! – Und dann: Wie schnell ist mit den fertiggekauften Patronen wieder geladen!

Beginnt man aber die Jägerlaufbahn mit einem einläufigen Vorderlader, dann geht man weit achtsamer mit dem einen Schuß um. Einen zweiten hat man nicht; und zwischen diesem und dem ersten liegt das umständliche Laden.

Die gewaltigen Fortschritte in der Waffenfabrikation sind ein Nachteil für die Schießausbildung des Anfängers. Diese schreitet am besten fort, wenn ihm eine einfache, alte Knarre in die Hand gegeben wird. Eine vollkommene Waffe gehört erst in die Hand des Meisters.

XXI.

In Franzens Knabenzeit fielen drei Kriege: Der von 1864, 1866 und 1870–71. Es war von dem Winterfeldzug in Schleswig-Holstein im Städtchen nicht viel zu merken. Die Nachrichten vom Kriegsschauplatz liefen spärlich ein. Als größte Ereignisse sind Franz die Erstürmung der Düppeler Schanzen und der Übergang nach Alsen im Gedächtnis geblieben. Die Stimmung unter den Knaben aber wurde völlig beherrscht von dem schönen Lied: „Schleswig-Holstein, meerumschlungen – “.

Stark war auch der Eindruck der Erzählung über das dänische Kriegsschiff „Rolf Krake“. Bis in die alten Tage hinein muß Franz sich bei Nennung dieses Namens stets erst von der unmittelbaren Vorstellung freimachen, als sei dieses Schiff das Schiff aller Zeiten gewesen; etwa wie der Fliegende Holländer. Und war doch nur ein Schiffchen, über das der Führer eines heutigen mittleren Kriegsschiffes lacht!

Recht lebhaft trat aber der Krieg vor die Augen der Knaben, als zwei Stadteinwohner verwundet zurückkamen. Der eine war ein Anstreicher; mit einem Schuß durch die Brust, woran er lange Jahre kränkelte. Der andere hatte bei Missunde ein Bein verloren. Er war ein betriebsamer Mann, der alsbald eine Gastwirtschaft gründete: „Zum Krieger von Missunde“. Die Knaben nannten den humpelnden Mann einfach „Missunde“.

Gewaltige Aufregung aber brachte der Feldzug von 1866 hervor. Es ging gegen das katholische Österreich. Das fand wenig Verständnis und noch weniger Liebe bei den fast ganz katholischen Einwohnern; und „der Bruderkrieg“ war eine geläufige Redensart.

Wie anders war das 1870–71! Als die ersten Schlachten geschlagen und für die Unsrigen glücklich verlaufen waren, da zog bei der Siegesnachricht die Musik durch die Stadt, gefolgt von Alt und

Jung. Tief griff der Krieg mit seinen Siegesnachrichten auch in das Leben der Schule ein. Die alten Klassiker fanden wenig Liebe und geteilte Aufmerksamkeit, und von dem ohnehin gering geschätzten Französisch wollte keiner mehr etwas wissen. Die Lehrer hatten einen schweren Stand, die Schüler bei ihren Aufgaben zu halten; und die äußere Schulordnung riß an manchen Stellen.

Es war, wie schon früher erwähnt, streng verboten, nach 9 Uhr abends außerhalb der elterlichen Wohnung zu sein. Nun kam aber die Post von der nächsten Eisenbahnstation erst um 11 Uhr in der Nacht an. Die brachte die neuesten Kriegsnachrichten mit; denn eine eigene telegraphische Verbindung mit der Außenwelt hatte das Städtchen noch nicht.

Was Wunder, daß sich die Schuljugend ohne Ausnahme zu dieser Nachtzeit um das Postgebäude umhertrieb. Die Lehrer drückten beide Augen zu.

Es müßte keine fröhliche Schuljugend gewesen sein, wenn sie es nicht verstanden hätte, die erwartungsvolle, begeisterte Stimmung mit allerlei Späßen und Streichen zu vereinigen.

Anneken Strübbers war wieder in ihrem Fahrwasser:

„Chit könnt nich chlöwen, Frau Dokterin, wat deï Junges nu wier fö Ches-chichten makt! – Det is owends an de Post nu chrade sso as in de Maiandacht! Chistern owend het det in de chanße Post vull Hahnepieten chekribbelt – un mi häwt ssei ok chebetten! Ik mag't nich seggen, wor – awer sso'ne chroten, rohe Placken häw ik an 'nen Liew," – und sie fuhr mit dem Finger um ihren Handteller herum – „wann dor Inke Junges mär ok nich met bi chewäßt ssind! Undöchtig chenauch ssind ssei d'rtau!"

Es war wirklich ein Hauptspaß gewesen. Ja, wenn Anneken Strübbers gewußt hätte, daß Franz und Heinrich vor einigen Tagen für die Vogelzucht des Vaters Ameisenpuppen gesammelt hatten! Dann wäre die Geschichte gleich heraus gewesen; aber davon erhielt sie glücklicherweise keine Kenntnis.

Das Sammeln dieser Puppen überläßt man den fleißigen Ameisen selbst. In der Nähe des Ameisenhaufens wird im hellen Sonnenschein ein Laken ausgebreitet, dessen Ränder etwa gut handbreit umgelegt werden. Mitten auf dem Laken wird die mit der Schaufel aus der Tiefe des Haufens gehobene Spreu nebst Ameisen und Puppen ausgeschüttet. Da die Puppen im hellen Sonnenschein absterben würden, so tragen die fleißigen Tierchen sie in den ersten besten Schatten. Den bieten die umgeschlagenen Ecken des Lakens, wo die Puppen dann bequem eingesammelt werden können.

Bei dieser Arbeit, wozu auch Wilhelm und Jans Roggenkamp sich eingefunden hatten, war einer der Knaben auf den Gedanken gekommen, ein Säckchen mit den in dem gestörten Haufen massenhaft umherkribbelnden Ameisen zu füllen und des Abends im Flur des Postgebäudes, wo die Leute Kopf an Kopf zu stehen pflegten, heimlich auszuschütten. Das leuchtete den aufhorchenden dreien gewaltig ein; und so wurde zur Tat geschritten. Es fiel den im Flur des Postgebäudes wartenden Leuten nicht im mindesten auf, daß die Knaben sich zwischen ihnen hindurchschoben; denn das tat diese unruhige Gesellschaft jeden Abend. So kroch der kleine Wilhelm jetzt sozusagen am Boden hin und ließ aus dem geöffneten Säckchen einen langen, schwarzen Strich von Ameisen und Spreu herausgleiten. Dabei waren die Tierchen zuerst ihm selbst an der Hand in die Höhe gekrochen und bissen ihn so heftig, daß er den Beutel von sich warf. Zum Glück hatte Heinrich das beobachtet, sich sofort des gefährlichen Gegenstandes bemächtigt, und war, ungeachtet aller Bisse, damit verschwunden.

Franz und Jans aber hatten den vollen Genuß der Beobachtung. Sie hielten sich am Eingang auf, von wo sie den ganzen Flur übersehen konnten.

„Main Chott – wat is det?“ erklang bald eine unwillige Stimme. Füße stampften auf, hie und da drängte einer an das Licht.

„Det is jo ne Hahnepiete! – Main Chott, wu kommt deï Miegampeln hierhen?“

„Ih“, tönte eine wütende Stimme, „det is jo nich uttehollen; ik ssitt chanss vull!“

In wenigen Augenblicken war der ganze Flur leer. Draußen stampfte es wütend auf das Pflaster; man lief zur Pumpe, um die brennenden Stellen mit Wasser zu netzen.

Nun sah aber Franz auf dem Boden des hellen Flures den Streifen der Ameisenspreu liegen. Jetzt mußte die Sache jeden Augenblick ans Licht kommen. So verzog er sich schleunigst mit seinen Spießgesellen, unter denen nun Heinrich mit Wilhelm abrechnete.

„Du büs en Käl! Lät den Ssack dor liggen! – Un det is unsen Ssack fö Linssoot un Räuwenssoot, worin wi det Kurn fö deï Vögel halt! Un Oltgrave steïht chrot drop ches-chreïwen! Du büs en Käl!"

„Ja – hädden ssei di mär sso chebetten as mi, dann härs du den Ssack ok liggen loten, Heinrich!" lautete die Antwort. Aber der gab sich nicht. Er trat unter die nahe Laterne, streifte den Ärmel der rechten Hand zurück:

„Dor kiek hen! – Denkß du, mi häwt ssei nich chebetten?" Er zog mit den Achseln. „Mi kniept ssei noch an't chanße Liew!"

Aber der Spaß war doch kostbar gewesen; und er klang noch lange Zeit nach; besonders, da das Vierblatt das Geheimnis gut hütete. Nur Hendryk hatte richtigen Wind von der Sache. Er wußte, daß die Vier Ameisenpuppen gesammelt hatten, und reimte sich das übrige dazu:

„Deï Hahnepieten van de Post, deï ssind nich wiet väwandt met deï Eier" – so heißen im Volk die Puppen – „in unsen Kasten. Mehr ssegg ik nich – ik will mi det Mul nich väbrennen!"

Und ein fröhliches Lachen bestätigte ihm die Richtigkeit der Vermutung. Bei diesem treuen Freund der Jugendjahre war das Geheimnis so sicher wie im eigenen Herzen. Und er lobte:

„Awer – en vädammt anschläg'schen Kopp häw chit doch. – Op sso'nen Streich kömmt nich jeder eïne! Wat deï Fraulühe woll chequiekt häwt, als ehr deï Hahnepieten under deï Röcke kröppen! – Un den dicken Ssiepel," – ein Gastwirt – „deï dor owends ümmer det chrote Mul het: den här ik sseihen mögen – un Anneken Strübbers! Oooh, deï het sso vull schandiert!"

„Awer nix seggen, Hendryk!" lautete die Mahnung.

„Na – dorfö kenn chit mi doch!"

Es kam der September heran. Da jagte um die Mittagszeit auf schäumendem Roß ein Reiter in das Stadttor hinein, sprengte in wilder Gangart, ganz gegen alle Vorschrift, was der Gaul laufen wollte, durch die stille Hauptstraße bis zum Markt, wo er vor dem Haus des Bürgermeisters halt machte. Während das Pferd unruhig von einem Bein auf das andere trat, hob der Reiter, ein Bauersohn im freiwilligen Dienst, sich hoch in den Bügeln, schwang die Mütze und schrie „Hurra!" Dem alsbald aus der Tür auf die Freitreppe tretenden Bürgermeister überreichte er ein Papier; dann ritt er in die nächste Gasse hinein, wo er sein Pferd einstellte.

Ohne Hut, so wie er aus dem Haus getreten war, lief der gestrenge Herr Bürgermeister, aller Würde zuwider, zum Pastohr, und vergaß darüber ganz und gar, den von allen Seiten herzudrängenden Bürgern zu sagen, was die inhaltsschwere Depesche enthielt.

Hendryk aber, der zufällig dem Reiter in der Gasse begegnete, kam außer Atem nach Hause gelaufen, riß gegen allen Brauch, ohne anzuklopfen, die Tür zum Eßzimmer auf und rief, nach Luft ringend:

„Här Dokter! Apolium is gefangen!"

„Waat?!"

„Jo – Schulte Heßkamp ssinen Jungen het mi't chesacht. Hei het deï Depesche chebracht – noh en Burgermester: Apolium is gefangen – met deï chanße Armee!

Zunächst erstarrte alles, staunte offenen Mundes Hendryk an. Dann nahm der Vater seine Brieftasche heraus, schrieb schnell etwas auf ein Rezeptblatt und reichte es Franz mit den Worten:

„Schnell, Junge – lauf zum Kloster und bring' das dem Pater Definitor!"

Durch die plötzlich von Menschen wimmelnden Straßen eilte Franz zum Kloster, läutete stürmisch und wurde vom Bruder Pförtner auf seine Frage nach dem Pater Definitor eingelassen. Den Weg kannte Franz wie seine Tasche. Der Respekt vor den geweihten Räumen ließ ihn seinen Lauf mäßigen; da öffnete sich die Tür zum Refektorium; und der Abt trat heraus.

„Eine Empfehlung vom Vater," stieß Franz heraus, „für den Pater Definitor!"

„Darf ich es lesen?"

„Ich chlaube wohl!“

Der Abt las ruhig die ihm wohlbekannte Handschrift. Sein volles Gesicht erbleichte einen Augenblick. Dann brach ein Strahl der Freude aus seinen Augen; er reichte das Blatt einem hinter ihm stehenden dienenden Bruder:

„Für den Pater Definitor! – Und sage in allen Zellen an, was auf dem Zettel steht! Ich erwarte die Brüder im Chor. – Komm, Franz!“

Mit langen Schritten eilte der Abt Franz voran in die Klosterkirche. Auf dem Chor ergriff er das eine der beiden Glockenseile, reichte Franz das andere:

„So, nun wollen wir auf Mönchsweise Viktoria schießen!“

Und während der würdige Abt zusammen mit dem auf das tiefste ergriffenen Knaben die Glocken ins Land ertönen ließ, füllte sich bald der Chor mit den Patres und den dienenden Brüdern. Von den letzteren löste einer den Abt ab. Franz wollte im Eifer der guten Sache noch weiter läuten, weil er noch Kraft genug hätte, aber der Bruder Tischler sagte begütigend:

„Nachher kommst du wieder heran!“

Noch standen die Mönche in freudig erregten Gruppen umher – da brauste die Orgel mit allen Registern in den Raum hinein. Der Abt betrat ohne Chorrock, so wie er war, die Stufen zum Hochaltar und: *„Te Deum laudamus!“* erklang der feierliche Lobgesang zum Himmel.

Als Franz aus der Klosterkirche ins Freie trat, da war die Luft voll von Singen und Klingen. – Das Geläute aller Glocken der Chroßen Kirche rief noch immer die stolze, wundersame Kunde weit in die Landschaft hinaus. Aus allen Häusern wehten die Flaggen; und eine frohe Menschenmenge wogte durch die Straßen.

Als er aber zu Hause hörte, daß die Patersglocken die ersten gewesen wären, da war er doppelt stolz auf seinen Botengang.

* * *

Neben vielen anderen für den Ausbau des neuen Reiches notwendigen Gesetzen brachte die neue Zeit auch die Kirchengesetze. Es ist hier nicht der Ort, sie kritisch zu würdigen; es soll nur erzählt werden, wie sie auf die Sekundaner des städtischen Progymnasiums wirkten. Hier bildeten sich alsbald zwei Parteien: Eine kleine Minderheit, die nach den im elterlichen Hause empfangenen Eindrücken auf der Seite der Regierung stand, und zu der Franz gehörte, und die große Mehrheit, die die gegnerische Seite darstellte. Selbstverständlich wurde über die den Knaben unverständlichen Streitfragen mit geborgten Worten und aufgeschnappten Behauptungen lebhaft gestritten. Aber glücklicherweise verfiel man, von einer Ausnahme abgesehen, nicht auf Prügel, die ja in ähnlicher Lage so oft die guten Gründe ersetzen müssen.

Diese Ausnahme betraf den Sohn eines Rechtsanwaltes, der ein überfetter, fauler Junge war, aber immer einen großen Mund hatte. Die Liberalen, wie die kleine Regierungspartei genannt wurde, hatten für dessen wortreiche Ausführungen doch nicht genug Gegengründe, weil in der Familie in Gegenwart der Kinder nur selten und dann nur bruchstückweise über diese Dinge gesprochen wurde. Der dicke Worthaber jedoch mußte von seinem Vater offenbar mehr hören – woher hatte er sonst seine Weisheit! Über letzteren ging dazu in liberalen Kreisen die Rede um, er sei eigentlich von Herzen liberal und hänge nur aus Geschäftsrücksichten ein klerikalisches Schild aus; oder, wie Chroßmutter Roggenkamp zu sagen pflegte: „Er wirft mit der Wurst nach der Speckseite!“

Wenn es sich nun einmal traf, daß die liberale Partei in der Klasse zufällig in der Übermacht war, dann wurde der Dicke über die Bank gezogen und ihm der verlängerte Rücken gehörig bearbeitet. Oder aber er wurde in die Presse genommen, um den bösen Geist aus ihm herauszutreiben. Am liebsten geschah das gegen die Wand; wenn es sich aber nicht so machte, dann wurde er auch von zwei Seiten in der Bank so zusammengedrückt, daß ihm Hören und Sehen verging. Ja, gar nicht selten halfen hierbei die Klerikalen mit; aber immer nur dann, wenn der Anlaß zur Presse nicht offenbar vorlag. Denn sie durften doch dem Parteiprogramm nicht untreu werden. Im Grunde mochten sie den wortreichen Dicken ebensowenig leiden wie die Liberalen.

Und doch – wie war das alles nur Stimmung, so fern jeder Überzeugung – so echt knabenhaft! Denn hätte Franz bei diesen „Religionskämpfen“ vorausgeahnt, daß eines Tages – er war schon längst auswärts in der Prima – ein Beauftragter des Staates erscheinen, das Kloster, nachdem der letzte Mönch es verlassen hatte, zuschließen und versiegeln würde, daß wiederum einige Zeit später ein kalter Auktionator kommen und in derselben Weise, wie er ein gepfändetes Pferd, alten Hausrat, das Letzte vor der Notdurft nackten Daseins versteigerte, das alte, liebe Kloster mit seinen köstlichen Erinnerungen, den Grabstätten seiner Ahnen, samt der Orgel und den Glocken für schnödes Geld dem Meistbietenden zuschlagen würde: Er hätte liberal liberal sein lassen und sich einer Welt zum Trotz auf die klerikale Seite gestellt.

Viele Jahre sollten dahingehen, bis alles wieder im alten Geleise war. Aber es war dann das Alte nicht mehr. Neue Gesichter schauten aus den braunen Kutten; und auf seine Frage nach den Freunden seiner Kindheit gab es nur die trübe Antwort: tot – tot –! Aber noch heute, wenn ihm zur Gamsbrunft in Tirols verschneiten Bergen auf steinigem Pfad die braune Kutte des Franziskanermönches begegnet, tauscht Franz mit ihrem Träger Gruß und Handschlag. Froh und glücklich, als sei ihm ein Stück seiner Jugend erschienen!

Die gespannte Lage zwischen Liberal und Klerikal fand ihren Höhepunkt in den politischen Wahlen. Am entscheidenden Tag galt im Städtchen jedes Mittel und jede List, um die Säumigen noch vor Schluß der Wahlhandlung an die Urne zu bringen. Nicht nur, daß Franzens Vater und der Rektor den wegen leichter Unpäßlichkeit das Bett hütende Onkel Christian, trotz lebhaften Widerspruches, noch in letzter Minute zur Wahl schleppten, und der ernste und würdige Rektor ihm noch auf offner Straße höchsteigenhändig das Hemd in die Hose stopfte – auch Franz wurde in Tätigkeit gesetzt. Unter dem Vorwand, einen schadhaften Vogelkäfig ausbessern zu lassen, mußte er im Auftrag des Vaters etwa eine Stunde vor Schluß der Wahl einen Klempnermeister besuchen und ihm mit vielen Grüßen von dem Herrn Doktor nahelegen, noch seine

Stimme abzugeben. Der Meister war ganz allein zu Hause; er war damit beschäftigt, ein laut schreiendes kleines Kind zu wiegen:

„Nee – du ssühß doch: Ik häw kein Tied, ik mot det kranke Kind weigen," lautete die Antwort auf das vorgebrachte Anliegen, „den Korw wi'k di maken, wann't Kind sslöppt! – Choh ssitten!"

Kaum hatte er das gesagt, da öffnete sich die Tür, und Herr Rührbolz, ein Hauptmacher der Klerikalen, erschien:

„Haben Ssie s-chon chewählt, Meister? Es wird die höchste Zeit. Hier – einen Wahlzettel hab' ich Ihnen mitchebracht!"

„Det däuht mi leïd – awer ik mot det kranke Kind weigen. Un et is nümms in Huse; un dann ssall ik fö'n Dokter den Vogelkorf maken! – Nee! Ik häw kein Tied!"

„Oh, lieber Meister – das ssind ja irdische Ssachen. Aber bei dieser Wahl handelt es ssich um unser Sseelenheil, welches uns die preußis-che Rechierung verkümmern will. – Da müssen Ssie s-chon wählen chehen; es dauert ja nich lange. Ich will bis dahin chern das Kind wiegen. Chehen ssie, chehen ssie snell!

„Na, dann is't chot – dann wi'k fix lopen!"

Damit war er schon aus der Tür, nachdem sich der Herr an die Wiege gesetzt hatte. Der aber sprang wieder auf, ergriff den auf dem Tisch liegenden Wahlzettel, riß die Tür auf:

„Hier – hier! Ssie haben ja die Hauptssache verchessen!"

„Ach ssoo – richtig!" erklang es vom Flur; und eilende Schritte entfernten sich.

Herr Rührbolz setzte sich wieder an die Wiege. Franz war gar nicht wohl zumut. Nicht nur, daß er mit dem Mann, dem er damals die Erbse auf die Backe gesetzt hatte, in der fremden Stube allein war: – Nein, nun wählte natürlich der Klempner den feindlichen Kandidaten; und die Absicht des Vaters wurde vereitelt!

Das Kind schrie trotz allen Wiegens weiter. Die Stille zwischen den beiden Wartenden wurde immer gespannter. Nach einiger Zeit fragte Herr Rührbolz:

„Worauf wartest du, mein Ssohn?"

„Oh – der Meister ssoll den Vogelkorb wieder machen!"

Wieder Stille, wieder Warten. Herr Rührbolz zog die Uhr:

„Das dauert aber lange. Der Meister is s-chon mehr als eine halbe Stunde wech. – Willst du mich nich mal ablösen beim Wiegen?"

„Jaa – aber Vater hat chessagt, ich ssoll bald wiederkommen. Da muß ich wohl nach Hause."

Damit empfahl sich Franz, um nach einer weiteren halben Stunde nochmals vorzusprechen. Da wunderte er sich nicht wenig, daß sich inzwischen nichts geändert hatte. Unverdrossen saß Herr Rührbolz an der Wiege; unentwegt schrie das Kind. Bei Franzens Eintritt stand er auf:

„Das Kind muß krank ssein – sonst würde es nich in einem fort sso s-chreien!"

Während er das sagte, tat sich die Tür auf; und der Klempnermeister erschien.

„Na, das hat ja lange chedauert!" klagte Herr Rührbolz ihm unwirsch entgegen.

„Oh, dor wassen noch ssoo vull Lühe – un en Chlas Beer mot me doch ok drinken bi de Wahl."

„Na – chut, daß Ssie noch chewählt haben!" Damit nahm Herr Rührbolz seinen Hut und wollte gehen. Aber noch in der Tür drehte er sich um:

„Ssie haben doch natürlich *unseren* Kandidaten chewählt?"

„Ja – wecken is det? Ik häw tweï Zettel chehatt – "

„Na – natürlich unseren Zentrumskandidaten!"

„Neee, ik häw den anderen chewählt!"

Mit einem fauchenden Ton verschwand der Geprellte; die Tür knallte ins Schloß.

„Lot em lopen!" lachte der Meister, „dinen Korw het woll keine Ile – den mak ik di en andermol!"

XXII.

Es kam ein Tag, da hielt Franz das Abgangszeugnis vom alten Pennal in der Hand. Es war über Erwarten gut; und frohen Herzens brachte er es nach Hause. Nun noch sechs Wochen – dann ging es hinaus, auf die Prima. Eitel Freude lag auf seinem Weg; selig schaute er in ferne, blaue Lande – *„cras ingens iterabimus aequor!"*

Die Ferien vergingen, größtenteils auf der Hühnerjagd verbracht, reißend schnell. Sie hatten neben allem übrigen die wunderschöne Eigenschaft, frei von Ferienarbeiten zu sein. Aber sie bargen in ihrem Ende eine nicht minder harte Nuß als diese Aufgaben. Schon vor und nach den kleinen Ferienreisen war es den Knaben ein Greuel gewesen, bei Verwandten und Gönnern Abschieds- und Antrittsbesuche zu machen.

Das feste, kernige westfälische Volk zeichnet sich allgemein durch eine besonders leichte Art zu leben nicht aus. Hiervon machten die Honoratiorenfamilien im Städtchen keine Ausnahme. Es ging steif, unsäglich steif bei solchen Besuchen her; und jeder Teil war froh, wenn die Geschichte vorüber war. Nur bei dem immer fröhlichen Onkel Christian war das ganz anders. Der begrüßte die Jungens gleich so munter und einfach, unterhielt sie über das, was der Jugend am Herzen liegt, und spottete in seiner lustigen Weise über die ihm wohlbekannte Steifheit dieser Besuche. Einst trug er bei solchen Gelegenheiten den Knaben die Strophe des bekannten Schelmenliedes vor:

Die Mädel und die Wirtsleut',
die rufen beid: o weh!
Die einen, wenn ich komme,
die anderen, wenn ich geh'!

„Ist es nicht so, Jungens?" schloß er und hat damit viel dazu beigetragen, der Unbeholfenheit wenigstens auf seiten der Knaben zu steuern. Der klassische Schluß einer solchen langweiligen Unternehmung war immer der, daß einer die Uhr zog und sagte: „Na, dann werden wir wohl mal wieder chehen müssen!"

Eine Reihe solcher Besuche, und zwar diesmal ganz allein – denn er ging ja auch allein fort –, stand an Franzens lichtem Ferienhimmel wie die Wolkenungetüme eines drohenden Gewitters. Schließlich stürzte er sich eines Sonntags in das Schlachtgetümmel und brachte in der Zeit von 11 bis 1 Uhr – das war die kleinstädtische Besuchszeit – die gefürchteten Gänge hinter sich.

Nun war da noch auf einem einsamen Dorf, eine Stunde von der Stadt, ein alter Pastor, dem Franz auf besonderen Wunsch des Vaters einen Abschiedsbesuch machen sollte. Er kannte den würdigen Herrn wenig; denn in den letzten Jahren war er nicht mehr dort gewesen. Aber da dieser selbst den Wunsch ausgesprochen hatte, Franz vor seinem Fortgang noch einmal zu sehen, so konnte er dem Besuch nicht ausweichen. Also machte er sich eines Tages rechtzeitig auf, um zur guten Stunde dort anzukommen. Eine saubere, alte Magd führte ihn in das Besuchszimmer. Aber nicht lange, und der alte Herr holte ihn in seine Studierstube und war dabei so herzgewinnend freundlich, daß bald eine angeregte Unterhaltung in Gang kam, wie Franz sie in den ehrwürdigen Räumen eines Pastorates am allerwenigsten erwartet hatte.

„Du würdest gewiß chanz cherne rauchen," unterbrach der Pastor nach einiger Zeit die Unterhaltung, „Zigarren liebe ich nicht – aber nimm dir eine lange Pfeife vom Rauchbrett. Und hier ist Tabak, leichter Pastorentabak." Dabei reichte er ihm die mit einem Bleideckel beschwerte Tabakkiste hin.

Franz hatte eigentlich nicht viel Lust zu der Pfeife, die offenbar eine der für die Besucher bestimmten war. Aber er traute sich nicht zu danken und stopfte den Tabak in den Kopf.

Mit vieler Mühe bekam er das Ding in Brand; aber es wollte nicht recht ziehen. Der Pastor achtete nicht viel darauf und erzählte in fröhlicher Weise von seiner eigenen Jugend. Allein er mußte doch schließlich merken, daß Franz mit dem Pfeifengeschirr durchaus nicht fertig wurde:

„Mußt ziehen, Franz, ordentlich ziehen!"

Und Franz zog, zog etliche Male vergeblich. Aber dann gab es plötzlich Luft – nur, daß er den schwarzbraunen Inhalt des Abgusses im Mund hatte! Er stürzte zum Spucknapf in der Ecke.

„Oh – Junge, ist dir nicht chut?" rief der Pastohr, sprang auf, daß der Korblehnstuhl knackte, und legte ihm die Hand auf die Schulter: Da sah er im Spucknapf die Bescherung.

„Da hat die Lene wieder die Pfeife nicht rein chehalten – das ist aber doch! Komm nach draußen, an die Pumpe, da spülen wir aus", und: „Lene, Lene" rief er mit gewaltiger Stimme in den Hauseingang hinein: „Lene! S-chnell ein Wasserchlas!"

Das kam; und Franz besorgte bei den guten Trostworten des alten Herrn draußen die Reinigung. Aber dabei sollte es nicht bleiben; denn die Lene wurde noch einmal gerufen und gefragt, ob es möglich sei, einen Gast zu Tisch zu halten:

„Chewiß, Herr Pastohr – wir haben einen chroßen S-chlei!"

„Herrlich, herrlich," rief der alte Herr; „aber der Fis-ch will s-chwimmen; da muß ich doch s-chnell eben in den Keller steigen. – Ich bin chleich wieder da!"

Und der schreckliche Geschmack im Munde hielt bei den guten Speisen, gewürzt von einem alten Markobrunner, nicht lange vor. Der gute Pastohr wußte die Jugend zu nehmen; und als Franz nach dem Mittagessen, bei dem es sogar zur zweiten Flasche gekommen war, durch die alten Buchenhallen nach Hause wanderte, da sang er in fröhlicher Abänderung des alten Liedes:

Leicht ist mein Sinn,
Und froh mein Pfad –
Gehab dich wohl,
Du Pastorat!

* * *

Die Sonne kämpfte mit dem Herbstnebel, als Franz eines Morgens, begleitet von den Eltern, aus dem heimischen Städtchen hinausfuhr. Am Ausfahrtstor deutete Hendryk, neben dem Franz auf dem Bock saß, mit der Peitsche nach links.

„Kiek es dor!"

Gleichzeitig rief die Mutter aus:

„Was ist *das*?!"

Da schwammen auf dem Wasser des Grabens an der alten Stadtumwallung einige Dutzend hölzerne Schiffchen in allen Farben. Oben auf dem Wall stand eine Anzahl erregter Leute, die mit Hand und Mund die Erscheinung besprachen.

„Ja, das sieht ja wunderbar aus!" rief auch der Vater. „Was mag das sein?"

„Och – Här Doktor," warf Hendryk hin, „det mot deï Köppe van deï Chadenpurten ssin – und ssüh, hier, bi Leychraf ssinen Chaden, dor fehlt den Kopp ok! Un hier bi den Landrot ssinen ok. – Det ssind chewiß deï Studenten chewäßt!", und er warf Franz einen vielsagenden Blick zu. Der aber schlug den Dummen an den Hals – und hatte sich doch so redlich gequalt, zum Abschied diese Flotte in den Gewässern seiner Vaterstadt zu versammeln.

Die Fahrt ging ihren gewohnten Gang. Bei den Verwandten, bei denen Franz und Heinrich mehrmals Ferienaufenthalte genommen hatten, wollte man einen Tag bleiben. Dann mußte die Reise mit der Eisenbahn fortgesetzt werden.

Erst beim Ausspannen der Pferde fand Franz Gelegenheit, mit Hendryk allein zu sein. Darauf hatte der nur gewartet:

„Van deï S-cheppkes büs du ok nich wiet af chewäßt, Franz!"

„Wu ssoo?"

„Na – wu ssoo! Dine Steiwels wassen natt; un Ennenflott ssatt ok dran!"

„Nee??!"

„Wat nee!? Nu vätell mi mär, wu chit det anchefangen häwt!"

„Na, du weiß doch – op den Querbalken, bowen op deï Chadenpurten, dor is doch ümmer sso 'ne Verzierung van Holt; sso, as en ümchestülpten Trog," – Hendryk nickte zustimmend – „un dor is doch vö en paar Wäcken bi den Wind 'ne Purte ümchefallen. Un doar häw wi det te sseihn chekreïgen, det den Trog dor mär loß op chenagelt is. – Un dann häw wi noh un noh met de Spazierstöcke deï Dinger alle loß chemakt; un chistern owend häw wi sse alle op deï Chräffte cheßatt – fiefuntwintig Stück!"

„Jo!", lachte Hendryk, „un nu kann Leychraf und Ssiepel un de Landrot un all de andern ssin richtig S-chepp dor wier harut ssäuken – s-chade, det ik det nich met ankieken kann!"

Und sie freuten sich beide wie die Kobolde über den Streich.

* * *

Das Scheiden von den Eltern, das der folgende Tag brachte, war für Franz zugleich die Trennung von der Heimat und von seiner fröhlichen Knabenzeit.

Alle Hoffnungsfreudigkeit auf das neue Leben, alle Knabentapferkeit schmolz dahin, als die unerbittliche Scheidestunde nahte. Dafür saß ihm ein tiefes Weh im Herzen, das ihm heiß in die Augen stieg.

Schluchzend zog die Mutter den langen Jungen ans Herz:

„Verchiß da draußen nicht das Elternhaus! – Wenn du nun wiederkommst, dann ist es immer nur zu Besuch. Und dann – wie lange wird es dauern – dann wird eine andere Frau dir lieber ssein, als die Mutter. *Wir* verlieren dich immer mehr – "

Sie wischte die Tränen fort. „Indes, das ist nicht anders: Die Jungvögel fliegen aus und bauen ihr eigenes Nest."

„Nun," fiel der Vater ein, „das eigene Nest hat wohl noch gute Weile. Jetzt soll er erst fliegen lernen. Und ich denke, er kehrt noch oft ins alte Nest zurück. – Halt' dich brav, mein Junge, und vergiß uns nicht!"

Dahin rollte der Zug. Noch ein letztes Winken, hinüber, herüber. – Dann schloß Franz das Fenster und richtete den Blick auf die draußen vorüberfliegenden Heiden und Wälder, um den Mitfahrenden nicht das heiße, zuckende Antlitz zu zeigen.

Er ist noch oft ins alte Nest zurückgeflogen. Und wenn *ein* Empfinden ihm das ganze Leben treu geblieben ist, so ist es die dankbare Erinnerung an die lieben, teuren Eltern.

Glossar

ähst	= erst
afschriewen	= abschreiben
afsniedt	= abschneidet
afterecknen	= abzurechnen
all	= schon
aneïn	= aneinander
as	= wie
awer	= aber
Bäuke	= Buche
bechriepen	= begreifen
Beer	= Bier
behollen	= behalten
beiern	= die Glocken zum Glockenspiel schlagen
bell di nich in	= bilde dir nicht ein
bellß di in	= bildest dir ein
betahlt	= bezahlt
betken	= bißchen
better	= besser
bi	= bei
bibrengen	= beibringen
bichewäßt	= beigewesen
bichten	= beichten
Biere	= Beere, Birne
bieten	= beißen
binnen	= innen
Blagen	= Kinder
blot	= bloß, nur
Bom	= Baum
Bomtelgen	= Baumzweig
bowen	= oben
brecken	= brechen (Infinitiv)
breckt	= brechen, wir oder sie
brengen	= bringen
brukt	= braucht
bün	= bin
büs	= bist
Bütte	= Knochen
Butenrand	= Außenrand
Chahden	= Garten
Chadenpurten	= Gartenpforten
chahnich	= gar nicht
chahnix	= gar nicht
chans, chanssen	= ganz, ganzen
chäne	= gern
Chatt	= hier der verlängerte Rücken
chebetten	= gebissen
cheblot't	= geblutet
chefft	= gibt
chefretten	= gefressen
chefrogt	= gefragt
chehatt	= gehabt
chehierot't	= geheiratet
cheïht	= geht
cheit in	= gießt ein
cheïwen	= geben
chekecken	= gesehen
cheklatert	= geklettert
chekreïgen	= gekriegt
chelopen	= gelaufen
cheloten	= gelassen
chenaug	= genug
cheneiht	= genäht
Chereck	= Gerät
Cheslüns	= Geschlinge

cheschreïwen = geschrieben
chesmetten = geworfen
chesmökt = graucht
chessacht = gesagt
cheßatt = gesetzt
chesseihen = gesehen
chetellt = gezählt
chewäßt = gewesen
chieperig = begierig
chistern = gestern
chit = ihr
Chit = Sie
chliek = gleich
choh = gehe
chohen = gehen (Infinitiv
choh 'k = gehe ich
chon Dach = guten Tag
choh sitten = geh sitzen (setz dich)
chot = gut
Chräffte = Wallgraben voll Wasser
chriepen = greifen
chriese = graue
chrot = groß

Dach = Tag
Däne = Dirne, im guten Sinn
dauh = tu, gib
dauht = tun (sie)
däuht = tut
dauhn = tun (Infinitiv)
deï = die
det = das, daß
di = dir, dich
din, dine = dein, deine
Disch = Tisch
dodt = tot
dor = da
dorbi = dabei
dorhen = dahin
dormet = damit
dortau = dazu
dorfö = dafür
dregen = tragen
driest = dreist
drink chit es = trink mal!
drop = drauf
Dühr = Tür
dull = toll
dür = durch
dürscheiten = durchschießen
durt = dauert
düt = dieses
Duwen = Tauben
Düwel = Teufel

ehrchistern = vorgestern
Eïkatten = Eichkatzen
em = ihm, ihn
en = ein
Ennenflott = Entengrütze
Erwte = Erbse
es = mal
et = es
Etten = Essen, das
etten = essen
ewen = eben

fahrt = fahren (wir)
fake = oft
fangt = fangen (wir, sie)
fast = fest
fastmaken = festmachen
fäuhl = fühle (ich)
finn chit = findet ihr
Fleiger = Flieger, kleiner Nachen
Fleute = Flöte
fö = für
frögt = fragt
fubbah = furchtbar

hädder = härter, fester
hahlt = holt und holen
Hahnepieten = Ameisen
har = hatte

här	= hätte
Här, Hä	= Herr
harin	= herein
harüm	= herum
harut	= heraus
hatt	= hart
Hatte	= Herz
häw	= habe
häwt	= haben (sie)
häwwen	= haben (Infinitiv)
he, hei	= er
hen	= hin
henlopen	= hinlaufen
heß	= hast
het	= hat
hett	= heißt
holl	= halt
Holt	= Holz
hölt	= hält
Hoor	= Haar
Hus	= Haus
ik	= ich
Ile	= Eile
inchekreïgen	= hereinbekommen
inchemurt	= eingemauert
ink	= euch
inken	= euerem
instohen	= einstehen
is	= ist
jo	= ja
Judenkerkhof	= Judenkirchhof
Junges, deï	= Jungen, die
Käl	= Kerl
Kaplohn	= Kaplan
Kärke	= Kirche
kaß	= kannst
Katte	= Katze
Kattuffeln	= Kartoffeln
Kauh	= Kuh
Kermis	= Kirmes
Kinderspeïltüg	= Kinderspielzeug
klauk	= klug
kloppt	= klopft
Knokken	= Knochen
Knüpp	= Knoten
kö'	= könnt
köfft	= kauft
kopen	= kaufen
Köppe	= Köpfe
krit	= kriegt
kröppen	= kröchen
Krüz	= Kreuz
Kurn	= Korn
leïd	= leid
leïwen	= lieber
licht	= leicht
Liew	= Leib
Linnenschab	= Leinenschrank
Löchte	= Laterne
lopen	= laufen
loß	= lose
lot	= laß
loten	= lassen
Lühe	= Leute
lühen	= läuten
mak 't	= mache es
mäkt	= macht
mär, mä	= aber
Mäuhe	= Mühe
mehr	= nur
met	= mit
metchohn	= mitgehen
mi	= mir, mich
Miegampeln	= Ameisen
Moder	= Mutter
mol	= mal
Mönster	= Münster
mot 't	= muß, müssen es
Mul	= Maul
Mur	= Mauer

neiht = nähen, sie
nemmt = nimmt
niee = neue
nieschierig = neugierig
noh = nach
Nötte = Nüsse
nu = nun
nüms = niemand
Nunnen = Nonnen

Ochch = Ach
Ohme = Oheim, Onkel
ok = auch
olt = alt
op = auf
opchefretten = aufgefressen
opchehangen = erhängt
opfrett = aufißt
opkommen = aufkommen
oppassen = aufpassen, acht geben
opssitt = aufsitzt
Owend = Abend
owends = abends
öwer = über
öwerall = überall

Pannkauken = Pfannkuchen
Piere = Regenwürmer
plückt = pflückt, pflücken, sie
Poschefüerken = Passahfeuerchen
Pöttken = Töpfchen
Purte = Pforte

rähr' = weine
Räuwenssoot = Rübensaat, -samen
Reimen = Riemen
rohe = rote
röhr' = rühre
röpt = ruft
rückt = riecht

schämmen = schämen
scheit = schieß
Scheppkes = Schiffchen
Smed = Schmied
smiet = werfe
Speigel = Spiegel
ssa'k = soll ich
Ssake = Sache
ssall = soll, will, werde
ssaß = sollst
ssatt = saß
sse, ssei = sie
ssegg chit = sagt ihr
sseggen = sagen
sseihen = sehen
ssekker = sicherlich
sselwige = dieselbe
ssett = sagt
ssi' chit = seid ihr
Ssiede = Seite
ssik = sich
ssin = sein
ssitt = sitze
ssitten = sitzen (Infinitiv)
ssi' wi = sind wir
sslätt = schlägt
sslop = schlafe
sslöpt = schläft
Sslöttel = Schlüssel
Sslüngel = Schlingel
ssökke = solche
ssöll = sollte
ssöllen = sollten
ssou = so
ssühß = siehst
ssüht = sieht
ssur = sauer
ssüs, ssüß = sonst
staken = den Kahn mit der Stange schieben
Steïwels = Stiefel
Sticke = Schwefelholz

stillswiegen = stillschweigen
Stowe = Stube
stried ik = streite ich

Tand = Zahn
te = zu
teïgen = gegen
Telgen = Zweig, Ast
terügge = zurück
tessamen = zusammen
Tied = Zeit
Tiedung = Zeitung
Tüg = Zeug
Tun = Zaun
tüschen = zwischen
tweï = zwei

Uhren = Ohren und Uhren
üm = um
umchebögt = umgebogen
ümchestülpten = umgestülpten
ümmer = immer
Undocht = Unart, Nichtsnutz
undöchtig = unartig
us = uns
ut = aus
utchechotten = ausgegossen
utssüht = aussieht
utteholen = auszuhalten

väbieten = verbeißen
väbrennen = verbrennen
van = von
vandage = heute
van loten = von lassen
van nomiddach = heute nachmittag
vätellen = erzählen
väwandt oder v'rwandt = verwandt
veer = vier
verhelpen = verhelfen
villicht = vielleicht
vö = vor
vöbbi = vorbei
vörut = voraus
v'rloten = verlassen
v'rssüpt = ertrinkt
vull = viel, auch voll

wacht = warte
Wäcken = Wochen
wann = wenn
was = wäre
wassen = waren
wat = was
Water = Wasser
wech = weg, fort
wecken = was für einer, wer
wei = wer
weigen = wiegen
weï 'k = weiß ich
weiß = weißt
weït = weiß, er, ich
wetten = wissen (Infinitiv)
wi = wir
widder = weiter
Wiendruwe = Weintraube
wier = wieder
Wiesejänneken = geiziges Häns-chen
wiesen = zeigen
wieß chit = zeigt ihr
wießt = zeigt
wiet af = weit entfernt
wi 'k = will ich
willt = wollen, wir
Wischdauk = Wischtuch
wiß = willst
woll = wohl
worbi = wobei
wören = werden (Infinitiv)
wört = werden, sie
worüm = warum
wöt = wird, er
Wotteln = Wurzeln, Mohrrüben
Wulle = Wolle
wuß = wußte
wüß = wüßte

Dr. Michael Petrak

Ferdinand von Raesfeld Ein Klassiker der Jagdliteratur

Ferdinand von Raesfeld – was können wir heute noch von ihm lernen? Ich möchte mit einem Zitat beginnen: „Sorge für Ruhe, gönne dem Wild die vollen Jahre zu seiner nötigen Entwicklung, schieße nur Minderwertiges ab, bis das Ganze auf eine genügend hohe Stufe gebracht ist, und halte keine größere Anzahl von Wild, als die gegebenen Verhältnisse voll zu entwickeln und zu erhalten vermögen." Dieses Zitat aus seiner ersten Monographie „Das Rotwild" aus dem November 1898 zeigt, daß von Raesfeld in vielen Dingen seiner Zeit um über ein halbes Jahrhundert voraus war. Dies betrifft, um beim Beispiel des Rotwildes zu bleiben, im übrigen auch das Geschlechterverhältnis von eins zu eins, das für ihn selbstverständlich war, das aber bis in die jüngste Zeit auch in der Jagdpresse immer wieder einmal in Frage gestellt wird.

Ziel für von Raesfeld ist es gewesen, so hat er es in seinem Vorwort zu „Das Deutsche Weidwerk" 1913 formuliert, „die ethischen Werte der Jagd in den Vordergrund zu rücken, in dem angehenden Weidmann die Liebe zur Natur und ihren Geschöpfen zu pflegen, den reiferen Jäger auf seine Pflicht als Beschützer und Hüter der heimischen Tierwelt hinzuweisen". Diese Gedanken nahmen die Zusammenarbeit von Jagd und Naturschutz, über die wir heute so viel reden, gewissermaßen vorweg.

Ferdinand von Raesfeld wurde als ältestes von neun Geschwistern am 29. September 1855 geboren, und wenn man weiß, welche Bedeutung die Stellung in der Geschwisterreihe haben kann, so findet man vieles durchaus im späteren Leben der Persönlichkeit wieder. Aus dieser Zeit ist er beschrieben als gesund, stark und selbstbewußt – die Aufzeichnungen, die uns in seinem Buch „Aus jungen Tagen" vorliegen, scheinen dies ganz und gar zu bestätigen. Charakteristisch ist sein ausgeprägtes wissenschaftliches, vor allem auch naturwissenschaftliches Interesse. Auch damit dürfte er als prägender Vorreiter angesehen werden, denn die Naturwissenschaft ist letztlich die Grundlage für Jagd und Naturschutz, Wildbiologie und Ökologie.

Die Schulzeit hat er in Dorsten verbracht, das Abitur in Coesfeld am 21. Juli 1874 abgelegt. Über das Rotwild hat er den Zugang zum Forstberuf und zur Jagd gefunden. Raesfeld, den es schon früh hinaus in die Natur gezogen hatte, hatte als 12jähriger mit seinem jüngeren Bruder Joseph, der später beruflich in seine Fußstapfen trat, ganz allein eine Rheinreise gemacht, die ihn auch in die Eifel führte. Dort hörte er plötzlich das „Hirsch tot" über Täler und Höhen. Dieses Erlebnis – im Kapitel XVI. von „Aus jungen Tagen", oben S. 172, geschildert – war bestimmend für die Wahl des Forstberufes. Seine Ausbildung hat er an der Forstlichen Hochschule, damals Forstakademie, in Eberswalde 1876 aufgenommen. 1881 legte er das Staatsexamen ab. In seiner Referendarzeit wirkte er in der Schorfheide im Forstamt Großschönebeck. Für sein weitgespanntes Interesse auch unter Berücksichtigung der kulturellen Einbindung der Jagd spricht, daß er damals das erste Bläsercorps an einer preußischen Forstschule in Großschönebeck gegründet hat.

Schon seine damals beschriebene Einstellung zur Jagd ist sehr aufschlußreich. Da der Forstamtsleiter erkrankt war, fiel ihm die Aufgabe zu, eine Parforcejagd zu organisieren, die Wilhelm I. zu Ehren des Königs von Italien gab. Die Jagd wurde als eingestelltes Jagen organisiert. Raesfeld sieht in dem mit Kirrungen verbundenen Eindrücken des Wildes in das Abgestellte Jagen eine schwierige Aufgabe von hohem jagdlichen Reiz, zu der Kennen und Können erforderlich sind. Den jagdlichen Teil hält er mit dem abschließenden Treiben in die Lappstatt für beendet. Den Abschuß sieht er als Metzelei an.

Er ist anschließend lange Zeit als Taxator in der Forsteinrichtung tätig gewesen.

Wenn wir heute seine Werke lesen, so spiegelt sich darin auch die vielfältige Erfahrung in den Naturräumen wieder. Vom Riesengebirge bis Rügen, von Rhein und Nahe bis zur Schorfheide spannte sich sein Aufgabenbereich. Nach dem bestandenen Oberförsterexamen hat er von 1982 bis 1984 die Fürstlich Orlowschen Forsten an der unteren Wolga in Rußland eingerichtet, eine Fläche von etwa 500 000 Hektar. Das Angebot, die Leitung der Verwaltung zu übernehmen, hat er jedoch nicht angenommen und kehrte nach Deutschland zurück. 1885 übernahm der für fünf Jahre als Assessor die Verwaltung des damaligen preußischen Forstamtes Meisenheim an der Nahe. Am 1. Januar 1890 wurde er nach einer persönlichen Bewerbung Revierverwalter in Born auf dem Darß. Diese Tätigkeit auf dem Darß von 1890 bis 1913 war in hohem Maße prägend für seine wissenschaftliche Arbeit, entstanden hier doch die Standardwerke der Jagdliteratur, die bis heute seinen Ruf begründet haben.

Unter diesen Standardwerken, in denen sich neben der bemerkenswerten wissenschaftlichen Fundierung auch eine ausgezeichnete Beobachtungsgabe wiederspiegeln, ist an erster Stelle „Das Rotwild“ zu nennen, erschienen 1898. In „Das Rehwild“ kam 1905 hinzu, das „Deutsche Weidwerk“ 1914 und die „Hege in der freien Wildbahn“ 1920.

Sie alle entstanden auf dem Darß, jener nordwestlich von Stralsund gelegenen, nur durch zwei dünne Landbrücken mit dem Festland verbundenen Insel, die im Westteil ein großes Laubholz- und Kiefernrevier umfaßt – ebenfalls Darß genannt. In seinem Süden liegt die alte Oberförsterei Born.

Die isolierte Lage bot von Raesfeld die Chance, das, was er als richtig erkannte, auch umzusetzen. Einiges davon wurde bereits in der damaligen Jagdpresse diskutiert, von Raesfeld jedoch war der erste, der die fachlichen Einsichten auch konsequent umsetzte. Als Beispiele seien genannt: die Erprobung von Abschußgrundsätzen, das „Altwerdenlassen“ von Hirschen, ein hoher Abschußanteil bei Kälbern und Schmaltieren, das Sicheinsetzen für den Kitzabschuß. Es war damals durchaus noch üblich, daß man Jungwild überhaupt nicht bejagte; dies erscheint aus heutiger Sicht ökologisch widersinnig, entsprach aber der damaligen Zeit. Es ist wohl weitgehend von Raesfeld zu verdanken, daß der Kitzabschuß in Preußen schließlich freigegeben wurde. In Bayern hat sich das Verbot des Kitzabschusses bis zum Ersten Weltkrieg gehalten.

Raesfeld war also im Grunde genommen seiner Zeit um fast hundert Jahre voraus. Entscheidend für sein Wirken in der Öffentlichkeit ist auch der Umstand, daß die Gründung der Zeitschrift „Wild und Hund" durch Erwin Stahlecker im Verlag Paul Parey in seine Schaffenszeit fiel. Die Zeitschrift bot ihm Gelegenheit für zahlreiche Veröffentlichungen, und diese enge Zusammenarbeit mit dem Verlag Paul Parey hat ihn auch zu seiner ersten Monographie bewogen.

Wenn wir auf die Frage der „Aktualität" seiner Bücher eingehen, kommt der Frage, wie wir heute mit seinen Werken umgehen, eine zentrale Rolle zu. Die hohe Wertschätzung der Arbeit von Raesfeld wird nicht zuletzt dadurch deutlich, daß die Standardwerke allesamt über viele Auflagen hin aktualisiert und überarbeitet worden sind. Das heißt natürlich auch, daß sie verändert worden sind – aber Dynamik der Erkenntnisse ist ein Kennzeichen von Wissenschaft. Raesfeld lebt in seinen Ideen in der Weise weiter, daß diese fortgeführt werden. Dies zeichnet sein Werk ganz zweifellos in besonderer Weise aus und bestätigt schon äußerlich, daß sein Verdienst bleibt, wesentliche Grundlagen geschaffen zu haben.

Raesfeld hat entscheidende Aussagen zu den wissenschaftlichen Grundlagen der Jagd, zur Bedeutung der Beobachtung, wie auch zu ökologischen Einschätzungen getroffen. Er hat sich Gedanken gemacht zu Jagd, Land-, und Forstwirtschaft und zur Frage der Wildschadenerstattung. Er hat Aussagen zur Winterfütterung getroffen, zu denen wir uns vor nicht langer Zeit im Arbeitskreis „Jagd und Naturschutz" nach intensiver Diskussion mit gleichem Ergebnis durchgerungen haben. Er hat Aussagen getroffen zur Bedeutung von Jagd und Hege, und er hat sich in diesem Zusammenhang auch kritisch gegenüber der Jagd geäußert. So finden wir bereits bei ihm Gedanken zur Jagd als Störfaktor, was auch heute nicht überall gern gehört wird. Er ist eingegangen auf Bejagungsplanung, Jagdzeiten, Naturschutz, Tierschutz und Schonzeit. Wesentlich sind Aussagen zur Jagd in der Gesellschaft, er hat schon sehr früh erkannt, daß das Verhalten der Jäger auf diese selbst zurückschlagen kann. Raesfeld hat – wie weithin bekannt sein dürfte – den Begriff „Hege mit der Büchse" geprägt. Er hat sich geäußert zu Jagd und Sport, eine Frage, die nach wie vor aktuell ist, wenn wir an Formen der Jagdausübung denken, die etwa bei bestimmten Jagdreisen zu beobachten sind.

Neben allen diesen Einzelfragen dürfte von Raesfelds epochemachender Schritt darin gelegen haben, die Jagd auf ihre wissenschaftlichen Grundlagen hin zu betrachten. Und wie sah er die Zusammenarbeit zwischen Jäger und Wissenschaft? Auch dieses Thema ist nach wie vor aktuell, und ich glaube, man kann das, was er hierzu gesagt hat, heute auch durchaus noch unterstreichen: „Die Fortschritte in der Erkenntnis der körperlichen Eigenschaften, der Lebensbedingungen und der Lebensweise der Jagdtiere ergeben sich aus der Vereinigung der Erfahrungen des Waldmannes und der Forschungen des Gelehrten. Was der eine in unmittelbarer Berührung mit der Natur gesehen und erlauscht, wird in der stillen Stube des anderen vertieft und geläutert. Bilden die Erscheinungen des Tierlebens, wie sie nach außen zutage treten, den Gegenstand der Beobachtungen des Jägers, so bleibt die Ergründung des Warum und Woher, der Wechselbeziehungen der Erscheinungen und ihrer Zurückführung auf allgemeine Naturgesetze die Aufgabe des Gelehrten."

Ich füge hinzu, daß dieser Satz sicherlich nicht ohne von Raesfelds weitere Forderung zu verstehen ist, mit dem Wild zu leben, es in allen Lagen unter allen Verhältnissen zu beobachten. Gerade in diesem Zusammenhang, so scheint mir, können wir seine Ausführungen heute noch sehr wohl als Grundlage für die Zusammenarbeit von Jäger und Wissenschaftlern nehmen. Denn die Beobachtung ist es, zu der alle, Jäger wie Wissenschaftler, je auf ihre Weise beitragen müssen, ja ohne dieses Miteinander geht es nicht, wenn wir das Wild verstehen wollen.

Raesfeld selbst hat stets außerordentlich exakt beobachtet und auf die Notwendigkeit hierzu immer wieder hingewiesen. Er hat übrigens auch immer wieder betont, daß wir als Menschen letztlich vergeßlich sind, so daß man viele Dinge aufschreiben muß. Er selbst hat dies am besten vorgeführt. So hat er beispielsweise exakt festgehalten, daß Feist- und Basthirsche lichte Stangenhölzer bevorzugen sowie Jungwüchse, wo sie mit dem Geweih nicht anstoßen, daß sie in ausgedehnte Röhrichte gehen, weil sie dort Schutz vor Insekten haben. Er hat beschrieben, daß das Wild je nach Aktivität der Insekten ganz bestimmte Bereiche des Lebensraumes aufsucht. Dies alles – und viele Einzelbeobachtungen mehr – sind Punkte, die heute durch andere Untersuchungen bestätigt worden sind.

Raesfeld hat schon sehr früh das Phänomen erkannt, daß Probleme vielfach „wandern". So spricht er die „Wanderhirsche" an. Natürlich wandert beispielsweise das Rotwild, wandert auch Schwarzwild, wandern auch Rehe unterschiedlich weit. Wenn aber beispielsweise landesweit reife Hirsche fehlen, wenn die gesamte Rehwildstrecke nicht stimmt, kann dies nicht am Wandern liegen, sondern nur in der Art der Bejagung begründet sein. Ich persönlich finde es heute immer wieder interessant, daß viele behaupten, die Probleme wanderten. Da gab es die Wanderhühner, als es den Rebhühnern schlechter ging. „Wanderhasen" sind noch nicht so eingeführt, bei den Hirscharten kommt das „Wandern" jedoch häufiger vor. Raesfeld hat schon damals diese Probleme messerscharf erkannt und darauf hingewiesen, daß die Ursache für die Mißstände bei uns selbst liegen und daß wir mit den uns anvertrauten Wildarten verantwortlich umgehen müssen.

Wenn wir an sein Geburtsdatum denken und die Prägung seiner Jugendzeit, so ist die Revolution von 1848 zu nennen, die mit einer weitgehenden Vernichtung des Rotwildes einherging. Die Ursache dafür lag in der Bindung des Jagdrechts an Grund und Boden ohne weitere Regelung. Vor diesem Hintergrund hatte von Raesfeld zur Fortexistenz des Rotwildes zunächst eine ganz pessimistische Einschätzung. Er hat sich damals auch schon dazu geäußert, was heute unter „Jagdlicher Raumordnung" diskutiert wird: „In Deutschland hatte das Jahr 1848 den Stand an Edelwild in den meisten Gegenden der Vernichtung nahegebracht. Dank einer einsichtigen Gesetzgebung und einer fürsorgenden Hege hat er jedoch in erfreulicher Weise wieder zugenommen; besonders auf den größeren Standesherrschaften, deren Besitzer an der alten Überlieferung edlen Jägersinnes festhalten, hat das so viel verfolgte und angefeindete Wild eine sichere Heimat gefunden. Daß dagegen das Rotwild in manchen Gegenden mit zersplittertem Waldbesitz und hoher Feldkultur ausgerottet ist, kann als ein Fehler nicht angesehen werden. Wo das Wild nicht hingehört, da soll man es nicht hegen; und keine gefährlichen Feinde hat das Wild und die Jagd überhaupt als jene einseitigen jagdlichen Eiferer, die alle übrigen Interessen denen der Jagd unterordnen wollen. Nur soweit mäßige Wildbestände mit den Anforderungen von Wald und Feld in Einklang zu bringen sind, können sie erhalten werden."

In von Raesfelds Werken finden wir bereits erstaunlich differenzierte Angaben zur Streckenentwicklung und Streckenbewertung – Stichwort Rückrechnungsmethoden: Methoden, die wir in unserer Zeit noch anwenden. Seine Beobachtungen sind so präzise, daß wir daraus durchaus auch Schlüsse für die heutige Zeit ziehen können: Offensichtlich ist beispielsweise die Zuwachsrate in dem von ihm betreuten Rotwildgebiet geringer gewesen als heute. Auf der Grundlage seiner Tafeln gibt er ganz zielgerichtet Empfehlungen für die Bejagungsplanung. Als er seine Tätigkeit auf dem Darß aufnahm, war das Rotwild zwar zahlreich, aber sozial hinsichtlich der Altersstruktur desorganisiert. Er hat eine der Biologie der Wildart angemessene Bejagung gefunden, was sich auch in der Altersklassenverteilung und dem Anteil reiferer Hirsche niederschlug.

Ferdinand von Raesfeld ist als Forstmann zweifellos sehr erfolgreich gewesen. Dies belegt heute noch ein etwa 2000 ha großer Kiefernbestand auf dem Darß, den er auf baumfreier Fläche anlegte.

Er hat die Forderung nach einer den Schaden real vergütenden Wildschadengesetzgebung gestellt. Auch dies sind letzlich Gedanken, in denen wir unsere aktuelle Situation wiederfinden: „Die wachsende Bevölkerung zwang zur Rodung der Wälder, um Raum für den Getreidebau zu schaffen; und mit der zunehmenden Kultur des Landes trat das Wild immer mehr in feindlichen Gegensatz zu den Bestrebungen des Menschen. Kein Wunder, daß es von jeher mehr Feinde als Freunde gehabt hat ... Freilich, wer die Lust hat, soll auch den Schaden tragen; das ist eine gerechte und billige Forderung."

Seine Gedanken zur Begrenzung der Wildschäden verbindet er mit Überlegungen zu der grundsätzlichen Problematik: „Es sei der Besprechung der einzelnen Mittel (Verbißschutz) vorausgeschickt, daß die Äsung von Knospen, jungen Trieben und Blättern dem Wild ein natürliches Bedürfnis ist, das ihm durch keine Maßnahmen überhaupt abgewöhnt werden kann. Das Wild hat auf diesen Tribut des Waldes ein Recht, das letzterer auch tragen kann. Die Frage ist nur, wie weit der Wald ohne wesentlichen Schaden dabei besteht. Hier müssen der Forstmann und der Jäger sich einigen. Und das ist nicht schwer, wenn der letztere auf übertriebene Ansprüche verzichtet ..." Wenn ich an manche Diskussionen heutiger Zeit denke, wo genau dies überhaupt in Frage gestellt wird, wird einmal mehr deutlich, wie weit von Raesfeld seiner Zeit tatsächlich voraus war.

Raesfeld hat sich Gedanken gemacht über Schälschutz und Verbißschutzmittel, Streichverfahren (einige davon existieren heute noch), über die Zäunung; er hat damals bereits Aussagen getroffen zur sachgerechten Winterfütterung an wenig schälgefährdeten Orten in der Nähe der Hiebbereiche zur Reduzierung der Schälschäden. Im Grunde genommen könnte man einige Aussagen von damals auch heute in die Ergebnisse des Arbeitskreises „Jagd und Naturschutz" übernehmen.

Er beschreibt, daß eine sachgerechte Fütterung mit Saftfutter – Rüben – und Heu im Prinzip auskommt. Er hat bereits festgehalten, daß eine geringe Menge Kraftfutter zwar nicht schadet, aber nicht sein muß, und auch diese Einschätzung ist nach wie vor höchst aktuell.

Raesfeld hat zu seiner Zeit erkannt – und das spricht für die Wachheit gegenüber den gesellschaftlichen Verhältnissen und Einbindungen –, daß natürlich viele von denen, die sich mit Natur und Wild beschäftigen, vielfältige andere Verpflichtungen haben. Dies berücksichtigt er bei seinen Forderungen an den Jäger. Jagd ohne

Hege in diesem Sinne gab es für ihn nicht, und für den Jäger, der seltener im Revier ist, gehört dazu, daß er auch dann weidgerecht jagt, also beispielsweise keine führenden Stücke erlegt, sorgfältig anspricht und auch nur eine sichere Kugel anträgt.

Damit gibt er jedem, der in diesem Feld „Wald und Wild" mitwirken will, die Chance, sich als vollwertig akzeptiert zu sehen. Das Gemeinsame wird also betont und keine Unterschiede vertieft zwischen der Gruppe derjenigen, die ein Forstamt betreuen, und denen, die ein Revier haben oder nur gelegentlich jagen.

Raesfelds Ausführungen zu dem Thema Störungen und Jagd ist ganz auf die Situation am Darß zugeschnitten: „Ruhe im Wald ist für das Gedeihen des Wildes unentbehrlich. Sie kann gestört werden durch die Jägerei selbst und durch andere. Sehen wir zu, was der Jäger zur Erhaltung der Ruhe beitragen kann, so werden wir zunächst finden, daß die Vermeidung lärmender Niederjagden hierfür von großer Bedeutung ist." Raesfeld hatte die Erfahrung gemacht, daß die Jagd auf Enten dazu führte, daß einige Rotwildkälber wohl regelmäßig ertrunken sind, weil die Tiere flüchteten und dabei durch Untiefen liefen, durch die die Kälber nicht folgen konnten. Diese Jagden wurden eingestellt.

Er hat festgestellt, daß Hasenjagden in Waldgebieten mit viel Aufwand verbunden sind, das Wild erheblich beunruhigen, im Prinzip auch keine rechte Freude machen, so daß man besser darauf verzichtet. Daraus leiten sich differenzierte Aussagen zu den Jagdarten ab: „Der Beunruhigung des Wildstandes vermag der Jäger ferner vorzubeugen durch die Wahl von Jagdarten", die das Wild am wenigsten stören, „sowie durch entsprechendes Verhalten nach dem Schuß. Hierzu gehört die Ausübung der Jagd auf dem Anstand, die Pürsche, die Vermeidung des Beschießens stärkerer Rudel; beim Pürschenfahren unbedingtes Unterlassen des Schießens vom Wagen aus oder noch in Gesichtsweite des Wagens, ferner die Beschränkung des Jagens mit kurzläufigen Hunden beim Drücken auf die Außenränder. Nach abgegebenem Schuß soll der Jäger unbeweglich verharren, bis das Wild sich völlig verzogen hat. Dadurch wird erreicht, daß er den

Schuß nicht gleich mit dem Menschen in Beziehung bringt und vertraut bleibt."

Raesfelds Sichtweise auf die Raubtiere war durchaus modern. Wir finden hier viele Aussagen wieder, die auch heute noch in der Wissenschaft aktuell sind. Das einzige Tier, das bei ihm sehr schlecht wegkommt, ist der Wolf. Das entspricht aber möglicherweise der Zeit und vielleicht auch persönlichen Erfahrungen nach dem Auftauchen von Wölfen. Ferdinand von Raesfeld geht davon aus, daß Raubwild und die Beutetiere sich in einer Koevolution entwickelten: „Wir dürfen ebenso annehmen, und hier wollen wir uns wieder der vorhin erwähnten Bequemlichkeit aller Tiere erinnern, daß alle Hennen (gemeint ist Auerwild), die selbst in der Nähe von Wechseln und Pfaden auskamen, ihrerseits wieder die Neigung haben werden, in solcher Nähe ihre Nester anzulegen. Da dem Raubwild diese Pfade ebenso gefallen wie den Hennen, so sind derartig veranlagte Vögel, zu denen leider ganz überwiegend das Auerwild gehört, in besonderem Maße gefährdet. Das Ende einer solchen Entwicklungsreihe wird in entsprechend langen Zeiträumen ein völliges Erlöschen so veranlagter Tierstämme, will ich einmal sagen, sein."

Hier finden wir eine ganz zentrale Aussage zur Anpassung zwischen Jäger und Gejagtem in der freien Natur. Daraus ergibt sich in seiner Sicht für das Raubwild eine wichtige Funktion: Das Raubwild ist überall dort von Bedeutung, „wo der hegende Weidmann ihm diese Aufgabe nicht abnehmen kann, ein notwendiger Bestandteil des Wildbestandes, dessen vollständiges Fehlen bestimmt die einzige Entartung zur Folge haben muß".

In engem Zusammenhang mit diesen Überlegungen stehen seine Gedanken zu Tierschutz und Wildschaden, hier am Beispiel der Taubenjagd: „Zweifellos haben die Tauben, und unter ihnen die weitaus schädlichste, die Ringeltaube, in den letzten Jahrzehnten infolge der starken Bekämpfung der Raubvögel eine durchaus unerwünschte Vermehrung erfahren. Und da ihre Verfolgung nur gelegentlich anderer Jagden unternommen wird, wenn man von der auch nur selten geübten Lockjagd absieht, so läßt sich das völlige Fehlen einer Schonzeit in manchen Staaten wohl verstehen. Es fragt sich aber, ob das Fortschießen der Alten während der Brutzeit sich mit den besten weidmännischen Empfindungen vereinbaren läßt. Darum möchte ich für eine beschränkte Schonzeit, etwa von April bis Ende Juni, eintreten, zumal die Ringeltaube auch noch bis in den Herbst hinaus auf den Lockruf zusteht."

Raesfeld wägt hier sorgfältig die Schutzbedürfnisse der Landwirtschaft mit den wesentlichen Gesichtspunkten der Wildschadenverhütung und der Schonzeit ab. Alles läuft hier auf den Gedanken zu, einen Kompromiß zwischen dem Tierschutz und den berechtigten Ansprüchen des Menschen zu finden.

Der Begriff, der sicherlich am stärksten mit Ferdinand von Raesfelds Arbeiten verbunden wird, ist derjenige der „Hege mit der Büchse". Was ist damit gemeint? Unter der Hege mit der Büchse versteht von Raesfeld eine Auslese, also einen Wahlabschuß, der nur bei stärkerem Wild – gemeint ist Schalenwild – möglich ist. Bei allem Kleinwild ist ein Wahlabschuß nicht möglich. Darum treten hier für von Raesfeld wieder die Urgewalten Winter und Raubwild in ihre Rechte.

Am Beispiel des Rehwildes hat sich von Raesfeld sehr differenziert dazu geäußert, daß sich die Jagdausübung stets an den Umweltverhältnissen orientieren muß. Auf die schwierige Zählung des Rehwildes weist er ausdrücklich hin, das zum Teil unterbejagt, jedoch gelegentlich auch überjagt wird. Es gibt Lebensräume, in denen man diese Wildart sehr schlecht zählen kann, und von Raesfeld spricht bestimmte Feldjagden an, für die er sogar den Schrotschuß empfiehlt. Wir müssen dabei bedenken, daß es sich damals um kleinere bäuerliche Jagden handelte, die zudem in einer sehr reich gegliederten Kulturlandschaft stattfanden, die sehr unübersichtlich war durch zahlreiche Wege und einen insgesamt im Vergleich zur heutigen Agrarlandschaft hohen Deckungsgrad. Der Rückgang der intensiven Haustierbeweidung ließ zahlreiche Gebüsche aufkommen. Unter diesen Umständen bietet sich auch einmal der Schrotschuß an. Im Normalfall ist für jegliches Schalenwild jedoch die Kugel geeignet.

Raesfeld geht sehr früh darauf ein, daß es in der Gesellschaft ganz unterschiedliche Gruppen gibt: Da sind einmal die Leute, die überhaupt selten in die Natur kommen; unter denen, die sich häufig im Freien bewegen, gibt es jedoch ebenfalls ganz unterschiedliche Typen. So gibt es unter den Jägern sehr verschiedene Jäger, und es gibt Forstleute mit unterschiedlichen Zielsetzungen. Letztlich geht es hier darum, alle diese unterschiedlichen Interessen in eine gemeinsame Zielsetzung zu überführen. Raesfeld war der Meinung, daß dem Mangel an koordinierten Umgang mit Lebensraum und Wildtier nur durch die Gründung von Hegevereinen abgeholfen werden kann: „Doch sind die Aussichten in dieser Hinsicht bei den Schwächen der menschlichen Natur und im Hinblick darauf, daß die Jagdlust eine Leidenschaft ist, nicht gerade glänzend. Eher könnten schon gesetzliche Bestimmungen helfen, wie sie beispielsweise in Norwegen hinsichtlich des Abschusses der Elche bestehen, die für bestimmte Reviere eine Höchstzahl von abzuschießenden Hirschen vorschreibt." Eine ganz realistische Einschätzung, auch wenn wir an die heutige Situation denken. Sehr viel Gemeinsamkeit, gemeinsame Arbeit und Arbeit an sich selbst sind notwendig, um das Ziel eines verantwortlichen Umganges mit Wildbestand und Lebensraum zu erreichen.

„Du bist nicht allein auf der Welt", schrieb von Raesfeld: „Außer dir erfreuen sich viele an den schönen Schraubenflügen der Raubvögel. Ihnen allen raubst du die harmlose Freude an der Natur, wenn du jeden noch so harmlosen Raubvogel herunterholst. Und was du im blinden Jägereifer sündigst, das wird die Jagd einst in Form wachsender Feindseligkeit büßen müssen. Demgegenüber wiegt auch ein Schaden am Jagdwild, den du weitherzig in Kauf nimmst, leicht." Auch hier bekräftigt von Raesfeld – am Beispiel der Greifvögel – die enge Vernetzung von Jagd und Natur in ihrem Kontext zum Beziehungsgefüge der menschlichen Gesellschaft. Er hat ganz genau erkannt, daß Jagd ohne Akzeptanz und ohne Miteinander nicht Bestand haben kann.

Auf diese Weise hat sich von Raesfeld für den Ausgleich zwischen dem Wildtier, dem Wild als dem bejagten Wildtier und der

Umwelt, sowie den Ansprüchen der Menschen und deren Interessengruppen eingesetzt. Kaum ein Zeitgenosse hat wie er die Verantwortung für den Lebensraum, die Rolle und die Verantwortung des Jägers – letztlich aller, die auf die Umwelt einwirken – betont. Essentiell ist in seinen fachlichen Darstellungen und in den wissenschaftlichen Büchern die Einschätzung, daß naturwissenschaftliche Grundlagen – basierend auf konkreter Beobachtung und sorgfältiger Analyse – die beste Basis für den Ausgleich zwischen verschiedenen Interessengruppen bieten. Mir scheint, daß dies ein Gedanke ist, der uns heute noch weiterhilft.

Dr. Michael Petrak ist Leiter der Forschungsstelle für Jagdkunde und Wildschadenverhütung des Landes Nordrhein-Westfalen und durch zahlreiche Fachpublikationen bekannt. Von ihm erschien bei Kosmos das Buch „Jagdreviergestaltung. Wildlebensräume planen, entwickeln, erhalten“.

Josef Ulfkotte

Dorsten in Westfalen
Der Geburtsort Ferdinand von Raesfelds

Ferdinand von Raesfeld wurde am 29. September 1855 in der westfälischen Stadt Dorsten geboren. Sein Vater, der Sanitätsrat Albert von Raesfeld, hatte sich hier als Arzt niedergelassen und stand bei den Bürgern in hohem Ansehen. Die Familie wohnte in der Blinde Straße (heute Ursulastraße), Ecke Kirchplatz, also in unmittelbarer Nähe der Pfarrkirche St. Agatha, die wahrscheinlich im 13. Jahrhundert erbaut wurde. Dem Elterhaus gegenüber stand an der Ecke Blinde Straße/An der Vehme das imposante Haus des reichen Kaufmanns Reischel, seines Großvaters mütterlicherseits. In früherer Zeit residierte hier der Vertreter des Erzbischofs von Köln. Der gewaltige Turm mit dem Zwiebelzwischensatz war für Reisende schon aus großer Entfernung zu sehen. Natürlich reizte es den jungen Ferdinand, den hohen Turm der „chroßen Kirche" zu besteigen und sich die mächtigen Glocken aus der Nähe anzusehen.

Die Elementarschule (heute Agathaschule) lag gleich nebenan, so daß ihm ein längerer Schulweg erspart blieb. Das änderte sich auch nicht grundlegend bei seinem Wechsel zum Gymnasium Petrinum, das er von 1865 bis 1872 besuchte. Die Schule lag damals am Westgraben und war zu Fuß in weniger als fünf Minuten zu erreichen. Viele Streiche, an die er sich noch im fortgeschrittenen Alter gut erinnern konnte, stehen mit der Schule und der angrenzenden „Paterskirche" in engem Zusammenhang.

Die räumliche Nähe des Gymnasiums zum Franziskanerkloster deutete noch auf die enge Verbindung zwischen der höheren Schule und dem Orden hin, der das geistige und kulturelle Leben der Stadt

St. Agatha

seit 1488 entscheidend geprägt hat. Damals hatte Pater Antonius von Raesfeld, ein Vorfahre Ferdinands, der zu der Zeit Guardian in Leiden war, die Beilegung einer Fehde zwischen seinem Bruder, dem Ritter Goswin von Raesfeld zu Ostendorf, und der Stadt bewirkt. Die ehemals verfeindeten Parteien gründeten das hiesige Kloster als „Pfand des Friedens“, dessen erster Obere Pater Antonius war. Als

Das Gymnasium an der Klosterstraße (heute Sitz des Caritasverbandes)

Dorsten, das 1251 vom Kölner Erzbischof Konrad von Hochstaden zur Stadt erhoben worden war, im Dreißigjährigen Krieg von den Hessen besetzt und zu einer Festung ausgebaut wurde, mußten die Franziskaner die Lippestadt verlassen. Nachdem die Kaiserlichen den Platz für die katholische Partei zurückerobert hatten, kehrten sie zurück und gründeten 1642 gemeinsam mit der Stadt das Gymnasium Petrinum, das sie bis 1837 leiteten. In einer alten Handschrift ist darüber zu lesen: „Als es während des Dreißigjährigen Krieges sehr schwierig und kostspielig wurde, die Bürgersöhne zu den auswärtigen gelehrten Bildungsanstalten zu schicken, kam dem Senat und Volk zu Dorsten der gute Gedanke, in ihrer Stadt ein Gymnasium zu errichten, das Lehramt und die Leitung aber den Klostergeistlichen zu übertragen, damit die einheimischen Kinder ohne große Kosten und unter den Augen der Eltern in der lateinischen Sprache, den guten Sitten und besonders im rechten Glauben unterrichtet und die auswärtige Jugend zu demselben Zwecke und zum Vorteile der Bürger angelockt werden könne.“

Blick in die Lippestraße mit dem Drubel und dem Franziskanerkloster

Während viele Klöster im Zuge der Säkularisation zu Beginn des 19. Jahrhunderts aufgelöst wurden, konnten die Franziskaner ihre Niederlassung in Dorsten aufrechterhalten, weil sie das Gymnasium unterhielten. Nach dem Wiener Kongreß fiel die Stadt, die bis 1803 dem Erzbischof von Köln zum Landesherrn hatte, endgültig an Preußen. In den ersten zehn Jahren der preußischen Herrschaft versuchten die Franziskaner für ihre Schule die Anerkennung als Vollgymnasium im Sinne der preußischen Lehrverfassung zu erreichen. Aber die finanziellen Mittel der Stadt reichten dafür nicht aus, so daß sie 1823 den Status eines Progymnasiums erhielt, während die Lehranstalten in den Nachbarstädten Coesfeld und Recklinghausen in Vollanstalten umgewandelt wurden, die damit die Berechtigung hatten, ihre Schüler zum Abitur zu führen. Ferdinand von Raesfeld besuchte nach der Obersekunda (heute Klasse 11) noch zwei Jahre das Gymnasium in Coesfeld und bestand hier 1874 sein Abitur.

Die Mädchen in seinem Alter wurden seit 1699 von den Ursulinen unterrichtet, die sich jeden Morgen auf den Weg zu den Unterrichtsräumen an der Blinde Straße aufmachten. Ihre erste Niederlassung im deutschen Sprachraum gründeten die Ursulinen 1639 in Köln, wo nach der Legende die hl. Ursula mit ihren Gefährtinnen in frühchristlicher Zeit ermordet wurde. Von dort aus verbreitete sich der Orden, der 1535 von der hl. Angela von Merici in Brescia gegründet wurde, schnell in allen deutschen Ländern. Er eröffnete Pensionate und Elementarklassen, aus denen sich später die höheren Töchterschulen als Vorläufer der gymnasialen Ausbildung für Mädchen und die Volkschulen für Mädchen herausbildeten. In Dorsten besuchten in den 1840er Jahren etwa hundert Schülerinnen aus der näheren und weiteren Umgebung ihren Unterricht.

Als Ferdinand von Raesfeld von der Elementarschule zum Gymnasium Petrinum wechselte, hatte die Stadt etwa 3 300 Einwohner. Die Bevölkerungszahl war damit gegenüber 1816 um rund 1000 gestiegen. Bis in die 1860er Jahre spielte der Schiffbau in der kleinen Hansestadt noch eine große Rolle und war neben dem Textilgewerbe der einzige Erwerbszweig von überörtlicher Bedeutung. Hier gefertigte Schiffe wurden in die Niederlande exportiert und fuhren auf Lippe, Rhein und Ruhr. Zumeist wurden kleinere Kähne gebaut, die sich nur für die Lippeschifffahrt eigneten, doch wurden auch größere Schiffe mit einer Länge bis zu 120 Fuß und 10 000 Zentner Tragfähigkeit hergestellt. Die Anzahl der im Schiffbau beschäftigten Personen erhöhte sich von 100 im Jahre 1831 auf 140 bis 160 um 1860. Die nach 1816 in Angriff genommene „Kanalisierung“ der Lippe, die im Zuge der mittelalterlichen Territorialpolitik im Jahre 1322 als Grenze zwischen dem Oberstift Münster und dem Vest Recklinghausen festgesetzt worden war, führte zu einem Aufschwung des Handels, denn der Unterlauf von Wesel bis Dorsten konnte jetzt auch von Rheinschiffen befahren werden. Bei der Talfahrt wurden in erster Linie Holz und Salz, ferner Eisenerze, Eichenlohe und Kaufmannsgüter transportiert, bei der Bergfahrt neben Kaufmannswaren hauptsächlich Ziegelsteine. Mitte der 1850er Jahre zeichnete sich aber das Ende der Lippeschiffahrt ab. Der unregelmäßige Wasserstand des Flusses,

Westgraben: Links an die sichtbare Festungsmauer angebaut uralte Stallungen, dahinter beginnt die übliche Bebauung durch Grabenhäuser.

seine zahlreichen Untiefen und die zunehmende Versandung der Flußmündung ermöglichten keinen gewinnbringenden Gütertransport, so dass die Lippeschiffahrt schließlich eingestellt wurde.

Durch den planmäßigen Ausbau der Landstraßen nach 1850 und den Bau der Eisenbahnlinien 1874/80 verbesserten sich die Verkehrsverbindungen für Dorsten entscheidend. Die Industrialisierung veränderte die Stadt, deren Bevölkerung bis 1900 auf 5103 anstieg.

Die stürmischen Revolutionsjahre 1848/49 haben in der Vaterstadt Ferdinand von Raesfelds keine nennenswerten Spuren hinterlassen. Aufgeschreckt wurden die Bürger nur im März 1848, als eine Gruppe von 30 bis 40 Männern mit ihren Frauen und Kindern lärmend durch die Straßen zog und an den Wohnungen einiger Kaufleute und örtlicher Repräsentanten des preußischen Staates die Fensterscheiben einwarf. Die Bürgerwehr, die von 50 Kavalleristen aus der Provinzialhauptstadt Münster unterstützt wurde, hatte aber keine Mühe, die öffentliche Sicherheit und Ordnung wiederherzustellen.

Um 1850 war die heimische Bevölkerung immer noch überwiegend katholisch. Die Reformation hatte in Dorsten keine Anhänger gefunden, so daß es bis 1854 dauerte, ehe die Evangelischen – durchweg preußische Beamte mit ihren Familien – ihren ersten Gottesdienst im Sitzungszimmer des Gerichts an der Lippestrasse feiern konnten. Inzwischen hatten sich auch einige jüdische Familien in der Stadt niedergelassen, die hier ein Auskommen als Händler, Metzger, Schuster oder Stuhlmacher fanden. Ferdinand von Raesfeld dürfte sie ebenso gekannt haben wie die evangelischen Mitbürger, die sich in der kleinen Stadt immer wieder begegneten.

Seine „Jugenderinnerungen" schrieb der „Altmeister des deutschen Weidwerks" nach dem Ende des 1. Weltkrieges, der für das Deutsche Reich mit einem Desaster endete. Die militärische Niederlage ging einher mit dem Untergang der alten Ordnung, die sein Leben bis dahin bestimmt hatte. Der glühende Patriot konnte sich schwerlich damit abfinden, dass der hochverehrte Kaiser – sein alleiniger Dienstvorgesetzter als Forstamtsleiter in Born auf dem Darß – abdanken und in die Niederlande fliehen mußte, um sich dem Zugriff der Siegermächte zu entziehen. Die heftigen innenpolitischen Auseinandersetzungen in der Übergangsphase vom Kaiserreich zur Weimarer Republik mögen Ferdinand in seinem Plan bestärkt haben, sich in seine Jugendzeit zurückzuversetzen, als „seine Welt" noch in Ordnung war. Seinem Geburtsort Dorsten hat er mit der Veröffentlichung des Romans „Aus jungen Tagen" ein Denkmal gesetzt. Das Buch ist eine Fundgrube nicht nur für alle Heimatfreunde und Liebhaber der plattdeutschen Sprache, sondern auch für die Naturfreunde und Jäger, denen Ferdinand von Raesfeld mit seinen richtungweisenden Werken über das Forstwesen und die Jagd Grundlagen bereitet hat, die in ihrem Kern noch heute Gültigkeit haben.

Josef Ulfkotte ist Oberstudienrat am Gymnasium Petrinum Dorsten, erster Vorsitzender des Vereins für Orts- und Heimatkunde Dorsten sowie Mitglied im Arbeitskreis Ferdinand Freiherr von Raesfeld.